성령의 열매와 생활

세계복음화문제연구소
(The World Evangelization Research Center)는
한국 교회가 세계 복음화를 위하여
한 모퉁이를 담당해야 된다는 사명으로
사역하고 있습니다.

이 도서에 실린 모든 내용은
세계복음화문제연구소의
도서출판 세 복 이 그 출판권자이므로,
학문적 논문의 인용을 제외하고는
본 연구소의 동의 없이 복제할 수 없습니다.

성령의 열매와 생활

지 은 이   맥시 더남, 킴벌리 더남 레이스먼
옮 긴 이   박재승
발 행 인   홍성철
초판 1쇄   2001년 11월 30일
발 행 처   도서출판 세 복
주   소   서울특별시 중랑구 면목5동 149-6 한밀빌딩 301호
          Tel./Fax. (02) 448-5562
          홈페이지: http://www.dongkwang.net/saebok
          E-Mail: johnh@unitel.co.kr
등록번호   제1-1800호 (1994년 10월 29일)
총 판 처   예영커뮤니케이션
          Tel. (02) 830-8566, Fax. (02) 830-8567
ISBN   89-86424-54-1   03230

값 7,000원

성령의 열매와 생활

맥시 더남, 킴벌리 더남 레이스먼 지음
박 재 승 옮김

도서출판 세 복

The Workbook on Virtues
and the Fruit of the Spirit

by

Maxie Dunnam &

Kimberly Dunnam Reisman

목 차

서 론

　대중 문화와 마찬가지로 신앙의 공동체에서도, 각 시대에 따라 그 강조하는 바가 바뀌어 왔다. 지난 20세기 동안에도 우리 사회의 어려움과 도전에 관해 논의할 때면, 선악의 문제가 큰 논제가 되어왔지만, 시대에 따라 그 강조하는 바가 바뀌었다. 예를 들면, 죄에 관해서는 아예 토론을 하지 않는다거나, 그 대신에 질병 또는 생활 환경의 질에 대한 토론으로 그 주제를 대치하곤 했다. 덕목에 관한 생각도 예외가 아니었다. 우리들의 도덕적 자아 개발의 가치에 초점을 두기보다는, 오히려 도덕적 덕목은 너무나 까다로운 개념이라 논의를 해도 별 도움이 되지 않는다는 이유로 그 주제에 관한 논의를 수년 간 철저히 회피하기도 했다. 또한, 도덕성이라는 것은 다양한 상황에 일일이 적용될 수 있는 객관적 실체라기보다는, 오히려 상황이나 환경에 따라 달라지는 것이라고 주장하며 보다 상대적인 입장을 취할 때도 있었다.

　최근에는, 그 두 가지 주장을 모두 취하려고 애쓰던 때도 있었다. 도덕적 자아 개발의 중요성에 대한 직접적인 토론을 원하지 않으면서도 이를 완전히 회피하지도 않기 때문에, 우리들은 소위 "자아 실현"이나 "완전한 잠재력 실현"과 같은 애매 모호한 개념을 발굴하는 데 엄청난 노력을 쏟아왔다. 그러나 1990년대에 들어서서, 덕목의 개념과 도덕적인 가치 개발의 중요성에 새로운 관심과 강조를 두게 되었다. 〔미국〕 의회 도서관의 인터넷 홈페이지만 언뜻 훑어보아도 1990년 이후 85개 이상의 책이 덕목을 주제로 출판되었음을 발견하게 된다. 단순히 "덕목"이란 단어를 제목으로 삼은 책들은 내용에 있어서는 다양한데, 존 케이시(John Casey)의 『이교도의 덕목: 도덕론』(Pagan Virtue: An Essay in Ethics),

에드문드 펠레그리노(Edmund D. Pellegrino)와 데이비드 토마스마
(David C. Thomasma)의 공저인『의술 행위의 기독교 덕목들』(Chris-
tian Virtues in Medical Practice), 윌리암 베넷(William J. Ben-
nett)의 베스트셀러인『덕목서』(The Book of Virtues) 또는 단 퀘일
(Dan Quayle)과 다이앤 멧벳(Diane Medved) 공저인『미국의 가족:
우리를 강하게 하는 가치의 발견』(The American Family: Discov-
ering the Values That Make Us Strong) 등이다.

　우리는 이러한 덕목 개념에 대한 관심이 우리의 생활을 가치 있게 하
기 위한 강한 도덕의 근간을 마련해야 한다는 인식의 지표이기를 희망한
다. 전체로서의 사회와 마찬가지로 각각의 개인도 도덕적 덕목의 개발에
매력을 느끼거나 이를 거부하게 된다. 우리는 선하게 되기를 원하지만
늘 그렇게 될 수는 없다. 우리는 철저히 악하게 되기를 원하지 않으나,
때때로 설령 악하게 된다고 해도 이를 상관하지 않는다. 총체적인 선에
대한 논쟁처럼, 태초부터 이런 갈등은 늘 우리에게 있어 왔다. 혹자는
선이 진실로 선한가 혹은 선이 실존할 수 있는가에 대해 의문을 제기해
오기도 했다. 도덕적 냉소주의는 이러한 문제가 선과 악의 싸움이 아니
라 단지 끌고 당기는 힘의 문제라고 주장한다. 실용주의 혹은 도덕적 상
대주의자들은 이는 무엇이 선하고 무엇이 악한가에 관한 논제가 아니라
어떤 것이 실용적인지 아닌지의 논제라고 주장한다. 특히 21세기에 들어
서는 우리도 알다시피, 심리학의 영향으로 이 덕목에 대한 논제가 건전
한가 혹은 그렇지 않은가로 초점이 바뀌었다.

　그리스도인들이 우리 안에서 느끼는 이러한 갈등의 해결책을 찾으려
할 때, 반드시 기억해야 할 것은 우리가 누구냐라는 것이다. 우리는 우리
를 선하고 온전한 자로 창조하신 하나님의 자녀이다. 그렇다고 해도 그
런 선하고 온전한 자에게도 어디에서인가 어떤 일이 일어나며, 분열과

반목 속에 우리의 온전함이 무색해지며 선한 의지가 악의 세력에 굴복된다. 그러나 선택의 자유는 우리에게 여전히 남아 있다. 하나님은 우리를 꼭두각시나 로봇으로 창조하지 않으셨고, 하나님이 처음부터 자유롭게 우리를 창조하기로 선택하신 것처럼, 우리도 자유롭게 선택하기를 갈망하신다. 그러므로 우리는 우리 내면에서 악에 순응하려는 유혹에 빠지지 않을 수 있다. 우리는 창세기 1장 31절, "하나님이 그 지으신 모든 것을 보시니 보시기에 심히 좋았더라"는 말씀을 기억할 수 있다. 우리는 언제든지 하나님이 창조하신 대로 선한 자이기를 자유롭게 선택할 수 있고, 아니면 우리를 둘러싼 악의 세력의 포로가 되기를 선택할 수도 있다. 이 자유로운 선 의지 개념에 대해 선함은 도대체 가능한 것인가 하는 의문을 제기하는 사람들도 있다. 우리는 가능하다고 믿는다. 나는 쉽지는 않지만 가능하다고 믿는다. 왜냐하면 하나님은 우리를 버려 두시지 않기 때문이다. 그와는 반대로, 최초로 우리가 하나님을 배반했던 바로 그 순간부터 하나님은 우리와의 관계 회복을 원하셨다. 그래서 하나님은 우리가 악의 세력에서 돌이켜 원래 창조된 목적, 즉 선함으로 향하는 데 필요한 도구를 우리에게 주신다.

　이 책은 하나님의 창조 의도대로 선한 자가 되기를 갈망하는 우리들을 위해 필요한 도구들을 알 수 있게 한다. 열거할 수 있는 도구들은 많지만, 일곱 가지의 기본 덕목에 초점을 두었다. 일곱은 영적으로 의미 있는 수이다. 창조의 7일과 한 주간도 7일이다. 그래서 4세기까지, 도덕적인 삶을 위한 일곱 가지의 도구 목록이 만들어졌고 이것이 기본 덕목이라 불렸다. 인격 형성에 다른 도구가 없어서가 아니라 오히려 이 일곱 가지가 핵심으로 여겨지기 때문이다. 이들은 바로 지혜(사려 깊음), 용기(강인함), 정의, 절제, 믿음, 소망 그리고 사랑이다.

　덕목은 "힘" 이란 뜻의 헬라어 *아레떼*(arete)에서 유래한 것이다. 이것은 "선함이 가능한가?"라는 질문에 대답할 때 중요한 힌트가 된다. 하나님은 우리에게 덕목을 얻을 도구 뿐만 아니라 능력도 주신다. 이런 덕목들은 우리 안에 선을 향한 하나님의 능력이 함께 하심을 보여 준다. 처음 네 가지 덕목(지혜, 용기, 정의, 절제)은 고전적이고 자연적인 덕목으로 알려져 있다. 이 덕목들은 기독교 이전에도 오랫동안 존재해 왔고, 또 하나님이 인류에게 선물로 주신 은혜의 증거이다. 나머지 세 가지 덕목(믿음, 소망, 사랑)은 신학적인 덕목으로 알려졌는데, 그 이유는 이스라엘과 그리스도를 통해 우리와 하나님과의 관계 속에서 주어진 선물로 하나님의 은혜의 특별한 측면을 반영하기 때문이다. 이 일곱 가지 기본 덕목을 살펴볼 뿐만 아니라 갈라디아서 5장에서 바울 사도가 열거한 "성령의 열매"도 상고하려고 한다.

토마스 아퀴나스(Thomas Aquinas)는 도덕적인 삶을 위한 덕목을 개발한 거장들 중 한 사람이었다. 그는 덕목의 두 가지 측면을 기술했는데, 그것은 힘과 습관이다. 덕목들은 하나님이 우리에게 선물하신 은혜이므로 우리의 인격을 개발하기 위한 힘의 원천이 되었다. 그러므로 하나님이 우리를 위해 이 모든 것을 예비하셨기 때문에 우리는 이 덕목들과 그것들을 개발할 수 있는 능력에 접근했던 것이다. 아퀴나스는 덕목들을 습관으로 여겼다. 다른 모든 습관들처럼 선함과 악함도 반복과 훈련으로 얻어진다. 그러므로 하나님이 주신 은혜의 능력과 우리 스스로의 훈련으로 우리는 우리의 인격을 강화하고 하나님의 창조하신 의도대로 될 수 있다. 그래서 우리는 아퀴나스처럼 하나님의 도우심을 인하여 도덕적인 덕목의 삶을 살 수 있다.

덕목에 대한 진지한 연구는 우리의 최선의 모습, 즉 하나님이 지으신 책임감 있는 온전한 그리고 선한 자가 되기 위해서 하나님의 도우심을 구하는 과정이다. 나는 당신이 이 책을 당신이 창조된 목적을 찾는 여정을 위한 안내판으로 활용하기를 기도한다. 당신이 이 책을 공부할 때 하나님으로부터 능력을 은혜로 받음을 기억하라. 이렇게 하는 것은 우리에게 자신감을 준다. 또한 덕목은 훈련과 수양을 통해 굳어지는 습관임을 기억하라. 이렇게 함은 우리에게 도전을 준다. 마지막으로 덕목은 진공 상태에서 개발되지 않는다. 그것은 덕목을 소중히 하고, 도덕적인 삶을 살고 가르치도록 의도된 공동체 속에서 자라난다. 비록 이 책은 개인에게 물론 유익하지만, 도덕적인 삶을 향한 노력이 결실을 얻으려면 도덕적으로 진지한 공동체의 도움과 인도가 반드시 필요하다.

책의 구성

이 책은 개별 혹은 그룹을 위해 고안되었다. 그 순서를 보면 단순하지만 매우 중요하다.

우리는 수년에 걸친 소그룹 교육과 사역을 통해 그룹 공과로 6-8주 과정이 가장 효과적이고, 운영이 잘 된다는 것을 알았다. 또한 개인에게는 소량의 핵심과 내용이 가장 적합함을 발견했다. 그런 이유로 공부할 내용은 매일 읽을 단락으로 구성되었다.

이 책의 구성은 필자가 이전에 저술한 책들과 동일하다. 이것은 8주간의 헌신을 요구한다. 매일 30분간 덕목들을 묵상하고 그것을 당신의 실제 삶 속에서 어떻게 실현시킬 것인가를 묵상하는 것이 필요하다. 대부분의 사람들은 하루의 첫 시작을 이 30분으로 시작하나, 이것이 불가능하다면 언제든지 가능할 때 하되 규칙적이어야 한다. 그 이유는 그 내용을 매일의 생활에 반영하기 위해서이다.

이것은 또한 지적 추구일 뿐 아니라 영적인 순례 여행이다. 개인의 여정일지라도 8주 동안 공부하면서 일주일에 한 번씩 다른 사람들과의 모임을 통해 나눔의 교제를 하기 바란다.

이 책은 여덟 개의 주요 장으로 나뉘어졌고, 각 장은 한 주간의 분량이다. 각 장은 일곱 개 항목으로 구성되어 한 주간에 하루씩 공부하도록 되어 있다. 매일 세 가지 주요 활동, 즉 읽기, 그 날의 내용과 당신만의 이해와 경험에 대한 묵상과 기록할 생각, 그리고 그 날의 교제에서 당신의 매일의 삶에 적용하기 위한 실제적인 제안으로 나누어져 있다. 매일의 내용에서 당신은 덕에 관한 것과 우리의 삶에서의 적용할 수 있는 가능성에 대해 읽게 될 것이다. 읽을 내용은 많지 않지만, 생각과 행동에 도전을 주기에 충분할 것이다.

성경 외의 인용문은 저자명과 쪽수가 명시되어 있다. 어떤 내용을 더 심도 있게 읽고자 하면 이 책 맨 뒤에 있는 참고 도서를 참고하라.

이 책 전체에 걸쳐 포도 그림이 보이면, 더 읽기를 멈추고 그 속의 생각과 그것을 바탕으로 한 경험을 내면화시키기 위해 보다 깊이 묵상하라.

묵상하고 기록하기

매일 읽기를 마친 후, 묵상과 요약의 시간이 있다. 당신이 묵상한 내용을 기록하는 것이 필요하다. 이 책에서 얻는 의미는 주로 그것을 실천하고자 하는 믿음의 분량에 따라 다를 것이다. 어떤 날은 이 책의 지시 내용을 정확히 다 못할 수 있는데, 그럴 경우, 그 사실과 하지 못한 이유를 기록하라. 어쩌면 이것이 당신 자신에 대한 통찰력을 주어 성장에 도움이 될 수 있다.

또 어떤 날은 시간이 부족할 수 있는데, 당신에게 가장 의미 있는 것을 하고 다 못한 것 때문에 죄의식을 갖지 말라.

마지막으로, 이것은 개인적인 순례임을 기억하라. 당신의 책에 기록한 것은 당신만의 것이다. 당신은 다른 사람들과 책을 나누어 보기를 꺼릴 수 있다. 그러므로 같은 책을 두 사람이 공유하지 말라. 당신이 중요하게 기록한 것은 다른 누구에게 의미 있는 것이 아니고 당신 자신에게 의미 있는 것이다. 아무리 간단한 기록이나 한 단어의 메모라고 할지라도 기록하는 것은 우리의 감정과 생각을 분명하게 해 준다.

묵상하고 기록하기의 중요성은 진도를 나가면서 더 강조될 것이다. 8주 과정을 다 마친 후에도 당신이 특별한 날 특별한 상황에서 어떻게 반응했는지를 돌이켜 보면 그 의미를 발견하게 될 것이다.

함께 나누기

그리스도인의 영력의 역사에서 영적 지도자나 안내자는 중요한 인물로 등장되었다. 정도의 차이는 있으나, 우리들 대부분에게는 영적인 지도자가 있어서 우리의 영적 순례를 돕고 방향을 제시해 준다. 이 책은 영적 안내자가 될 수 있으므로 당신은 그룹에 참여하지 않고 개인적인 순례 여행을 할 수 있다.

그러나 여덟 명에서 열두 명(그룹이 더 커지면 개인의 참여도가 제한되는 경향이 있다)의 그룹에서 이 교재가 활용되면 그 의미는 더욱 증가될 것이다. 이런 식으로 하면 서로가 서로의 생각을 통해서 도움을 주고받게 될 것이다. 만일 그룹에서 이 교재를 활용한다면, 모든 사람이 같은 날 시작하는 것이 좋다. 그래야 그룹이 모여서 나눌 때, 교재의 같은 곳에서 같은 내용을 다루게 된다. 처음 그룹 모임을 시작할 때 서로 친숙해지는 기회를 갖는다면 도움이 될 것이다. 이러한 모임에 대한 안내를 이곳에서 제시하고자 한다.

이 교재는 한 시간에서 한 시간 반 정도의 그룹 모임이 되도록 고안되었다(첫 모임은 예외). 그룹의 일원은 긴급한 일을 제외하고는 모든 모임을 다 참석하기를 약속해야 한다. 친교를 위한 첫 모임을 빼고 여덟 번의 주간 모임이 있다. 8주간 한 사람이 인도자가 되거나, 매주 돌아가

면서 인도자가 될 수도 있다. 인도자의 임무는 다음과 같다:

1. 설명을 읽고 어떻게 운영할 것인지를 미리 결정하라. 나눔과 기도를 위한 모든 제안을 다루는 것은 가능하지 않을 수도 있다. 가장 의미 있고 시간에 맞는 것을 취사 선택하라.

2. 정직하고, 따뜻하며, 열린 마음의 태도로 본이 되라. 지도자는 기꺼이 나누고자 하지 않는 사람에게 나눌 것을 요구하지 않아야 한다. 특히 개인적인 경험과 연관된 것일 경우 보통은 인도자가 제일 먼저 나눈다.

3. 토의의 사회자가 되라.

4. 소극적인 사람이 참여하도록 북돋우고 몇몇 사람만 계속 말하는 것을 견제하라.

5. 나눔이 지적인 논쟁이기보다는 개인의 경험이 중심이 되게 한다.

6. 시간 계획을 존중하라. 만일 한 시간이나 한 시간 반 이상 가야 된다면, 인도자는 20-30분 초과되는 시간에 대해 동의를 구해야 한다.

7. 특히 모임이 다른 장소에서 있을 경우에는 모두가 시간과 장소를 아는지 확인하라.

8. 모임에 필요한 교재를 구할 수 있는지, 모일 장소가 미리 정해졌는지를 반드시 확인하라.

참가자들의 가정에서 주간 모임을 갖는 것이 좋다(집 주인은 어린아이들, 전화, 애완 동물 등 모임에 방해가 될 수 있는 요인을 직게 하라). 교회에서 모일 경우에는 비공식적인 분위기가 되게 한다. 참석자는 편안한 일상복 차림으로 편안한 자세를 취하도록 한다.

다과와 음료를 낼 경우, 공식적인 모임이 끝난 후에 낸다. 이렇게 하면 가벼운 토의를 하고자 더 남고 싶은 사람은 남고 다른 계획이 있는 사람은 모든 정식 모임을 마친 후 자유로이 떠날 수 있다.

첫 모임에서 친숙해지기 위한 제안

첫 모임은 서로 친숙해지고, 함께 하는 순례 여정의 출발점이므로 여기에 모임을 시작하는 방법을 제안한다.

1. 그룹의 각 사람이 이름 또는 다른 호칭이 있으면 소개한다. 모두가 서로 친숙하게 호칭한다. 필요하다면 이름표를 단다. 각자는 교재 어딘가에 다른 회원들의 이름을 적어 두는 것이 좋다.

2. 돌아가며 지난 3-4주 동안에 있었던 가장 행복했거나 흥분되었거나, 의미 있었던 경험들을 나눈다.

3. 이러한 행복한 경험담을 마친 후 이 책을 공부하면서 갖는 기대가 있는지, 그룹 모임에 참여한 동기와 그룹 모임에 갖는 기대는 무엇인지, 의도하는 바는 무엇인지 이야기한다.

4. 이제 인도자가 이 책의 서론을 다시 읽으며 의문 사항이 있는지 확인한다(인도자는 미리 서론을 읽어 두어야 한다). 만약 워크북을 미리 받아보지 못했다면, 지금 전달되어야 한다. 각자 자기의 책을 가지고 있어야 함을 기억하라.

5. 이 책의 〈첫째 날〉은 이 첫 모임의 다음 날이 된다. 그러므로 다음 모임은 〈첫째 주〉의 〈일곱째 날〉에 있게 된다. 만일 주간 모임이 첫 만남 후 칠일 째가 아닌 다른 날에 하려면 읽을 분량도 조정해서 주간 모임은 언제나 그 주의 〈일곱째 날〉이 되도록 하고, 모임 다음 날을 〈첫째 날〉로 시작하게 한다.

6. 서로를 위해 기도하는 것 이상으로 그룹 모임을 결속시켜 주는 것은 없다. 인도자는 각자가 다른 구성원의 이름을 적어 놓고 8주 동안 매일 각각의 이름을 불러 가며 서로를 위한 기도에 전념하도록 권한다.

　　다음 모임의 시간과 장소를 확인한 후 인도자는 기도로 모임을 마치
라. 참석자들을 보내 주심을 감사하고, 성장할 수 있는 기회를 주실 것을
위해 기도하며, 좀더 진실된 기도를 드릴 수 있기 위해서 간구하라.

첫째 주

곤경과 약속

첫째 날

선과 악의 줄다리기

> 내 속 곧 내 육신에 선한 것이 거하지 아니하는 줄을 아노니, 원함은 내게
> 있으나 선을 행하는 것은 없노라. 내가 원하는 바 선을 행하지 아니하고,
> 도리어 원치 아니하는 바 악을 행하는도다.
>
> 로마서 7:18-19

태초부터 우리 인간은 선과 악의 줄다리기 속에 존재해 왔다. 우리는
영웅이고 구원자라고 생각하던 사람들이 연약하여 유혹에 넘어지는 상
황도 종종 보게 된다. 우리는 책, 비디오, 기타 프로그램, 워크샵 등을
통해 우리의 존재를 향상시키려고 엄청난 돈을 쓰기도 한다. 그러나 우
리의 일상 속에 스며든 나쁜 습관들로 인해 그런 모든 노력은 점점 허사
가 되어 버린다. 우리는 선하기를 원하지만 항상 그럴 수는 없다. 철저히
악하기를 바라지는 않지만 때로는 악한 것도 상관하지 않는다. 바울 사
도의 고백처럼 우리 안에 선을 향한 갈망과 우리를 둘러싼 악의 유혹 사
이에서 전투가 벌어지고 있는 것 같다. 내가 이런 생각에 골똘해 있을
때 어려서 즐겨했던 "루시 양"이라는 손뼉치기 놀이가 생각났다. 이 놀이
는 여러 가지로 변형할 수 있는데, 지금도 계속해서 두 딸아이가 놀고
있듯이, 그것은 끝이 없는 것 같다. 그 애들이 손뼉 장단에 노래하는 것
을 지켜 볼 때, 그 가사는 우리와 도덕적 덕목 사이의 사랑과 미움의 관계
를 보여 준다. 아이들은 부른다:

> 루시 양은 통통 배를 가지고 있고, 통통 배는 종을 가지고 있다는데.
> 루시 양은 천국에 갔고, 통통 배는 지옥에 갔다는데-여,
> 여보세요, 나에게 9번을 돌려 주세요.

만약 전화를 끊어 버리면 난 너를 냉장고 뒤에서 걸어 차 버릴테야.
거기는 유리잔이 있는데.
루시 양은 미끄러져 유리잔 위에 넘어져 엉덩이를 찌었다네.
나에게 묻지마, 더 이상 네게 거짓말은 안 해.
사내 녀석들이 화장실에서 파리들을 마당으로 날려 보내네.
양과 암소들은 외양간에 있네.
루시 양과 남자 친구는 침대에서 키스를 하고 있대요!

다섯 살과 여덟 살짜리 두 딸아이가 손뼉 장단을 치며 노래할 때 재미
있어 하는 것을 보면 우리 안에 선과 악의 전투가 벌어짐을 깨닫게 된다.
그들이 하면 안 되는 말을 하다가도 얼른 다른 말로 바꾸어갈 때 꽤나
짓궂은 눈빛을 한다. 우리의 일상의 언어 규칙을 깰 수 있는 가능성이
우리를 유혹하지만, 그들은 끝까지 그런 식으로 하는 것을 진정으로 원
하지는 않는다. 어른도 다를 바 없다. 악은 유혹적이고 마음을 끄는 측면
이 있으나 완전히 편하지는 않다. 이런 밀고 당김은 너무 강해서 마치
우리 안에 두 개의 자아가 있어 하나는 선을 갈구하고 나머지는 악을 즐
기는 것 같을 때가 있다.

이것이 인간이 처한 곤경이다. 사도 바울이 로마서 7장 24절에서 "오
호라, 나는 곤고한 사람이로다! 이 사망의 몸에서 누가 나를 건져내랴"와
같이 자신의 비통함을 토해낼 때 언급한 것이 바로 이 곤경이다. 우리
안에 있는 이런 갈등을 인식함으로 죄에 마냥 젖어들거나 우리를 유혹하
는 죄를 부끄럽게 함이 아니다. 또 꾸준히 선을 행하는 것이 불가능해
보인다고 무기력하게 포기함은 더욱 아니다. 이는 단지 사실을 객관적으
로 인식하는 것이다. 그러나 우리가 이 갈등을 해결하려고 한다면 이러
한 인식은 반드시 선행되어야 할 중요한 일이다.

이러한 갈등 해결의 두 번째 단계는 인간으로서 우리는 선하고 온전한
인격으로 창조된 하나님의 자녀라는 것을 기억하는 것이다. 우리의 온전

함은 분리와 불화에 의해 깨져버렸다. 그리고 우리의 선함은 악의 존재에게 쉽게 걸려들어 넘어지게 되었다. 그러나 선택의 자유는 여전히 우리에게 남아 있다. 우리는 꼭두각시나 로봇으로 창조되지 않았다. 우리는 이것을 이렇게 해석하고 싶다: 우리 각 사람은 하나님이 창조하신 독특하고 재현될 수 없는 기적의 산물이다. 하나님은 우리 각자가 하나님의 자녀임을 깨닫기 원하시며, 하나님이 맨 처음 우리를 창조하실 때 그러셨던 것처럼 우리도 자유로이 관계를 선택하기를 갈망하신다. 이러한 자유 때문에 우리는 우리 안에서 악에 빠지려는 유혹에 넘어가지 않을 수 있다. 우리는 창세기 1장 31절, "하나님이 그 지으신 모든 것을 보시니 보시기에 심히 좋았더라"고 하신 것을 기억할 수 있다. 언제든지 하나님의 창조하신 바대로 선하기를 선택하거나 우리를 에워 싼 죄의 포로가 되기를 선택하거나 그 선택의 자유는 우리에게 있다.

묵상하고 기록하기

약 4-5분 간 인간은 선악의 줄다리기 가운데 있다는 것을 묵상해 보라. 혹시 당신의 가족, 친구, 주변에서 이런 상황을 본 적이 있는가? 당신 자신의 삶 속에서는 어떠한가?

최근 선악의 선택 사이에서 갈등한 적이 있는지 회상해 보라. 그 선택을 열거하고 그 때의 느낌과 어떤 식으로 선택했는지 묘사해 보라.

하루 동안

오늘 당신이 선택해야 할 선과 악에 대해 깨어 있으라. 특별히 사소한 차이에 민감하라.

둘째 날

곤경을 해결해 줄 은혜

우리가 아직 연약할 때에 기약대로 그리스도께서 경건치 않은 자를 위하여 죽으셨도다. 의인을 위하여 죽는 자가 쉽지 않고, 선인을 위하여 용감히 죽는 자가 혹 있거니와, 우리가 아직 죄인 되었을 때에 그리스도께서 우리를 위하여 죽으심으로, 하나님께서 우리에게 대한 자기의 사랑을 확증하셨느니라. 그러면 이제 그의 피를 인하여 의롭다 하심을 얻은즉, 더욱 그로 말미암아 진노하심에서 구원을 얻을 것이니, 곧 우리가 원수 되었을 때에 그 아들의 죽으심으로 말미암아 하나님으로 더불어 화목되었은즉, 화목된 자로서는 더욱 그의 살으심을 인하여 구원을 얻을 것이니라.

로마서 5:6-10

어제는 우리의 삶에서 경험하는 선악 사이의 갈등을 지적함으로 시작했다. 이런 갈등을 해결하려는 적극적인 시도로 두 가지 단계를 거쳐야 한다. 즉 첫째로는, 갈등 자체에 대한 객관적인 인식이고, 둘째로는, 우리는 선하고 온전한 존재로 우리를 창조하신 하나님의 자녀임을 인식하는 것이다. 우리가 가야 할 그 다음 단계는 이 싸움이 혼자만의 것이 아니라는 것을 깨닫는 것이다. 우리는 우리가 이 갈등을 해결하고자 할 때 하나님께서 우리에게 소망을 주신다는 것을 믿는다. 그 소망의 근거는 죽음과 부활로 이 세상의 악의 권세를 물리치신 예수 그리스도이시다.

요한일서 3장 8절에서 "하나님의 아들이 나타나신 것은 마귀의 일을 멸하려 하심이라"고 분명히 증거하듯이 악은 이미 정복된 적이다. 우리의 소망은 이 메시지를 단지 들어서가 아니라 실제 우리의 삶에서 그 승리를 경험함으로 생긴다. 우리는 어떤 상황에서도 유혹의 꾀임보다 하나님의 은혜가 더 능력 있음을 믿는다. 하나님의 은혜가 우리의 갈등 해결의 출발점이다. 하나님의 은혜는 여러 측면으로 정의할 수 있는데, 그 중 그리스도인은 믿음으로 칭의와 성화를 경험한다는 것이다. 이 두 가지는 우리 삶 속에서 경험하는 두 가지 기본적인 은혜를 지칭하는 신학적인 용어이다.

첫째, 칭의란 하나님 앞에서 의롭다 여김을 받는 것이다. 의롭다 하시는 은혜는 하나님께서 우리에게 선물로 주시는 구속적이고, 치유하시며, 재창조하시는 하나님의 사랑이다. 우리가 죄인임을 깨닫고 진정으로 회개하여 예수 그리스도를 통한 하나님의 용서를 받아들인다면 하나님과 우리의 관계를 치유하는 칭의의 은혜가 우리의 삶 속에서 역사한다. *칭의는* "바르게 만드는 것"이라는 뜻이다. 하나님의 은혜로운 사랑과 용서를 받아들이는 것은 우리가 하나님과 올바른 관계를 맺고, 화해되어, 다시 하나님과의 관계를 맺는 것이다.

칭의가 하나님이 우리에게 내려 주시는 것이라면, 성화는 하나님이 우리 *안에서* 일하시는 것이다. 존 웨슬리(John Wesley)는 집의 비유로 칭의와 은혜를 설명했다. 집은 하나님과 우리 사이의 평생의 관계이다. 현관문은 칭의의 은혜로 그 문을 열어서 하나님이 주시는 은혜와 용서의 선물을 받아들이므로 우리는 의롭다고 여김을 받는다; 우리가 하나님과 올바른 관계를 맺는 것이다. 우리가 일단 칭의의 경험을 통해 집의 문지방을 넘으면 우리는 성화의 은혜를 경험하기 시작한다.

성화의 은혜는 우리가 인생의 집 안에서 살아갈 때 우리와 늘 함께 있으며, 우리에게 힘을 부여하는 은혜이다. 우리가 변화의 삶을 살아갈 때

마치 방과 방을 옮겨갈 때처럼, 하나님의 은혜는 우리를 강하게 하시고 인생의 각 방에서 만나는 어떠한 도전에도 대처할 힘을 주시며, 또한 우리의 삶이 그리스도를 닮아가도록 우리를 도와 주신다. 그래서 칭의가 일회적인 사건의 경험이라면, 성화는 하나님의 은혜를 힘입어 영적인 성숙을 이루는 평생의 경험이다.

결국 은혜는 두 가지 구체적인 방법으로 우리에게 온다. 하나는 우리의 의롭다 하심을 위해서 받을 자격이 없는데도 하나님이 무조건적으로 주시는 은혜이다. 비록 우리가 가치 없고 받을 만한 자격이 없더라도, 죄로 인해 하나님과 분리되었더라도, 하나님은 우리를 하나님과의 회복된 관계 속에서 받아들이시는 은혜이다. 또 하나는 성령의 능력으로 오는 하나님의 은혜로, 우리가 하나님의 방법대로 살 수 있도록 도와 주신다. 이 두 가지를 함께 생각해 보면, 하나님의 은혜는 죄인을 의롭다 하실 뿐 아니라, 또한 그를 변화시키시고 새롭게 하신다는 것을 의미한다.

우리가 선과 악의 줄다리기 속에 들어갈 때 우리는 하나님의 은혜의 힘으로 무장되어 있다. 이것은 이미 승리하게 하는 능력이다. 그것은 우리가 우리의 일상 생활 속에서 그 승리를 선포하기만 하면 되는 것이다.

묵상하고 기록하기

당신의 칭의의 경험을 회상하라. 우리는 이것을 일회적인 사건으로 언급했다. 그러나 그것에 좌우되지 말라. 우리의 전인격적인 그리스도인으로서의 경험은 계속 누적되는 것이다; 그것은 하나의 과정이다. 은혜는 우리가 의롭다 하심을 받은 것을 선포하고, 우리가 용서받았고, 하나님이 우리의 모습 그대로를 받아 주시며, 무조건적인 사랑을 주신다는 사실을 인정할 때 우리의 삶에 때때로 찾아 온다. 당신의 칭의의 경험을 회상해 보라. 당신의 경험에 대한 것을 적어 보라. 당신이 칭의를 선포했을 때의 특별한 경우를 포함하여 당신의 삶에 무슨 변화가 있었는지, 당신의 느낌, 당신이 취한 행동, 시간 활용은 어떠했는가?

이제 당신이 성화의 과정이라고 생각할 만한 의미 있는 사건, 변화, 경험 또는 인간 관계 등에 대해 한 문단 정도 적어 보라.

몇 분 동안 *악은 이미 정복된 적*이라는 말을 묵상해 보라.

하루 동안

성화의 은혜는 우리의 매일의 삶—우리의 행동과 태도—을 떠나서는 의미가 없다. 오늘 당신에게 성화의 은혜가 필요한 경우가 있는지 살펴보고 그 능력을 구하라.

셋째 날

능력의 은혜인 덕목들

하나님이 능히 모든 은혜를 너희에게 넘치게 하시나니, 이는 너희로 모든

일에 항상 모든 것이 넉넉하여 모든 착한 일을 넘치게 하려 하심이라. 기록
한 바, 저가 흩어 가난한 자들에게 주었으니 그의 의가 영원토록 있느니라
함과 같으니라. 심는 자에게 씨와 먹을 양식을 주시는 이가 너희 심을 것을
주사 풍성하게 하시고, 너희 의의 열매를 더하게 하시리니.

고린도후서 9:8-10

칭의와 성화는 하나님의 두 가지 주요한 은혜이다. 그러나 그것만이
우리를 향한 하나님의 사랑의 표현은 아니다. 일곱 가지 기본 덕목—지
혜, 용기, 정의, 절제, 믿음, 소망 그리고 사랑—은 하나님이 우리에게
은혜의 선물로 주신 성화의 표현이라는 관점도 있다. 은혜의 선물인 이
덕목들은 우리의 삶 속에서 하나님의 선하심이 드러나는 표시이다. 헬라
어 *아레떼*는 덕목이라는 말의 어원인데, 문자적인 의미는 능력이다. 그
러므로 덕목들은 하나님의 선한 능력이 우리 안에서 역사하고 있다는 증
거가 된다.

우리에게 이런 힘을 주시므로 하나님께서는 우리가 매일 발견하는 갈
등을 해결할 수단을 주신다. 다음 주에 이 덕목들을 탐구할 것인데, 우리
마음 속에 능력의 개념을 단단히 간직할 필요가 있다. 덕목이란 단순히
우리가 성취해 내는 도덕적 기술이 아니다. 그것은 하나님으로부터 온
것으로, 우리가 인격을 형성하는 데 있어서 능력의 원천이 된다. 그러므
로 우리가 하나님이 창조하신 바 선한 존재가 되고자 할 때 우리는 우리
가 갖고 있는 자원에 의존해서는 안 되며, 사실 그렇게 할 수도 없다.
오히려 우리는 우리를 창조하시고, 인도하시며, 강건케 하시는 하나님의
은혜의 능력을 가지고 있다.

『쉰들러 리스트』(Schindler's List)에서 토마스 케넬리(Thomas
Keneally)는 오스카 쉰들러(Oskar Schindler)의 이야기를 하는데,
그를 "독일의 훌륭한 전사, 공론가, 마술사 그리고 모순의 표본"으로 묘

사한다. 케넬리는 쉰들러가 결코 덕스럽지 못함을 상당히 길게 강조한다. 기혼남인 그는 폴란드인 여비서와 정사를 즐기면서도 독일인 애첩이 있었다. 그는 주정뱅이였다. 그는 처음에 독일 전쟁을 통해 이익을 취하며 먹고 살다가 포로 수용소 감독관으로 일했다. 그러나 그의 이야기는 주목할 만하다. 처음에는 독일의 생산업자의 위치를 이용해서, 나중에는 포로 수용소 감독관임을 이용해서, 그는 세계 제 2차 대전 중에 누구보다도 더 많은 유대인의 생명을 은밀하게 구해냈다. 그의 이야기는 감동적이고 힘이 있다; 그럼에도 그 힘의 많은 부분은 오스카 쉰들러가 평범한 사람이었다는 사실이다. 그는 전쟁 전에 이름 없는 존재였고, 후에도 평범한 무명으로 돌아갔다. 그의 생애에서 덕목이란 전혀 보이지 않는다. 그렇지만 단 몇 년 동안 그는 일어나 도전했고, 용기와 지혜로 행동했으며, 정의를 위해 싸웠다. 그 모든 행동의 동기는 사랑이었다.

오스카 쉰들러가 그 어려운 세월 동안 보여 준 덕목은 우리의 삶 속에서도 역사하시는 하나님의 은혜의 힘의 증거이다. 내버려 두면 우리는 평범한 삶을 살지만, 우리의 삶 속에 하나님의 은혜의 능력이 개입되면 우리도 위대한 일을 수행할 능력을 제공받게 된다.

묵상하고 기록하기

덕목이란 우리로 하여금 도덕적인 삶을 살게 하는 하나님의 은혜라는 말을 생각해 보라. 그 힘을 공급받은 적이 있는가? 혹시 도덕적인 삶을 위해 당신 자신을 의지하지는 않는가?

서너 문장으로 당신이 스스로 도덕적인 삶을 살려고 했거나 덕목을 실천하려다 실패한 경험을 써 보라.

서너 문장으로 당신이 유혹에 직면했을 때 당신 자신의 힘이 아닌 다른 능력을 힘입어 도덕적으로 행동한 경험을 적어 보라.

하루 동안

당신이 도덕적인 결정을 해야 할 때 행동하는 능력은 당신의 것만이 아님을 명심하라. 하나님의 은혜를 구하라.

넷째 날

덕목은 모든 사람들에게 주어지는 은혜의 선물

우리는 덕목이 단순히 얻어지는 한 세트의 도덕적 기술이 아니라 우리에게 능력의 원천이 됨을 강조해 왔다. 그 능력은 인간적인 성취라기보다 하나님으로부터 우리에게 주어진다는 사실이다. 이것은 우리에게 크나큰 자신감을 준다. 하나님이 창조하신 선한 존재가 되려고 우리가 노력할 때 우리는 혼자가 아니지 않는가! 하나님은 우리가 온전하기를 원하시며 그렇게 되도록 언제나 능력을 주신다.

덕목은 하나님의 선하심과 사랑의 능력의 증거로 주어진 은혜의 선물이기 때문에 모든 사람에게 똑같이 주어진다. 단지 우리가 인간이기 때문에 누릴 수 있는 은혜이며, 하나님은 모든 인간이 온전하기를 바라시고, 그렇게 되도록 능력을 공급해 주신다. 바울은 로마서에서 이 사실을 언급했다.

> 하나님 앞에서는 율법을 듣는 자가 의인이 아니요, 오직 율법을 행하는 자라
> 야 의롭다 하심을 얻으리니, 율법 없는 이방인이 본성으로 율법의 일을 행할
> 때는 이 사람은 율법이 없어도 자기가 자기에게 율법이 되나니, 이런 이들은
> 그 양심이 증거가 되어, 그 생각들이 서로 혹은 송사하며 혹은 변명하여 그
> 마음에 새긴 율법의 행위를 나타내느니라. 곧 내 복음에 이른 바와 같이,
> 하나님이 예수 그리스도로 말미암아 사람들의 은밀한 것을 심판하시는 그
> 날이라.
>
> 롬 2:13-16

그리스도인의 시각에서 보면 이방인은 이 세상이다. 이는 공부를 시작
하기 전에 우리가 분명히 해 두어야 할 점이다. 죄의 불행한 결과 중 하나
는 죄 때문에 우리가 홀로 높은 도덕적 위치에 있다고 생각하는 것이다.
직관의 축복으로 인해 자신 있게 그런 위치에 설 때도 가끔 있다. 그러나
우리는 자주 실수를 범한다; 우리의 실수는 우리 또는 우리의 공동체가
스스로 도덕적으로 매우 옳다고 믿기에 더욱 한탄스럽다. 우리는 우리의
죄 때문에 우리와 반대되는 다른 도덕적 가치나 다른 근거에서 정당한
것을 인정하기를 꺼려한다. 우리는 우리와 의견을 달리하는 사람들이 기
도하고 심사 숙고한 후 내린 결정을 받아들이려고 하지 않는다. 그것은
어쩌면 우리가 틀리고 그래서 생각을 바꿔야 함을 알기 때문이다. 이 일
은 우리에게는 힘든 일이다. 우리는 다른 사람들이 미쳤거나 어리석은
것이거나 제대로 사고하지 못한다고 믿는 편이 훨씬 쉽고 편하다. 사람
들이 우리의 의견을 듣고 이해하려 하면 그들은 마음을 바꾸고 우리에게
동의하리라고 믿는 편이 우리 자신에 대해 그리고 우리의 의견에 대해
더 편하게 느낄 것이다.

바울의 주장은 진정한 도덕적 인격은 어느 특정 그룹에 속하거나 어느

특정 시각을 지지하거나 하는 문제가 아님을 분명히 해 준다. 하나님은 그리스도인과 비그리스도인을 망라한 모든 사람들에게 덕목이라는 은혜의 능력을 부여하신다. 이것이 뜻하는 것은 만일 우리가 그 덕목들을 우리 삶 속에서 진지하게 여긴다면 다른 이들의 삶에서도 역시 진지하게 여겨야 한다는 것이다. 우리는 그들이 우리와 의견이 다르고 겉모습은 다를지라도 그들도 역시 그들의 삶 속에서 도덕적으로 진지함을 갈구한다는 것을 인정해야 한다. 최소한 이것을 인정해야만 서로 비판하고 헐뜯기보다는 생산성 있는 대화의 기회를 가질 수 있다. 적어도 이렇게 하므로 우리 사회가 절실히 요구하는 도덕적인 삶으로의 헌신의 기회를 넓힐 수 있다.

하나님이 모든 사람에게 덕목이라는 은혜의 능력을 주신다는 것은 도전이 되는 함축된 뜻이 담겨져 있다. 우리가 이견을 가진 사람들을 만날 때 그들이 우리처럼 생각하기를 바라는 것이 아니라, 하나님의 생각을 갖도록 바래야 한다는 것이다. 하나님과 같은 생각을 갖기 원하는 것이 바로 우리를 위한 기도가 되어야 한다.

묵상하고 기록하기

다음 질문에 비추어 당신의 마음과 태도를 스스로 진단해 보라.

1) 나는 다른 사람들이 도덕적으로 진지하고 어쩌면 나보다 옳을 수도 있다는 사실을 인정하고 받아들이는가?

2) 나는 도덕적 질서 추구에 있어 다른 사람들의 판단과 함께 나의 판단도 기꺼이 평가받도록 하는가?

당신이 가진 강한 신념 두세 개의 항목을 적어 보라.

위에 적은 항목 옆에 당신과 이견을 가진 사람이나 모임의 이름을 적어 보라.

당신은 기꺼이 당신이 적어 놓은 사람들로부터 듣고 배울 의사가 있는가? 당신은 의심의 유익을 그들에게 기꺼이 주려고 하는가? 이러한 질문들을 잠시 묵상해 보라.

하루 동안

오늘 하루를 지내면서 의견이 다른 사람들을 만날 때 그들을 위해 기도하라. 그들이 당신과 같이 생각하도록 기도하지 말고 하나님과 같은 생각을 하도록 기도하라.

다섯째 날

덕목들은 습관이다

하나님께서 각 사람에게 그 행한 대로 보응하시되, 참고 선을 행하여 영광과 존귀와 썩지아니함을 구하는 자에게는 영생으로 하시고, 오직 당을 지어 진리를 좇지 아니하고 불의를 좇는 자에게는 노와 분으로 하시리라.

로마서 2:6-8

토마스 아퀴나스는 우리 일상의 덕목을 개발한 거장 중 한 사람이었다. 그는 덕목을 두 가지 측면으로 묘사했는데, 하나는 능력이고 또 하나는 습관이다. 지난 며칠 동안 능력의 측면을 살펴보았고, 이제는 습관의 측면을 살펴보고자 한다.

습관이란 반복의 산물이다. 우리가 어떤 행동을 여러 번 반복할수록 그것은 더욱 우리 속에 깊이 파고들어 아무 생각 없이도 그 행동을 하게 된다. 인간은 습관의 동물이다. 믿기 어려우면 아침 저녁으로 하는 일을 적어 보라. 똑같은 일을 하는가 아니면 매번 다른 일을 하는가? 매일 아침 어떻게 옷을 입는지? 바지를 입을 때 오른쪽부터 넣는지 왼쪽부터 넣는지?

나의 남편과 아들은 습관을 연구하는 데 좋은 사례가 된다. 남편 존 (John)은 매일 아침 출근 전에 비가 오나 눈이 오나 사과 한 개와 커피 한잔을 마신다. 주 중에 별다른 일이 없으면 점심에는 칠면조 샌드위치를 먹는데, 내가 기억하는 한 계속 그래왔다. 아들이 아빠를 닮는 것은 놀라운 일이 아니다. 나단(Nathan)은 등교하는 날에 7시에 일어난다. 8시 전까지는 학교에 갈 필요가 없고, 밥을 먹고 옷을 입는 데 15분이면 충분해도, 그 아이는 늦잠 자는 것을 좋아하지 않는다. 또 *매일 밤* 잠자리에 들어가기 전에 아이스크림을 먹는다—매일 밤. 최근에 아들이 축구화 신는 것을 아빠가 도와 주기 시작했는데, 그는 "이쪽부터 신는 것은 싫어요. 다른 쪽부터 신어야 해요"라고 말했다.

예측 가능성, 반복. 우리는 별난 버릇에 웃을지도 모른다. 그러나 우리의 습관은 우리에게 안정감을 줄 수 있다. 그 습관이 좋은 것이고, 충동적인 것이 아니라면 습관은 우리의 삶에 질서와 효율성을 가져다 줄 수 있다. 좋든 싫든 이런 모든 습관처럼 덕목들은 반복과 훈련을 통해 발달한다. 덕목에서 하나님의 능력이 핵심적일지라도, 우리가 훈련된 습관을 통해 그 능력의 통로를 열어 놓지 않으면 우리의 삶에서 그 능력은 효력을 나타내지 못할 것이다. 도덕적 발달은 달리기 선수가 훈련받는 것과 매우 유사하다. 하나님이 달리기 선수에게 재능과 달릴 수 있는 힘을 주어 축복하셔도 그가 많은 시간을 혹독한 훈련에 헌신하지 않으면 성공적으로 그의 능력을 발휘할 수 없다.

우리가 덕목을 사용할 때도 마찬가지이다. 우리가 하나님으로부터 능력을 공급받지만 부지런히 훈련하지 않으면 성공할 수 없다. 도덕적 자아 발달은 매일 매일, 한 단계 한 단계 결단의 과정이다. 그것은 종종 힘든 결정과 "발길이 덜 닿는 길"을 따르라고 요구한다. 우리의 인격을 강화하고 하나님이 창조하신 선한 존재로 나아가기 위해서 우리는 하나님의 은혜의 능력과 우리 자신의 훈련이 필요하다. 이 두 가지가 조화를 이루며 우리 안에서 이루어질 때 제 2의 본성으로 되어 가고, 그래서 우리의 창조된 본성을 완성하는 덕목의 습관을 얻게 된다.

묵상하고 기록하기

매일의 일과를 생각해 보라. 당신은 습관의 존재인가? 매일의 습관 중 몇 가지를 적어 보라.

이제 적어 놓은 습관을 살펴보자. 그것은 건전한가? 충동적인가? 혹은 불건전한가?

당신이 최근에 겪은 비교적 큰 일을 생각해 보라. 그것은 연습과 훈련의 헌신과 관련이 있었는가? 당신은 부지런하려고 노력했는가?

덕목들을 개발하려는 당신의 헌신에 대해 깊이 생각해 보라. 당신은 기꺼이 필요한 노력을 기울일 준비가 되어 있는가? 이런 노력이 다른 습관을 변화시키는 데 어떻게 사용되어질 수 있는가?

하루 동안

당신이 오늘 습관적으로 하는 일에 주의를 기울여 보라. 특히 당신이 의심 없이 하는 좋고 긍정적인 일과 행동 그리고 반응에 주목해 보라.

여섯째날

왜 선을 위해 힘써야 하는가?

우리는 인간의 곤경과 그 속의 갈등을 해결할 수단을 탐구해 보는 것

으로 이 공과를 시작했다. 그러나 여전히 왜 우리가 그 해결을 위해 애써
야 하는지 몇 가지 의문이 남는다. 지금까지 그래왔던 것처럼 그럭저럭
살아가는 것이 그렇게 나쁜가? 문제의 쟁점은 우리의 상태가 그렇게 끔
직한가가 아니다. 쟁점은 우리가 하나님이 창조하신 모습과 너무 동떨어
져 있다는 것이다. 우리는 도덕적인 삶을 추구할 가치가 있다고 생각하
는데, 그것이 바로 하나님이 우리를 창조하신 목적이기 때문이다.

바울은 에베소서 2장 10절에서, "우리는 그의 만드신 바라. 그리스도
예수 안에서 선한 일을 위하여 지으심을 받은 자니, 이 일은 하나님이
전에 예비하사 우리로 그 가운데서 행하게 하려 하심이니라"고 말한다.
바울이 "우리는 그의 만드신 바라"고 할 때 사용한 단어는 헬라어 *포이에
마*(poiema)인데, 그 뜻은 "예술 작품"으로 번역될 수 있다. 우리는 하나
님의 예술 작품이고 선함을 위해 지어졌다. 우리가 그 소명에 미치지 못
할 때 우리는 우리 자신뿐 아니라 하나님으로부터 멀어지게 된다. 그러
나 우리가 하나님의 능력의 은혜를 받아들이고 하나님이 창조하신 바 선
한 존재가 되려는 목표를 향할 때 우리는 행복을 찾게 된다. 이것은 단지
기분이 좋고 피상적인 심리적 행복감이 아니다. 오히려 우리의 소명을 다
한다는, 창조된 모습으로 돌아간다는 뿌리깊은 느낌이다. 예수님은 산상
수훈을 통해 "복 있음"을 가르치실 때 이러한 깊은 행복감을 암시하셨다.

> 심령이 가난한 자는 복이 있나니 천국이 저희 것임이요, 애통하는 자는 복이
> 있나니 저희가 위로를 받을 것임이요, 온유한 자는 복이 있나니 저희가 땅을
> 기업으로 받을 것임이요, 의에 주리고 목마른 자는 복이 있나니 저희가 배부
> 를 것임이요, 긍휼히 여기는 자는 복이 있나니 저희가 긍휼히 여김을 받을
> 것임이요, 마음이 청결한자는 복이 있나니 저희가 하나님을 볼 것임이요,
> 화평케 하는 자는 복이 있나니 저희가 하나님의 아들이라 일컬음을 받을 것
> 임이요.
>
> 마태복음 5:3-9

이것은 바로 우리가 하나님이 함께 하시는 기쁨과 하나님의 백성들과 사랑의 공동체 안에서 살 때 얻는 깊은 행복감과 축복이다.

영화 *불의 전차*(Chariots of Fire)에서 젊은 스코틀랜드 선교사는 올림픽에 참가하기 위해 중국으로 가려던 계획을 연기한다. 그의 여동생이 그에게 달리기를 그만 두고 선교 사업에만 열중할 것을 권할 때 그의 대답에서 우리가 이야기하고 있는 깊은 행복감을 언급한다. "나는 하나님이 중국을 목적으로 나를 만드신 것을 믿어. 그러나 그분은 나를 또한 빠르게 만드셨지. 그리고 나는 내가 달릴 때 그분이 기뻐하심을 느껴." 우리가 우리의 창조 목적대로 살 때, 우리가 하나님이 창조하신 대로 되고자 할 때, 우리는 진정한 행복을 경험하게 된다. 또 하나님의 기쁨을 느끼게 될 것이다.

묵상하고 기록하기

당신이 하는 일 중 하나님이 기뻐하신다고 느끼는 일은 무엇인가?

예술 작품으로 당신을 만드신 하나님께 감사드리는 기도문을 써 보라. 그리고 하나님이 창조하신 모습대로 살지 못한 것을 고백하는 기도문도 써 보라.

하루 동안

오늘 사람들을 주의 깊게 보며, 어떤 사람이 자신이 하는 일 속에서 하나님이 기뻐하시는 것을 느끼는 것 같은지 적어 보라.

일곱째 날

시작하는 방법

이번 주 내내 하나님의 창조하신 바 선한 사람이 되고자 노력하는 일반적인 방법에 초점을 두었다. 우리는 선악의 줄다리기 속에 있는 기본적인 인간의 곤경을 인식하는 중요성을 제시했다. 또한 우리는 우리 자신이 우리의 관계와 온전함을 원하시는 사랑의 하나님의 창조물임을 기억해야 할 필요성도 강조했다. 우리는 하나님의 은혜가 선악의 내적 갈등을 해결하는 능력이 되며, 덕목 그 자체가 하나님이 모든 사람에게 주시는 은혜의 선물임을 언급했다. 우리는 또한 덕목들이 우리 안에서 하나님의 은혜의 능력으로, 그리고 우리 스스로의 훈련과 연습을 통해 형성되는 습관임을 지적했다. 도덕적인 삶은 훈련을 통해 추구할만한 것이라고 했다. 그것은 우리를 창조하신 하나님의 목적인 선함에 가깝게 하고 우리 안에 창조된 모습으로 인한 진정한 행복을 만들어 내기 때문이다.

이 모든 것을 염두에 두더라도 어디에서 시작해야 할 것인지 실질적인 질문에 직면하게 된다. 가장 기본적인 차원으로, 우리는 도덕적인 진지함에서 시작해야 한다. 우리는 진정으로 선하기를 *원해야* 한다. 그 다음 차원으로, 현재의 우리의 모습에서 출발해야 한다. 우리는 과거의 죄로부터 자유로울 수 있도록 하나님의 사하심을 구하고 그의 용서를 받아들

여야 한다. 어떤 사람들에게는 이것이 새로운 일이 아닐 수 있으나, 이것
은 우리의 영적 여정에서 꾸준히 계속되는 과정이다. 다른 사람들에게는
이것이 완전한 회개를 경험하는 필수적 사건의 커다란 첫 발걸음일지도
모른다. 그렇다면 우리는 완전히 새로운 감정, 시각, 행동은 물론이고 새
로운 사고 방식을 경험하게 된다. 우리 모두에게 이런 변화를 경험하게
하는 능력의 근원은 바로 예수 그리스도이시다.

그러나 우리의 도덕적 자아의 변화는 진공 상태에서 이루어지지 않는
다. 덕목은 가르쳐질 수 있고 또 가르쳐져야 한다고 우리는 믿는다.

> 이스라엘아 들으라. 우리 하나님 여호와는 오직 하나인 여호와시니, 너는
> 마음을 다하고 성품을 다하고 힘을 다하여 네 하나님 여호와를 사랑하라.
> 오늘날 내가 네게 명하는 이 말씀을 너는 마음에 새기고, 네 자녀에게 부지
> 런히 가르치며, 집에 앉았을 때에든지, 길에 행할 때에든지, 누웠을 때에든
> 지, 일어날 때에든지, 이 말씀을 강론할 것이며, 너는 또 그것을 네 손목에
> 매어 기호를 삼으며, 네 미간에 붙여 표를 삼고, 또 네 집 문설주와 바깥
> 문에 기록할지니라.
>
> 신명기 6:4-9

그러나 덕목이 신앙의 공동체 내에서 "살아 있는 실체"가 아니라면 가
르쳐질 수 없다. 우리는 공동체의 영향을 받는 사회적 존재이다. 그래서
또 하나의 실질적인 출발점은 덕목은 선을 소중히 하고 도덕적 삶을 살고
가르치는 일에 전념하는 목적 있는 공동체를 통해서 자라난다는 것을 인
식하는 것이다. 이 책이 개인을 위해 고안되었지만, 우리의 도덕적 삶의
추구는 안내와 격려를 줄 공동체의 도움이 없이는 꾸준한 결실을 얻기
힘들다.

세부적인 덕목들을 탐구해 나갈 때, 완벽함을 주장하지 않는다는 것을
인식하라. 그것은 단지 우리에게 목표를 제시하고 원하는 바를 알게 하

며 그 중요성을 알게 하는 것이다.

마지막으로 단순함과 유머 감각은 언제나 어떤 도덕적 추구에서도 가치 있는 것이다. 만일 어떤 것이 잘못이라 여겨지면 하지 말라. 기억해야 할 것은 덕목을 너무나 지나치게 진지함으로 노력하다가 엄숙해져서는 안 된다. 우리의 실수와 어리석음을 웃어 넘기는 것이 우리의 여정에서 짐을 덜어 줄 것이다.

묵상하고 기록하기

다음을 묵상함으로 당신이 덕목 추구의 여정에서 어느 지점에 와 있는지 점검하라.

각 질문마다 몇 분씩 생각해 보라.

1. 당신은 진정 어떤 방법으로 선해지길 원하는가?
2. 당신은 어떻게 도덕적인 진지함과 완전을 추구하고 있는가?
3. 당신은 도덕적인 삶에 헌신한 사람들과 정기적으로 교제하는가?
4. 당신이 덕목의 삶을 사는 데 당신에게 조언을 줄 만한 사람과 어떤 관계를 유지하고 있는지 생각해 보라.

하루 동안

다음의 말을 오늘 당신의 삶에 안내자로 삼으라: *만일 어떤 것이 잘못이라 여겨지면, 단순하게 하지 말아라.*

당신이 이 책을 그룹 모임에서 공부하고 있다면 오늘이 모이는 날이다. 그룹에 있는 두세 명에게 전화하여 당신이 이 과정을 함께 나누는 것이 얼마나 행복한지 말해 보라.

첫째 주 그룹 모임

도 입

참석자들이 자신들의 경험을 나눌 수 있다는 점에서 이런 그룹 모임은 대단히 중요하다. 이 안내는 단지 개인적인 나눔을 격려하려는 노력의 일환이다. 그러므로 다음 제안을 너무 엄격히 따르려고 하지 말라. 인도자는 특히 참가자의 생활에서 일어난 일들에 대해 민감하려고 애써야 한다. 그리고 그룹 전체에서 그들의 경험을 나누는 것에 초점을 두어라. 개념들은 중요하다. 우리가 이견을 갖는 개념뿐 아니라 새로운 개념과도 씨름해야 한다. 그러나 중요한 것은 그룹 모임이 어떤 개념에 대한 논쟁이 되어서는 안 된다. 각 사람과 그의 경험, 느낌, 의미에 강조를 두어야 한다. 내용은 중요하다. 그러나 그 내용을 개인의 삶에, 하나님 그리고 다른 사람들과의 관계에 어떻게 적용하는지는 더 중요하다.

그룹이 그들의 삶에서 일어난 일들을 모두가 열린 마음으로 정직하게 나눌 수 있는 장이 된다면 더욱 더 의미 있는 경험이 될 것이다. 단지 좋고 긍정적인 것만을 나누라는 뜻은 아니다. 갈등과 어려움 그리고 부정적인 측면도 함께 나누는 교제를 하라.

이 과정은 쉽지 않다. 쉬운 척하는 것은 속임수이다. 성숙은 노력이 필요하다. 당신이 발견한 의미뿐 아니라 의문, 속에 감추고 있는 것, "메마른 시기"도 역시 나누기를 두려워하지 말라.

함께 나누기

1. 5-10분 동안 이 책에서 경험한 것에 대해 전체적으로 이야기하라. 무엇이 어렵고 무엇이 가장 의미 있었는가?

2. 한두 명에게 최근 선함과 악함의 선택 사이에서 갈등한 경험이 있으면 나누게 하라.

3. 이제 인간은 선악의 줄다리기 속에 있다는 주장을 상고하여 4-5분간 이야기하라.

4. 두세 명이 "칭의"의 경험을 나누도록 권한다.

5. 5-8분 동안 "성화"에 대해 토의하라. 개인의 경험, 발전한 모습 그리고 성화에 공헌한 인간 관계를 나누는 것을 잊지 말라.

6. 10-12분 동안 덕목에 관해 이야기하라. 덕목은 도덕적인 삶을 살도록 능력을 제공하는 하나님의 은혜이며, 모든 사람들에게 주어지는 하나님의 선물이라는 개념을 탐구해 보라. 이 개념은 덕목을 가꾸어야 한다는 개념과 어울릴 수 있는가?

7. 가능하면 많은 사람들이 하나님을 기쁘시게 하기 위해서 그들이 한 일에 대해 나누도록 하라(《여섯째 날》의 〈묵상하고 기록하기〉를 참고).

8. 〈일곱째 날〉의 〈묵상하고 기록하기〉에 있는 질문에 답하면서 나눔의 교제를 마무리하라.

함께 기도하기

매주 그룹이 함께 기도한다. 공동 기도는 그리스도인 공동체의 가장 큰 축복 중 하나이다. 공동의 기도 속에 능력이 있다. 우리가 함께 하는 순례 여행에 이 부분이 포함되는 것은 중요하다.

당신은 공동 기도를 편안해 하고, 소리내어 기도해야 할 부담감을 갖지 말아야 한다. 하나님은 우리의 기도를 듣기 원하시지 큰 소리로 말하는 것을 원하시는 것이 아니다. 우리의 생각과 관심의 초점이 모아진 침묵은 더 깊이 있는 기도의 시간을 경험하게 할지 모른다.

소리내어 하는 기도는 "자, 우리 돌아가며 한 사람씩 기도합시다"와 같은 식이 아니라, 기도하던 중 한 사람이 자발적으로 소리내어 하는 것이어야 한다.

〈함께 기도하기〉를 위한 제안은 매주 있을 것인데, 각 주의 인도자는 이것을 단지 제안으로만 여겨야 한다. 모임 중에 일어나는 일―분위기, 광고 사항, 시간―을 보며 그룹이 함께 기도할 것을 결정해야 한다. 〈함께 나누기〉 시간 중에도 잠시 멈추어서 기도할 경우가 있을지 모른다. 여기에 마무리를 위한 몇 가지 제안이 있다.

1. 그룹으로 하여금 나눔의 교제에서 이야기된 것을 다시 한 번 생각나게 한다. 나눔의 교제 가운데 기도할 제목이 생각났는가? 서로에게 알게 하라. 누구든지 광고할 것이 있으면 하고 다른 사람의 광고 내용도 알리기를 주저하지 말라. 예를 들면, "메리(Mary)는 아들이 입원 중이라 이번 모임에 올 수 없었으니, 그 두 사람을 위해 기도합시다"와 같은 광고 말이다.

이 때 각 사람이 기도 세목을 적는 것도 좋다. 조용히 침묵의 시간을 가져라. 인도자가 주의를 모아 조용히 각 사람과 그들의 필요와 염려를 위해 기도할 수 있도록 기도 제목을 차례차례 말해 준다. 이것은 각자가 자기 식으로 기도할 수 있도록 조용한 중에 진행되어야 한다.

2. 두 명 정도 간단히 소리내어 기도하도록 청한다. 1) 그룹을 인한 감사, 이 공부를 통해 배운 것, 기도의 경험을 함께 나누게 된 것에 대한

감사. 2)우리 모두가 하나님의 사랑과 용서가 필요한 죄인임을 고백하며, 하나님이 우리와 다른 사람들에게 열린 마음을 주시도록 간구하는 기도, 나눔의 교제가 정직하고 서로를 진심으로 염려해 주며 하나님의 진리를 받아들일 준비가 되도록 간구하는 기도.

　3. 두 명 정도, 〈여섯째 날〉의 〈묵상하고 기록하기〉에서 쓴 기도를 읽어보도록 권한다.

　4. 즉석 카메라가 있다면 그룹의 각 사람의 사진을 찍어라. 탁자에 사진들을 엎어 놓고 한 사람이 한 장씩 집도록 한다. 사진 속에 있는 사람을 위해 그 주간 동안 특별히 기도한다. 모임을 떠나기 전에 그 사람을 만나 그에 대해 더 알고 특별한 기도 제목이 있는지 알아 본다. 즉석 카메라가 없으면 종이에 이름을 적어서 각자 한 장씩 뽑아 거기에 적힌 사람을 위해 기도한다.

둘째 주

지혜와 용기

첫째 날

"열매 맺는" 나무

몇 년 전 나의 아버지는 조그마한 농장에 여섯 그루의 호두나무를 심었다. 나는 무슨 일이 있었는지 모른다. 내가 아는 것은 아버지가 나무들을 너무 가까이 붙여 심었고, 거름도 주지 않는 것 같다는 것이다. 내가 아버지를 찾아 갈 때마다 나는 그 나무들을 보고 실망했다. 그 나무들은 결코 호두나무답지 못했고 오늘날까지 열매를 맺지 못한 채로 있다.

성경에는 나무와 열매에 관한 이야기들로 가득하다. 예수님이 열매 없는 무화과나무의 비유를 말씀하시며, 포도원 지기가 1년만 더 시간을 두고 두루 파고 거름을 주어 열매를 맺는가 보자고 간청하지 않았다면 그 주인은 벌써 찍어 버렸을 것이라고 하셨다(눅 13:6-9). 예수님은 또 다른 가르침에서 나무와 열매의 비유를 사용하셨다: "못된 열매 맺는 좋은 나무가 없고, 또 좋은 열매 맺는 못된 나무가 없느니라. 나무는 각각 그 열매로 아나니, 가시나무에서 무화과를 또는 찔레에서 포도를 따지 못하느니라"(눅 6:43-44). 예수님이 시장하여 무화과에서 열매를 따시려 하던 어느 날 예수님은 매우 노하셨다. 무성한 나뭇잎밖에 아무 것도 없는 것을 보시고, "이제부터 영원토록 네게 열매가 맺지 못하리라"(마 21:19)고 저주하셨다.

시편 제 일편은 열매를 맺는 나무의 비유로 도전을 준다.

> 복 있는 사람은 악인의 꾀를 좇지 아니하며, 죄인의 길에 서지 아니하며, 오만한 자의 자리에 앉지 아니하고, 오직 여호와의 율법을 즐거워하여, 그 율법을 주야로 묵상하는 자로다. 저는 시냇가에 심은 나무가 시절을 좇아 과실을 맺으며, 그 잎사귀가 마르지 아니함 같으니, 그 행사가 다 형통하리

로다. 악인은 그렇지 않음이여, 오직 바람에 나는 겨와 같도다. 그러므로 악인이 심판을 견디지 못하며, 죄인이 의인의 회중에 들지 못하리로다. 대저 의인의 길은 여호와께서 인정하시나, 악인의 길은 망하리로다.

시편 1편

시편 기자는 그림을 보여 주듯이 두 가지 대비되는 삶을 노래한다. 하나님의 사람은 시냇가에 심겨진 나무와 같아 시절을 따라 열매를 맺는다. "경건치 않은" 사람은 완전히 반대인 황량함 속에 처해 있다. 시편 기자는 비유를 바꾸어 그들은 "바람에 나는 겨와 같도다"라고 말한다.

예레미야 선지자도 비슷한 대비를 통해 두 가지 삶을 말한다.

나 여호와가 이 같이 말하노라. 무릇 사람을 믿으며 혈육으로 그 권력을 삼고 마음이 여호와에게서 떠난 그 사람은 저주를 받을 것이라. 그는 사막의 떨기나무 같아서 좋은 일의 오는 것을 보지 못하고, 광야 건조한 곳, 건건한 땅, 사람이 거하지 않는 땅에 거하리라. 그러나 무릇 여호와를 의지하며 여호와를 의뢰하는 그 사람은 복을 받을 것이라. 그는 물가에 심기운 나무가 그 뿌리를 강변에 뻗치고, 더위가 올지라도 두려워 아니하며, 그 잎이 청청하며, 가무는 해에도 걱정이 없고, 결실이 그치지 아니함 같으리라.

예레미야 17:5-8

시편과 이 예언서의 핵심은 분명하다. 두 가지의 선택이 있다. 즉 우리 자신을 믿느냐 아니면 하나님을 믿느냐 하는 것이다. 자신을 믿는 사람들은 "바람에 니는 겨," "사막의 떨기나무"와 같은 자들이다. 그러나 하나님을 의지하는 사람들은 "시냇가에 심은 나무"와 같다.

이 책은 교회가 정의하는 기본적이고 신학적인 덕목들, 즉 지혜, 용기, 정의, 절제, 믿음, 소망, 사랑을 다룬다. 또한 바울이 갈라디아서 5장 22절과 23절에서 이름한 사랑, 희락, 화평, 오래 참음, 자비, 양선, 충성, 온유, 절제의 성령의 열매를 다룬다. 먼저 덕목들을 상고할 터인데, 열매의 이미지를 마음 속에 간직하고 있기를 바란다. 우리가 그리스도인으로서 선한 삶을 추구할 때 우리는 하나님을 믿는 삶, "주의 법을 즐거워함"을 추구하는 것이다. 예레미야에서처럼 하나님을 믿는 것은 우리가 물가에 심기운 나무처럼 되는 것이다. 어떤 일이 있어도 아무리 뜨거운 "더위"에도 "가뭄"이 우리의 삶에 파고들어도 우리는 걱정이 없으며 열매를 맺는 삶이 계속되는 것이다.

다음 두 주간 살펴볼 고전적인 덕목들은 우리가 해야 할 훈련이며, 하나님의 소명과 선함의 추구에서 구하는 이상적인 목표들이다. 그것들은 우리가 하나님의 은혜에 뿌리내리고 살 때 자라나는 열매이다.

묵상하고 기록하기

당신에게 "시냇가에 심은 나무"의 이미지로 떠오르는 사람을 두 명 정도 이름을 적어 보라.

그 사람들에 대해 묘사해 보라. 그들의 인격적 특성, 인간 관계는 어떠한가? 그들은 어떻게 온전함과 진정한 선함을 보여 주는가? 그들은 어떤 식으로 선함을 추구하는가?

시간을 잘 안배하여 선함을 추구할 때 훈련으로 얻어지는 덕목들과 하나님을 믿는 삶에서 맺는 열매에 대해 생각해 보라.

하루 동안

삶 속에서 자라나는 열매와 훈련으로 된 모습을 구별하기란 쉬운 일이 아니다. 훈련된 덕목은 의도성이 있다. 열매는 자연스럽게 표현된다. 당신이 오늘 만나는 사람들에게서 볼 수 있는 덕목은 훈련된 모습인지 열매인지 주의해 보라.

둘째 날

덕목의 기초

지혜가 부르지 아니하느냐? 명철이 소리를 높이지 아니하느냐? 그가 길가의 높은 곳과 사거리에 서며 성문 곁과 문 어귀와 여러 출입하는 문에서 불러 가로되, "사람들아, 내가 너희를 부르며 내가 인자들에게 소리를 높이노라. 어리석은 자들아, 너희는 명철할지니라. 미련한 자들아, 너희는 마음이 밝을지니라. 너희는 들을지어다. 내가 가장 선한 것을 말하리라. 내 입술을 열어 정직을 내리라. 내 입은 진리를 말하며 내 입술은 악을 미워하느니라.....나 지혜는 명철로 주소를 삼으며, 지식과 근신을 찾아 얻나니...내게는 도략과 참 지식이 있으며, 나는 명철이라. 내게 능력이 있으므로...여호와께서 그 조화의 시작, 곧 태초에 일하시기 전에 나를 가지셨으며."

잠언 8:1-7, 12, 14, 22

지혜는 언제나 덕목 중 첫째였다. 왜냐하면 그것은 다른 모든 덕목의 기초가 되기 때문이다. 우리가 이 공부 전체를 통해 살펴보겠지만, 덕목들은 서로 연관되어 있어 서로 가치를 더해 주고 높여 준다. 또 각각은 각 덕목의 가치를 유지하기 위해서 다른 덕목들을 필요로 한다. 그런데 덕목들이 그 의미를 깊게 하고자 서로 작용하는 동안에도 지혜는 늘 그 모든 덕목들의 기초가 된다. 지혜는 다른 덕목들이 드러나 그 역할을 하도록 무대가 되어 준다. 정의도 중요하다. 그러나 여러 가지 해야 할 일이 동시에 닥칠 때 우리를 안내해 줄 지혜가 없으면 정의를 어찌 실현해야 할지 망막하게 된다. 용기는 칭찬할 만한 것이나, 그것이 도덕적인 동기로 향하게 할 지혜가 없으면 단지 무모한 것이 될 뿐이다. 오래 참음은 중요하다. 그러나 우리가 반응해야 할 때가 왔음을 구별할 지혜가 없으면 그것은 일을 망친다. 사랑은 아주 훌륭하다. 그러나 우리가 사랑을 실천하고자 할 때 지혜가 우리를 인도하지 않으면 단순히 감상이 되어버릴 수도 있다.

우리가 덕목을 논할 때는 선함의 신비에 대해 말하는 것이다. 우리는 결코 이해하지 못하고 성취할 수 없는 것이 많다. 지혜는 그 신비 속에서 진리를 찾으려 함이다. 그리스 철학자들에게 지혜는 진실을 아는 지적 덕목이었다. 진리로 가는 두 가지 장애물, 무지함과 이데올로기가 있다. 무지함은 단순히 모르는 것, 즉 진실을 모르기에 지혜가 없는 것이다. 이와는 달리 이데올로기란 권력을 목적으로 진리를 왜곡하는 것인데, 우리 자신의 이익을 위해 진실을 변형하여 지혜를 얻지 못하는 것이다.

성경적인 의미에서 지혜는 단순히 지식을 소유하는 것 그 이상이다. 그리스 철학에서 무지함이 지혜의 큰 적이지만, 성경의 관점에서 이데올로기는 훨씬 더 큰 악이다. 그리스도인의 견지에서 당신은 많은 지식이 없어도 지혜로울 수 있다. 그러나 진리를 왜곡하고자 하면 결코 지혜를 얻을 수 없다. 성경적인 지혜는 지적인 요소보다는 더 두드러지게 도덕적 요소를 내포한다. 우리는 지적일 수 있다. 그러나 깊은 사려와 같은 도덕적 요소가 없다면 지혜로울 수 없다.

사려 깊음은 실질적이고 도덕적인 사고 방식이다. 이는 어떤 것을 깊이 생각하고 어떤 일이 일어날지 예상하는 기술이다. 그것은 무엇이 진실이고 옳고 어떻게 살아야 할지 분별하는 일반적 의미의 덕목이다. 앞으로 몇 주간 동안 개인적인 차원뿐 아니라 사회적 차원에서도 이 덕목을 일깨우는 것이 얼마나 절실한지를 발견하게 될 것이다. 그러기 위해서는 지혜를 먼저 살펴보아야 한다. 우리가 사는 세상은 더 이상 한 가지 방식과 질서, 하나의 진리가 지배하는 곳이 아니다. 다양함과 여러 가지 진리를 주장하는 혼돈의 세상이다. 이런 세상에 살면서 지혜를 재발견하고 그렇게 함으로 선함의 신비에 다가가며 하나님께 더 가까이 가야 한다.

묵상하고 기록하기

당신이 속한 사회에는 어떤 갈등—서로 진리를 주장하며 대립하는 세력—이 있는가? 몇 가지를 적어 보라.

이러한 세력이 권력을 목적으로 어떻게 진리를 왜곡하는지 잠시 생각해 보라.

그리스도인의 사회에서 그리스도의 몸된 교회를 위협하는 갈등의 기미가 보이는가? 그것들을 적어 보라.

다음 내용을 상고해 보라: 이데올로기는 진리를 왜곡하는 것이다; 우리가 우리의 목적에 맞추어 진리를 변형시키면 지혜를 얻지 못한다.

하루 동안

당신이 며칠 동안 신문이나 텔레비전을 볼 때, 무지와 이데올로기가
진리와 지혜의 장애물이 되는 상황을 찾아 보라.

셋째 날

지식보다 위대한 것

**너는 마음을 다하여 여호와를 의뢰하고 네 명철을 의지하지 말라. 너는 범사
에 그를 인정하라. 그리하면 네 길을 지도하시리라.**

잠언 3:5-6

현대의 큰 미신 중 하나는 인류가 과학의 응용을 통해 무한하고 영원
히 진보할 것이라는 믿음이다. 20세기의 일들을 돌이켜 보면 이러한 미
신이 어떻게 생겼는지 쉽게 알 수 있다. 전기, 전화, 자동차, 비행기,
수두와 소아마비 백신, 장기 이식, 컴퓨터 등 이 모든 것이 이 세상을
무엇이든지 가능해 보이는 곳으로 믿게 했다. 불행하게도 이 시기의 현
저한 성과의 우연한 부산물로 상상하지 못할 만큼 많은 사람을 죽일 수
있는 능력이 생겨났다. 세상은 점점 좁아지고, 사람들은 다양한 의견 속
에 대립하고, 문화는 붕괴되기 시작했다. 오직 이 세기 중에는 탱크 전
투기 심지어 핵무기와 같은 진보된 무기에 의해 갈등을 해결하려 하며,

민간인 또는 군인 할 것 없이 수많은 사람들이 갈등의 전장에서 목숨을 잃었다.

이 모든 진보와 매일 새로워지는 온갖 기술의 힘으로도 우리는 더 나은 인간을 만들어 내지는 못했다. 과학의 힘으로 사람들을 외관상으로 더 좋게 만드는 것에서는 무한한 진보의 신화는 영속될 수 있다. 그러나 내적으로는 전혀 진보가 없었다. 인간은 여전히 미움, 분노, 시기, 질투, 탐욕 그리고 권력을 향한 갈망과 같은 해묵은 문제들로 고통받고 있다.

이 현대 후기 시대에서 진보로 인한 현대 신화의 붕괴는 우리가 결코 간과할 수 없는 가르침을 준다. 지식은 오늘날 우리의 목적들을 성취하는 데 충분하지 않다. 우리는 화성의 표면을 탐사할 수 있을지도 모른다. 손톱보다 작은 컴퓨터 칩에 무수한 정보를 담을 수도 있다. 그러나 우리는 억압받는 자들에게 정의를, 반목과 불화에 화해를, 상처받은 자들에게 희망을 가져다 줄 수는 없는 것 같다.

지혜는 지식이 끝나는 곳에서 시작된다. 지혜는 우리의 지식에 하나님의 사랑, 임재 그리고 목적이 더해지는 것이다. 잠언은 여호와를 경외하는 것이 지혜의 근본이라고 말한다(잠 9:10). 진정한 지혜는 우리가 인간적인 지혜의 한계를 인식할 때, 우리의 삶 속에 하나님의 능력의 필요를 인식할 때 생겨난다. 우리가 경외함으로 하나님께 돌아갈 때가 지혜의 시작점이다. 우리가 순종함으로 하나님을 따를 때 지혜는 더욱 자라난다.

내가 섬기는 교회의 한 여자 성도의 어머니는 난소암 진단을 받았다. 심각한 상태라 바로 치료를 시작해야 했는데, 치료를 시작한 지 얼마 안 되어 그 여자 자신도 같은 난소암임을 발견했다. 그녀 역시 치료를 받았고 어머니는 어머니대로 치료를 받고 있었다. 그런데 엄청난 일이 일어났다. 그 어머니는 딸과 사위 그리고 세 명의 손자들을 도와 주기 위해 나머지 치료를 포기함으로 그들을 의료비 부담 속에서 건져 주었다. 이

것은 지식의 견지에서만 보면 절대 말이 안 되는 결정이었다. 우리 모두
암 치료에는 100% 보장이 없다는 것을 안다. 치료를 받으면 살 수도 있
으나, 치료 없이는 바로 죽음이다. 지식만으로는 그러한 선택은 설명이
되지 않는다. 이 선택은 분명히 지혜에 의한 것이었다. 예수 그리스도의
사랑만큼 철저히 자기를 비우는 사랑은 없다. 어떤 것도 우리를 향한 하
나님의 사랑만큼 완전히 인격적인 것은 없다. 그 여자는 암과의 싸움에
서 살아 남았고, 그 어머니는 생명을 잃었다. 하지만 용기 있는 선택을
하게 한 지혜에 뿌리를 둔 사랑의 유산은 계속 살아 있다.

지혜는 지식이 필요하다. 그러나 지혜는 지식을 능가한다. 우리가 삶
속에서 하나님의 인도하심을 따를 때, 우리의 마음 속에서 하나님의 강
권하심에 순종할 때, 우리가 사랑으로 지식을 사용할 때, 우리는 점점
지혜의 삶으로 다가간다. 우리가 다른 덕목들을 우리의 삶 속에 실현하
려고 노력할 때 지혜는 우리를 인도하고 우리를 강하게 한다.

묵상하고 기록하기

"인간의 생각"과 지식을 초월한 지혜를 경험한 적이 있는지 돌아보고,
그런 경험을 기술해 보라.

지난 2-3년 간 당신의 지혜가 아닌 하나님으로부터 지혜를 얻은 적이
있다면 그 경험을 기술해 보라.

하루 동안

며칠 동안 사람들을 보거나 텔레비전이나 신문을 볼 때 지식이나 인간
적인 이해 수준으로 행동하지 않고 그 범주를 초월하여 지혜롭게 행동한
경우를 찾아 보라.

넷째 날

영적인 강건함: 지혜의 목표

실족케 하는 일들이 있음을 인하여 세상에 화가 있도다. 실족케 하는 일이
없을 수는 없으나 실족케 하는 그 사람에게는 화가 있도다. 만일 네 손이나
네 발이 너를 범죄케 하거든 찍어버리라. 불구자나 절뚝발이로 영생에 들어
가는 것이 두 손과 두 발을 가지고 영원한 불에 던지우는 것보다 나으니라.

마태복음 18:7-8

어제는 지식과 지혜를 한 가지로 여기는 현대의 신화를 탐구했다. 그
리스도인으로서 우리는 이것이 진실이 아님을 깨닫는다; 오히려 우리는
지혜가 지식을 포함하고 또한 초월함을 단호하게 말한다. 지혜는 하나님
의 사랑, 임재, 목적이 함께 하는 지식이다. 지혜에 초점을 둘 때 우리가
탐구해야 할 또 하나의 신화가 있는데, 지혜나 지식이나 그 자체로 가치
가 있다고 믿는 것이다. 성경적 관점에서 보면 이것은 아주 잘못된 것이
다. 지혜는 그 자체로서도 중요하지만, 다른 모든 덕목의 기초가 되는
핵심적인 것이며, 지혜—그리고 모든 덕목들—가 지향하는 결말은 하나
님과의 관계와 영적인 강건함과 온전함이다. 지혜는 우리가 더 큰 의미

의 온전함을 얻고 우리의 창조주와 관계를 회복하는 통로가 된다. 지혜
는 우리가 창조된 목적인 선함으로 향해 가도록 도와 준다.

예수님은 우리가 영적 건강을 회복하는 데 지혜의 역할을 철저히 인식
하셨다. 그의 메시지와 사역의 핵심적인 한 측면은 사람들에게 그들의
영적 상태를 인식하게 하는 것이었다. "만일 네 오른 눈이 너로 실족케
하거든 빼어버리라"(마 5:29)고 하신다. 만일 당신이 도덕적인 삶을 진
지하게 받아들이려거든 당신 주변을 좋은 영향을 주는 것들로 채우도록
하라. 만일 당신의 안전을 위한다면 위험한 무리 속에 달려 들어가지 말
라. 바울은 갈라디아서 6장 7절에서, "스스로 속이지 말라. 하나님은 만
홀히 여김을 받지 아니하시나니, 사람이 무엇으로 심든지 그대로 거두리
라"고 기록하면서 예수님의 마음을 대언한다. 우리는 우리의 영적 건강
에 주의해야만 한다. 우리는 우리의 도덕적 삶을 위험에 빠뜨리지 말고
보호하는 행동을 해야 한다.

성경은 우리가 우리의 영적인 건강을 위해 지혜를 구할 때 우리가 활
용할 수 있는 주요한 도구이다. 토마스 홉스(Thomas Hobbes)는 이것
을 울타리의 비유로 설명했다. 국왕은 고속 도로변 양쪽에 울타리를 만
들어 놓았다. 이 울타리는 사람들을 막으려는 것이 아니라 그들을 안전
하게 지키기 위한 것이었다. 울타리를 뛰어 넘어 지름길로 가는 것은 언
제나 가능했다. 그러나 그 울타리를 넘어 지도도 없이 어떤 위험이 닥칠
지 모르는 광야의 길을 가려는 것은 스스로 위험을 자초하는 일이다.

성경은 우리가 영적인 길을 가는 데 울타리와 같은 것이다. 이 울타리
의 선이 분명한 곳은 많다. 십계명, 산상수훈과 성경 전체에 두루 있는
도덕적인 가르침이 그런 것들이다. 우리는 언제라도 울타리 밖으로 뛰어
나갈 수 있지만 그렇게 하는 것은 안내 표지도 없고 많은 위험이 도사리
는 광야에 스스로를 몰아 넣는 일이다. 그렇다고 해도 때로는 울타리가

드문드문 있고 잘 구별이 안 되는 경우도 있다. 하나님의 말씀이 언제나 분명한 것만은 아니다. 특히 우리가 사는 현대 후기의 세상에 말씀을 적용할 때 더욱 그러하다. 안내 표지도 없고 좌표도 없는 도덕의 영역에 들어가기란 쉽다. 그러나 도덕적 모호함이 있다고 분명하게 세워진 울타리를 넘는 핑계를 대서는 안 된다. 지혜는 항상 옳은 도덕적 원리를 인식하게 하고 그것을 깨는 것은 잘못임을 알게 한다.

오늘 우리가 사는 세상은 절실하게 지혜를 필요로 한다. 우리가 도덕의 울타리를 넘는 것을 합리화할 때 파멸이 뒤따른다는 것은 역사를 통해 알고 있다. 불행하게도 우리는 그 울타리를 없애버리고 하나님의 말씀으로부터 빠져나갈 구멍을 만들어 왔다. 우리는 우리의 올바른 행위보다는 올바른 동기를 강조했고, 이웃에게 보여지는 사랑보다는 "마음 속"의 진정한 사랑을 보다 강조해 왔다. 우리는 너무나 자주 결과로 수단을 정당화시켰는데, 불행하게도 아무도 우리 행동의 모든 결과를 정확히 계산해 낼 수 없었다. 지혜는 우리를 인도하는 동기와 결과 이상의 것을 필요로 한다는 것을 알게 하는데, 우리에게 울타리가 있어야 하고 그것에 순종하려는 의지가 있어야 한다는 사실이다.

하나님을 경외함이 지혜의 근본이다. 하나님께 순종해야 한다는 생각만으로 그치지 않고 실제로 순종하려 할 때, 우리에게 지혜가 생겨나기 시작하고 우리의 영적 도덕적 성장과 안위를 보장해 줄 울타리가 보이기 시작할 것이다.

집 짓는 두 사람에 관한 예수님의 비유의 말씀은 지혜에 관한 우리의 토의를 잘 요약해 준다(마 7:24-27). 두 사람이 각자의 집을 지었다. 지혜로운 사람은 반석 위에 지었으나 어리석은 자는 모래 위에 지었다. 마침내 폭풍이 몰아쳐 모래 위에 지은 집은 무너졌지만, 반석 위에 지은 집은 비바람에도 견디어 냈다. 예수님은 반석 위에 집을 지은 지혜로운 자는 하나님의 말씀을 듣고 순종하는 자요, 어리석은 자는 들으나 그 말씀을 순종하지 않는 자라고 말씀하신다. 지혜는 우리가 단단한 땅, 즉 하나님의 인도를 받는 믿음의 땅에 집을 짓도록 인도한다. 우리는 그 지혜를 구해야 하며, 그 지혜에 따라 살아가야 한다.

묵상하고 기록하기

우리에게 있는 "울타리"에 대해 생각해 보라.

당신의 인생길에 울타리가 되는 것 혹은 사람들 혹은 경험들이 있는가? 그들을 여기에 나열해 보라.

잠시 다음을 묵상하라: *"지혜는 항상 옳은 도덕적 원리를 인식하게 하고, 그것을 깨뜨리는 것은 잘못임을 알게 한다."*

당신이 항상 옳다고 믿는 도덕적 원리를 열거해 보라.

이 원리들로 당신 자신의 경험을 돌이켜 보라. 당신의 삶 속에서 이 원리를 깨뜨린 것이 항상 잘못으로 드러난 경우가 있는가?

오늘날 우리 사회가 울타리를 넘은 경우를 적어도 두 가지 정도 생각해 보라.

잠시 "울타리," 즉 우리 사회의 도덕적 원리의 회복을 위해 기도하라. 당신 자신의 삶을 점검하고 당신이 해야 할 고백과 회개가 있다면 하라. 지혜와 도덕적인 확신을 얻도록 헌신하라.

하루 동안

우리가 옳은 행동을 요구하기보다 정당한 동기를 가진 것으로 스스로 정당화하며 결과로 그 수단을 정당화하는 경우가 사람들 중에나 사회 생활 가운데 있는지 살펴보라.

다섯째 날

용기--정신력

그런즉 이 일에 대하여 우리가 무슨 말하리요? 만일 하나님이 우리를 위하시면 누가 우리를 대적하리요? 자기 아들을 아끼지 아니하시고 우리 모든 사람을 위하여 내어 주신 이가 어찌 그 아들과 함께 모든 것을 우리에게 은사로 주지 아니하시겠느냐? 누가 능히 하나님의 택하신 자들을 송사하리요? 의롭다 하신 이는 하나님이시니 누가 정죄하리요? 죽으실 뿐아니라 다시 살아나신 이는 그리스도 예수시니, 그는 하나님 우편에 계신 자요, 우리를 위하여 간구하시는 자시니라. 누가 우리를 그리스도의 사랑에서 끊으리요? 환난이나, 곤고나, 핍박이나, 기근이나, 적신이나, 위험이나, 칼이랴? 기록된 바 우리가 종일 주를 위하여 죽임을 당케 되며, 도살할 양 같이 여김을 받았나이다 함과 같으니라. 그러나 이 모든 일에 우리를 사랑하시는 이로 말미암아 우리가 넉넉히 이기느니라. 내가 확신하노니, 사망이나, 생명이나, 천사들이나, 권세자들이나, 현재의 일이나, 장래 일이나, 능력이나, 높음이나, 깊음이나, 다른 아무 피조물이라도 우리를 우리 주 그리스도 예수 안에 있는 하나님의 사랑에서 끊을 수 없으리라.

로마서 8:31-39

용기는 결코 유행을 타지 않는 덕목 중 하나이다. 용기를 갖는다는 것은 신앙의 공동체나 세속의 사회에서도 언제나 칭찬받아 왔고, 앞으로도 늘 그럴 것이다. 용기의 헬라어 *안드레아*(andrea)는 문자적으로는 "남자다움"을 뜻한다. 라틴어의 *포티튜도*(fortitudo)는 문자적으로 육체적인 강함, 힘을 뜻한다. 그래서 용기 하면 육체적이고 영웅적인 개념을 떠올리게 된다. 용기에 관한 이런 연상은 헬라어와 라틴어의 용기라는 단어가 언제나 군사적인 의미를 함축하고 있어 더 확고해졌다. 예를 들면, 플라톤(Plato)은 군인들에게 용기는 특별한 덕목이라고 했다. 그러나 재미있는 것은 신약성경 전체에 걸쳐 용기의 헬라어 단어는 사용되지 않았다. 용기를 언급할 때 그 대신 마음과 관련지어 정신력, 담대한 말, 믿음과 소망의 인내와 같은 단어를 사용했다.

확실히 용기에는 육체적인 요소가 있다. 그것은 혹자가 생물학적인 은혜라고 하기도 하는 타고난 은혜의 증거이다. 이는 여자가 임신이라는 육체적인 어려움을 겪고 산고로 생명을 무릅쓸 때마다 증명이 된다. 또 이것은 소방관, 경찰 그리고 지체 없이 환자를 돌보아야 하는 응급실 직원들에게서도 볼 수 있다. 이것은 가던 길을 멈추고 강도를 만난 사람을 도와 주었던 "선한 사마리아인"에게서도 볼 수 있다. 우리의 육체가 어떤 지적인 결정에 따라 움직이는 것이 아니라 많은 생각 없이도 흥분 호르몬에 의해 반응하는 것처럼 보일 때 이런 식의 용기가 발휘된다. 용기는 "두려움 가운데서 하는 기도"라는 속담에 중요한 뜻이 담겨져 있다.

용기의 육체적인 요소는 두려움을 이겨내고 고통과 죽음의 위협에서 버티어내는 힘으로 이해된다. 그러나 용기는 단순히 육체적인 것에 한정되지 않는다. 거기에는 도덕적인 요소 또한 있다. 우리의 삶에서 직면하는 두려움은 육체적 영역에서만 오는 것은 아니며, 고통 역시 마찬가지로 육체적인 것만은 아니다. 그러므로 용기는 우리의 모든 삶의 영역, 감정적, 도덕적, 영적 삶의 영역에서 요구된다. 혹자는 말하기를 용기는 다른 모든 덕목에 꼭 필요한 구성 요소라고 했다. 우리는 용기가 없이는 오늘의 부정과 압박으로 가득 찬 세상에서 정의로울 수 없다. 우리는 용기가 없이 오늘날의 극단적인 세상에서 절도 있는 삶을 살 수 없다. 용기가 없이 우리는 미움이 가득 찬 오늘의 세상에서 사랑을 품고 살 수 없다. 그러나 용기 있게 살려는 용기는 혼자서는 지탱이 안 되며 다른 덕목의 도움이 필요하다. 정의롭고, 지혜롭고, 선한 이유 때문에 위험을 무릅쓰는 용기와 아무 이유도 없이 위험을 무릅쓰는 "배짱"과는 큰 차이가 있다. 용기가 진정한 덕목이 되는 데는 다른 덕목이 필요하다. 가치 없고 악한 이유로 행해지는 용기에는 아무런 덕이 없다.

성경적인 용기는 육체적인 것을 포함하고 그 수준을 넘어 우리의 마음과 연관된다. 그래서 용기를 갖는다는 것은 믿음과 소망과 밀접하게 연결되어 있다. 용기는 우리가 혼자가 아니라는 믿음에 근거한다. 신뢰하는 마음에 기초를 둔 삶의 열매이다. 바울은 로마서 8장 35절에서, "누가 우리를 그리스도의 사랑에서 끊으리요? 환난이나, 곤고나, 핍박이나, 기근이나, 적신이나, 위험이나, 칼이랴?"고 하며 신뢰에 기초를 둔 삶을 언급했다. 그는 그 이하 구절에서 스스로에게 답하며 믿음과 용기를 연관 짓는다: "기록된 바, 우리가 종일 주를 위하여 죽임을 당케 되며, 도살할 양 같이 여김을 받았나이다 함과 같으니라. 그러나 이 모든 일에 우리를 사랑하시는 이로 말미암아 우리가 넉넉히 이기느니라. 내가 확신하노니 사망이나, 생명이나, 천사들이나, 권세자들이나, 현재의 일이나, 장래 일이나, 능력이나, 높음이나, 깊음이나, 다른 아무 피조물이라도 우리를 우리 주 그리스도 예수 안에 있는 하나님의 사랑에서 끊을 수 없으리라"(롬 8:38-39). 성경적인 용기, 그리스도인의 용기는 우리가 혼자가 아님을 알고 사는 것이다. 폴 존스(W. Paul Jones)가 말하듯이 용기는,

> ....그리스도 안에서의 자신감, 하나님이 사망이 있는 인생의 곤경 속에 오셔서 신이자 인간으로서 지신 십자가로 인한 부활의 소망 아래 살게 하셨다. 그리스도인의 용기는 신뢰의 경험에서 오는 믿음의 핵심이다.
>
> 존스, 13쪽

용기는 "바라는 것들의 실상이요, 보지 못하는 것들의 증거"(히 11:1)에 근거한 믿음이다. 우리의 믿음을 통해 하나님은 우리에게 담대한 마음을 주시는데, 담대함은 우리의 일상 생활에서 드러나는 용기이다.

묵상하고 기록하기

당신이 지난 번 "시냇가에 심은 나무"의 이미지로 떠올린 사람을 다시 돌아보라. 당신은 그들이 용기 있는 사람이라고 할 수 있는가?

용기는 신뢰와 담대함이 행동으로 드러나는 열매라는 말을 잠시 생각
해 보라.

그리스도인의 용기는 우리가 혼자가 아님을 알고 사는 것이다. 당신은
삶 속에서 용기가 없었던 적이 있었는가? 그런 경험을 적어 보라.

이런 경험을 돌이켜 볼 때 당신은 혼자가 아니라 하나님이 함께 하신
다는 절대적인 확신이 있었다면 어떻게 행동했겠는가?

하루 동안

오늘 용기의 두 가지 예를 찾아보라: 1) 안드레아(남자다움)와 포티
튜도(능력) 그리고 2) 정신력 또는 믿음과 소망의 인내.

여섯째 날

용기, 두려움 그리고 소망

여호와의 종 모세가 죽은 후에 여호와께서 모세의 시종 눈의 아들 여호수아

에게 일러 가라사대, 내 종 모세가 죽었으니, 이제 너는 이 모든 백성으로 더불어 일어나, 이 요단을 건너, 내가 그들 곧 이스라엘 자손에게 주는 땅으로 가라. 내가 모세에게 말한 바와 같이, 무릇 너희 발바닥으로 밟는 곳을 내가 다 너희에게 주었노니...너의 평생에 너를 능히 당할 자 없으리니, 내가 모세와 함께 있던 것 같이 너와 함께 있을 것임이라. 내가 너를 떠나지 아니하며, 버리지 아니하리니, 마음을 강하게 하라. 담대히 하라. 너는 이 백성으로 내가 그 조상에게 맹세하여 주리라 한 땅을 얻게 하리라. 오직 너는 마음을 강하게 하고, 극히 담대히 하여, 나의 종 모세가 네게 명한 율법을 다 지켜 행하고 좌로나 우로나 치우치지 말라. 그리하면 어디로 가든지 형통하리니, 이 율법 책을 네 입에서 떠나지 말게 하며, 주야로 그것을 묵상하여, 그 가운데 기록한 대로 다 지켜 행하라. 그리하면 네 길이 평탄하게 될 것이라. 네가 형통하리라. 내가 네게 명한 것이 아니냐? 마음을 강하게 하고 담대히 하라. 두려워 말며, 놀라지 말라. 네가 어디로 가든지 네 하나님 나 여호와가 너와 함께 하느니라 하시니라.

여호수아 1:1-3, 5-9

많은 사람들이 용기에는 두려움이 없어야 한다고 믿는 실수를 범한다. 이것은 틀린 생각이고 불행하게도 이런 믿음 때문에 우리가 행동할 수 없게 된다. 분노와 피로 물든 전장에 있던 남부 연합군 장교의 이야기가 있다. 상대방의 얼굴에서 분명한 공포의 표정을 보고는 첫 번째 장교는 그에게 "당신처럼 내가 두려워한다면 나는 이 군대의 장교임을 부끄러워 하겠소"라고 말했다. 이에 반해 두 번째 장교는 "당신이 나처럼 두려워했다면 지금쯤 당신은 이 전장을 떠났을 것이오"라고 대답했다.

용기는 두려움 속에 존재한다. 용기는 두려운 마음 속에서 생기는 것이라고 루이스 스미즈(Lewis B. Smedes)는 말했다. 성경은 이 점을 반복하여 강조한다. 구약에서 가장 용감한 인물 중 한 사람인 여호수아는 이스라엘 민족을 약속의 땅으로 인도하는 책임을 맡았다. 모세가 죽고 하나님은 여호수아에게 새로운 인도자의 책임을 부여하셨다. 새 땅을 약속하실 때 하나님은 여호수아에게 강하고 담대하라고 말씀하신다. 이 사실 하나만으로는 그리 많은 것을 우리에게 말해 주지 않지만 우리가 자세히 들여다 보면 하나님께서 여호수아에게 세 번 이상 담대하고 강하기를 말씀하고 계심을 깨닫는다. 여호수아는 분명히 두려워했을 것이다. 그렇지 않으면 하나님이 그에게 그렇게 여러 번 담대하기를 기억시키실 필요가 없었을 것이다. 그러나 바로 여기에 중요한 핵심이 있다. 하나님은 단순히 맹목적인 용기를 요구하시지 않는다. 오히려 하나님은 어디든지 여호수아와 함께 계시고 결코 그가 실패하도록 버려 두시지 않음을 알고 용기를 가지라고 말씀하신다. 하나님은 여호수아를 두려움 속에서 도우시고, 그가 행동할 힘을 주시고, 그를 사용하여 당신의 목적을 이루신다. 하나님은 우리에게도 마찬가지이시다.

우리는 어제 우리가 직면한 두려움은 육체적, 정신적, 도덕적, 감정적 혹은 영적인 것일 수 있음을 언급했다. 그래서 용기는 우리의 삶의 모든 영역에서 요구된다. 그러나 여전히 두려움이 있음에도 불구하고 어디서부터 행동에 필요한 용기를 얻어야 할지는 문제로 남는다. 우리는 우리가 두려워할 때 행동할 용기를 주는 것은 바로 소망이라고 믿는다. 우리의 삶에는 두려움과 소망이 있는데, 우리는 가끔 이것을 함께 경험한다. 『꽤 선한 사람』(A Pretty Good Person)이라는 책에서 루이스 스미즈는 "두려움은 마치 달의 어두운 면이 그 빛나는 얼굴 뒤에 숨겨져 있는 것처럼 소망 뒤에 숨어 있다. 태양이 밤의 어두움을 놓아내듯이 소망은 두려움을 쫓아낸다"라고 쓰고 있다. 소망이 없으면 모든 용기는 사라진다. 우리는 승리의 삶을 얻을 것이라는 소망이 있을 때 우리의 모든 삶을 바쳐서 용기를 낸다. 어느 한 역사가는 사람들은 세상이 더 나아질 것이라는 희망이 있을 때 그들이 세상을 변화시켰음을 주목했다고 말한다. 독재에 대항한 봉기는 억압 때문이 아니라, 오히려 억압받고 있는 사람들이 자유를 얻을 수 있다는 희망을 갖기 때문이다.

소망, 그것은 우리가 두려워하는 일을 하도록 용기를 준다. 소망은 우리가 승리한다는 믿음이고, 이 믿음이 우리에게 승리하게 하는 힘을 주기 때문이다. 그러나 소망은 마술이 아니다. 그것이 이 세상에서 모든 악을 제거하지는 않는다. 영화 *브레이브하트*(Braveheart)에서 멜 깁슨(Mel Gibson)은 12세기에 영국에 항거한 스코틀랜드 반란군을 인도하는 역할을 했다. 그 반란은 부분적으로만 성공을 거두고 영화 마지막 부분에서 그는 사악한 사형 집행관의 손에서 죽음을 기다리고 있었다. 영화 속에서 그는 감옥에서 홀로 경호원이 마을 광장에 있는 사형장으로 끌고 가기를 기다리고 있다. 그는 몹시 두려워 떨고, 진땀을 흘리며, 천천히 걷는다. 결국 맨 마지막 기도로 그는 편안하게 죽을 수 있기를 간청한다. 그가 사형 집행관을 대면할 수 있는 용기를 준 소망은 그가 어쩌면 살아남을 것이라는 기대는 아니었다. 그것은 여호수아의 소망이었다. 하나님께서 그를 버려 두지 않으시며, 그의 고통 중에 함께 하시고, 그의 죽음을 통해 다른 사람들이 계속 싸울 용기를 얻을 것이라는 소망이다.

우리 모두는 세상이 치유될 것과 악에 대해 승리할 것을 바라지만, 그리스도인으로서 우리의 소망은 그것보다 더 깊다. 왜냐하면 우리는 하나님께서 십자가를 통해 이미 악을 이기셨고 지금도 우리의 찢기고 상한 세상을 치유하고 계심을 알기 때문이다. 우리의 두려움은 우리가 혼자라고 말할 때, 소망은 여전히 여기 우리 편에 하나님이 계심을 가르쳐 준다. 소망은 우리에게 하나님은 죽음이 아닌 생명이시며, 미움이 아니라 사랑이시며, 상함이 아니라 치유가 되시며, 슬픔이 아닌 기쁨이시며, 전쟁이 아닌 평화의 편에 계심을 증거한다. 그리스도인으로서 우리의 소망은 예수 그리스도의 부활에 그 절정이 있다. 우리는 하나님의 궁극적인 승리인 부활에 소망을 둔다. 우리는 이 소망을 갖고 용기 있게 살 수 있다.

심지어는 다른 사람, 정의 그리고 공의를 위해 희생하고 생명을 무릎쓸 수도 있다.

묵상하고 기록하기

잠시 다음을 묵상하라: *소망은 우리가 승리할 것이라는 믿음이기 때문에, 소망은 우리가 두려워하는 일을 하도록 우리에게 용기를 준다.*

위의 사실이 진리임을 경험했거나 그런 상황을 본 적이 있는가? 그러한 경우를 기술해 보라.

위의 사실은 "소망은 우리가 승리할 것이라는 믿음"이라는 뜻이 포함되어 있다. 잠시 최소한 우리의 경험과 우리의 평생에 우리가 승리한다는 믿음이 없을 때에라도 두려워하는 일을 할 용기가 생길 수 있는 경우에 대해 생각해 보라.

하루 동안

계속해서 어제 공부한 두 가지 용기를 관찰해 보라.

일곱째 날

용기, 의지 그리고 자유

다니엘은 마음이 민첩하여 총리들과 방백들 위에 뛰어나므로, 왕이 그를 세
워 전국을 다스리게 하고자 한지라. 이에 총리들과 방백들이 국사에 대하여
다니엘을 고소할 틈을 얻고자 하였으나 아무 틈, 아무 허물을 얻지 못하였으
니, 이는 그가 충성되어 아무 그릇함도 없고, 아무 허물도 없었음이었더라.
그 사람들이 가로되, 이 다니엘은 그 하나님의 율법에 대하여 그 틈을 얻지
못하면 그를 고소할 수 없으리라 하고, 이에 총리들과 방백들이 모여 왕에게
나아가서 그에게 말하되, 다리오 왕이여, 만세수를 하옵소서. 나라의 모든
총리와 수령과 방백과 모사와 관원이 의논하고, 왕에게 한 율법을 세우며,
한 금령을 정하실 것을 구하려 하였는데, 왕이여, 그것은 곧 이제부터 삼십
일 동안에 누구든지 왕 외에 어느 신에게나 사람에게 무엇을 구하면 사자굴
에 던져 넣기로 한 것이니이다. 그런즉 왕이여, 원컨대 금령을 세우시고,
그 조서에 어인을 찍어서 메대와 바사의 변개치 아니하는 규례를 따라 그것
을 다시 고치지 못하게 하옵소서 하매, 이에 다리오 왕이 조서에 어인을 찍
어 금령을 내니라. 다니엘이 이 조서에 어인이 찍힌 것을 알고도, 자기 집에
돌아가서는 그 방의 예루살렘으로 향하여 열린 창에서 전에 행하던 대로 하
루 세 번씩 무릎을 꿇고 기도하며 그 하나님께 감사하였더라.

다니엘 6:3-9

나의 자녀들은 로버트 콜즈(Robert Coles)가 쓰고 조지 포드(George
Ford)가 그림을 그린 『루비 브릿지의 이야기』(The Story of Ruby
Bridges)라는 책을 가지고 있다. 이것은 루비 브릿지라는 어린 소녀의
이야기인데, 그녀는 루지애나 주의 뉴올리언즈(New Orleans, Loui-
siana)의 한 백인 초등학교에 다니는 최초의 흑인 아이였다. 매일 연방
경찰관의 보호를 받으며 학교로 갈 때면, 사람들은 소리지르며 그에게
침을 뱉었다. 매일 몇 블록 거리에 있는 학교를 오가며 그녀는 멈추어

서서 그 성난 사람들을 위해 기도하곤 했다.

　〈다섯째 날〉 공부에서 우리는 용기는 단지 육체적인 용맹 이상으로 마음에서 나오는 능력이라고 이야기했다. 〈여섯째 날〉에는 두려움 속에서도 우리가 행동할 수 있는 소망에 대해 이야기했다. 그러나 우리 마음에서 나오는 용기가 어떻게 우리에게 들어오게 되는지는 의문으로 남는다. 어떻게 다니엘은 왕의 금령에도 불구하고 계속 기도할 용기를 가졌는가? 어떻게 루비 브릿지는 백인 학교에 다닐 뿐 아니라, 그녀를 비난하는 사람들을 위해 기도하는 용기를 가졌는가? 이 질문에 대한 대답으로 용기는 우리의 의지 속에 자리잡은 정신력이라고 믿는다. 루비는 매일 학교에 가고 매일 기도하기로 결단하면서 자신의 의지력을 단련했다.

　용기는 의지의 행위이다. 그것은 의지의 행위를 선택하는 훈련이다. 우리는 용기 있기를 선택하지 비겁하기를 선택하지 않는다. 우리는 우리의 원칙에 따라 우리의 의지를 실현하려고 노력한다. 다니엘이 그렇게 하기로 마음만 먹었다면 그는 금령을 따랐을 수도 있었다. 그는 기도를 그만 둘 수도 있었다. 다니엘이 그렇게 했더라면 총리와 수령들은 다니엘을 그냥 예전처럼 국사를 맡은 유대인으로 존경했을 것이다. 루비가 그럴 마음이 있었다면 집에 그냥 있기로 결정했을 수도 있었다. 그녀를 조롱하던 사람들도 그렇게 하기로 마음만 먹었더라면 그녀를 지지해 줄 수 있었을 터이고, 자기들의 자녀들도 루비와 함께 학교에 보낼 수도 있었을 것이다. 각 사람이 선택하고, 용기 혹은 비겁함을 보여 줄 자신의 의지를 훈련한다.

　이것은 겁을 먹게 하는 말로 들릴지 모른다. 그러나 실상은 상당히 안심시켜 주는 말이다. 우리가 이 세상에 순응할 필요가 없다. 용기는 의지의 행위이므로, 그것은 늘 같은 식으로 보여지지는 않을 것이다. 실제로 용기는 여러 가지 다른 방식으로 드러날 수 있다. 용기는 때로는 전진함

으로 때로는 후퇴함으로; 때로는 솔직한 말로 때로는 침묵함으로; 때로
는 당신의 짐을 짊어짐으로 때로는 그 짐을 벗어 던짐으로; 때로는 선한
이유의 죽음으로 때로는 살아 남음으로; 때로는 그저 '예' 혹은 '아니오'를
말하는 것으로 드러난다.

용기는 우리를 자유롭게 지켜 주는 의지력이다. 용기는 우리의 의지를
통해서 우리의 진정한 자아에 더 가까이 가게 함으로 자라간다. 이 시점
에서 지혜는 용기의 필수 요소가 된다. 지혜가 없으면 우리의 선택의 의
지는 용감한 것일 수도 아닐 수도 있다. 항상 '아니오'라고 말하는 것이
반드시 용기 있는 것은 아닐 것이다. 어쩌면 고집불통일 수도 있다. 언제
나 '예' 하는 것은 그저 시류를 따르는 것일 수도 있다. 우리는 우리에게
우리의 삶 속에서 무엇이 용기 있는 선택인지 분별할 지혜가 필요하다.
지혜는 '예' 할 때와 '아니오' 할 때를 분별하게 한다.

우리의 생활에서 용기를 키우는 두 가지 방법은 이야기와 공동체를
통해서이다. 플라톤은 그의 제자들에게 어린아이들에게 이야기를 통해
용기를 가르치라고 말했다. 하나님은 이 방법을 아셨기에 히브리인에게
그들의 자손들에게 믿음의 이야기를 반복해서 이야기해 주라고 명하셨
다. 이스라엘의 어린 아이들은 성장하면서 하나님이 어떻게 그 백성을
속박에서 풀어 자유하게 하셨고, 어떻게 그들을 인도해 내어 복을 주셨
는지, 그들이 배반했을 때에도 하나님이 얼마나 신실하셨는지를 듣고
또 듣는다.

루이스 스미즈는 산도르 웅바리(Sandor Ungvari)라는 한 헝가리의
원로 학자의 이야기를 한다. 그는 『헝가리 나치주의의 삶과 죽음』(Life
and Death of Hungarian Nazism)이라는 책을 썼는데, 이것은 헝가
리에 나치가 침략한 1939년에 산도르가 겪은 고난에 관한 이야기이다.
그는 체포되어 선고를 받고 고문당하지만 결국에는 살아 남았다. 그 뒤

에 공산주의가 들어왔다. 사람들은 그가 나치에 의해 고문을 당했으니 새 체제를 지지하리라고 생각했으나 그렇지 않았다. 산도르는 동료 지식인들을 모아 지하 저항 운동을 조직했다. 이로 인해 그는 체포되었고, 미국에 협조한 60건의 스파이 혐의로 기소되었다. 그는 교수형 선고를 받았다.

다행히 산도르의 변호사는 그의 선고를 타협해 아무도 살아 남지 못한다는 저 악명 높은 섬 겔라(Gherla) 감옥에서 8년 간 복역하는 선고를 받았다. 세 명의 국가주의자 교도관의 도움으로 그는 탈출에 성공했다. 담장을 넘어 차가운 짜모스 강(Szamos River)을 헤엄쳐서, 밤이면 이동하여 마을마다 신부님이 은신처가 되어 주어, 결국 오스트리아의 경계까지 와서야 자유를 찾았다. "당신은 왜 이 일을 했는가? 왜 그렇게 저항했는가?"라는 질문에 "그것이 나의 가족의 역사입니다. 그들 모두 저항 지사들이었습니다. 마그야르(Magyar)의 배 젓는 노예였던 야노스 웅바리(Janos Ungvari)로부터, 헝가리 개혁당의 지도자였던 안드레아 웅바리(Andreas Ungvari)에 이르기까지 말입니다. 나는 그들의 이야기를 어린 시절에 듣고 또 들었습니다. 그런 가족사가 있는 내가 뭐 다른 일을 하겠습니까?"라고 답했다.

용기는 무용담, 즉 주목할 만한 우리의 믿음에 관한 이야기, 다른 사람들의 비범한 이야기를 듣고 또 들을 때 삼투압 작용을 하듯 우리의 마음 속에 스며든다. 용기는 평범한 부모가 자기의 가족 중 영웅의 이야기를 전해 줄 때에도 자라나고 형성된다.

우리의 의지는 용기의 힘을 갖도록 형성되어야 한다. 그것은 이야기를 통해서 될 수 있으며; 공동체를 통해서 더 자라난다. 용기는 개인적인 것이다. 아무도 우리를 대신해서 용기를 가질 수 없다. 그러나 용기 있는 각 사람 뒤에는 공동체가 있다. 비록 용기는 한 사람의 것이지만 그것은 또한 전염성이 있어서 우리가 다른 사람들과 가까이 있을 때 용기는 더 퍼진다. 우리가 신뢰를 바탕으로 행하며 위기에 처할 때 용기를 북돋아 주고 도와 줄 공동체에 속해 있을 때 용기는 증진된다. 확실히 친밀한 공동체의 일원이 되는 것도 용기가 필요하다. 다른 사람들과 터 놓고 정직한 관계를 맺는 것도 용기가 필요하며, 다른 사람들의 솔직함을 받아들이는 데도 용기가 필요하다. 그러나 우리가 일단 용기를 내어 실제 공동체의 일원이 되면, 우리는 우리 자신을 뛰어넘는 새로운 용기의 근원, 즉 소망을 발견하고는 놀란다. 공동체는 소망의 기지이다. 그리고 우리가 이미 알고 있는 대로, 소망은 용기의 근원이다.

묵상하고 기록하기

당신은 당신의 가족이나 공동체의 용맹담을 알고 있는가? 생각해 보고 떠오르는 대로 사람의 이름을 적거나 그 이야기를 간단히 기술하라.

각각의 이야기를 살펴보라. 각 이야기 속에서 믿음, 소망, 의지/선택이 어떤 역할을 했는가?

그 중 당신의 이야기도 있는가? 없다면, 당신의 기억에 용기가 실천된 경우를 생각해 보고 기억이 선명해지도록 충분히 적어라.

자, 이제 당신의 개인적인 이야기에서 믿음, 소망, 의지/선택의 역할에 대해 잠시 생각해 보라.

지금 시간이 나면 위의 경험이 공동체를 통해 어떻게 증진되고 유지되는지 생각해 보라.

하루 동안

당신이 위에 기록한 것을 다시 살펴보라. 거기에 관련된 사람들에게 전화나 편지로 그들에게 당신의 기억을 도와 주도록 청해 보라.

둘째 주 그룹 모임

도 입

그룹에 참여하는 것은 언약의 관계와 같다. 당신은 매일 30분 간 공부를 하고 주간 모임에 충실히 참여할 때 최대한의 효과를 얻게 될 것이다. 혹시 하루를 놓쳤거나 30분을 다하지 못했더라도 죄의식을 느낄 필요는 없다. 그룹에서 나누는 일에 주저하지 말라. 우리가 나눌 때, 우리 스스로에 대해 무엇인가를 배울 수도 있다. 예를 들면, 우리는 우리에게 요구하는 것 또는 우리를 드러내는 것 때문에 무의식적으로 특별한 날의 내용을 다루기가 겁날 때가 있음을 발견할지도 모른다. 스스로에 대해 느긋해 하며 하나님께서 우리에게 가르치시고자 하는 것에 늘 마음을 열어 놓으라.

우리의 성장은 부분적으로는 그룹에 참여하는 것에 달려 있다. 그러므로 가능하면 솔직하고 열린 마음으로 나누라. 다른 사람의 말을 경청하라. 때로 당신은 그들의 이야기 이면에 있는 의미를 발견할 수 있다.

이렇게 민감한 태도로 참여하는 것은 중요하다. 우리가 포착한 감정에 즉시 반응하는 것 역시 중요하다. 때로 그룹 전체가 한 특별한 개인에게 초점을 맞추는 것도 중요하다. 기도해야 할 어떤 제목이 드러나면 인도자가 그룹에게 짧은 순간이나마 그 내용을 위해 기도할 것을 요청하는 것도 좋다. 인도자가 놓칠 수도 있기 때문에 참가자들은 이런 경우에 항상 인도자만 의지하지 말아야 한다. 이 때 기도는 조용히 하거나 누군가 대표로 해도 좋다.

당신이 그 그룹에 기여하고 있음을 기억하라. 당신이 사소하고 중요하게 생각하는 것이 다른 사람에게는 꼭 필요한 것일 수도 있다. 우리는 심오해지는 것을 추구하는 것이 아니라, 우리의 경험을 나누려는 것이다.

함께 나누기

주의: 이 모든 제안을 다 따르기에 시간이 부족할 수 있다. 인도자는 그룹에 가장 유익한 것을 골라야 한다. 그룹이 가는 방향과 시간에 맞추어 취사 선택하려면 인도자는 여기에 제안된 내용을 잘 파악해 놓는 것이 중요하다. 인도자는 미리 계획을 세워야 하지만 그 때마다의 상황과 필요에 따라 계획을 변경하기를 주저하지 말아야 한다.

1. 나눔의 기회를 주신 것에 감사하는 기도와 열린 마음과 서로 사랑으로 받아들일 수 있도록 간구하는 기도로 시작한다.

2. 몇 사람이 〈일곱째 날〉의 묵상하고 기록하기 바로 전에 있는 마지막 문단을 읽는다.

3. 각자 간단히 이번 주 공과에서 가장 어려웠던 것이나 가장 의미 있었던 것을 나눈다.

4. 두 명 정도가 각자 "시냇가에 심은 나무"의 이미지로 떠올린 사람을 간단히 묘사한다.

5. 5-8분 정도 훈련으로 얻어지는 덕목에 대해 토의한다.

6. 지혜의 두 장애물은 무지와 이데올로기이다. 10-12분 정도 다음의 주장에 대해 토의한다: *무지함은 단순히 모르는 것이다; 그것은 우리가 진리를 몰라서 지혜가 없는 것이다. 이와는 달리 이데올로기는 권력을 목적으로 진리를 왜곡하는 것이다; 우리는 우리 자신의 이익을 위해서 진실을 변형하기 때문에 지혜를 얻지 못하는 것이다.* 토의가 단순히 지적인 차원에 머무르지 않도록 하라. 주변을 돌아보아 진리를 주장하는 대립된 세력이 있는가 보라.

7. 두 사람 정도에게 "사람의 생각"과 지식의 차원을 넘는 혹은 자신의 것이 아닌 하나님이 주신 지혜를 경험한 것을 나누도록 청하라.

8. 지혜는 항상 옳고 그것을 깨는 것은 늘 그릇된 도덕적 원리가 있음을 깨닫게 한다는 사실을 받아들인 후, 무엇이 항상 옳은 원리이며 왜 항상 옳은지에 대해 토의해 보라. 토의는 당신 자신의 경험에 초점을 두도록 한다.

9. 4-6분 동안 용기에 대해 나눈다. 당신은 이번 주 공부와 묵상을 통해 새롭게 이해한 것이나 새롭게 생긴 통찰력이 있는가? *소망이 없이는 모든 용기는 사라진다. 우리는 우리가 승리의 삶을 얻을 것이라는 소망을 가질 때 모든 삶을 바쳐서 용기를 얻는다.* 이 말이 의미하는 것은 무엇인가?

10. 소망이 결국 승리한다는 믿음을 주기 때문에 두려움에도 어떤 일을 할 용기를 낸 경험에 대해 함께 나누라.

11. 결국 승리한다는 믿음이 없을 때에라도 용기를 내어 두려워하는 일을 시도한 경험에 대해 나누라.

12. 나머지 시간을 믿음, 소망 그리고 의지/선택의 역할에 주의하면서 가족 혹은 공동체의 용맹담을 이야기하는 데 사용하라.

함께 기도하기

이 그룹의 유익함과 관계의 질은 매일 서로를 위해 기도에 헌신할 때 향상된다. 사진이 있으면 각자 탁자 위에 엎어놓은 사진들 중에서 한 장씩 집어 그 사진 속의 사람을 위해 한 주간 동안 특별히 기도한다. 다음 주에 그 사진을 모두 다시 가져와 섞은 다음 다시 뽑는다. 이것을 그룹이 함께 하는 순례 여정 동안 계속 한다. 기도할 때 그 사람의 사진을 보면 새로운 의미를 발견하게 된다. 사진은 당신이 주 중에 그 사람에게 특별히 관심을 갖고 기도해야 함을 생각나게 할 것이다.

1. 매주 협력하여 드리는 기도는 특별한 사역이다. 이제 소리내어 기도하는 시간을 가져라. 나눈 내용을 되새겨 보라. 각자 특별한 기도 제목을 내놓아도 좋다. 먼저 각자 기도 제목을 낸 후에 잠시 한 가지씩 기도하는 것도 좋다. 그룹 전체가 묵도로 하거나, 누군가 두세 문장의 간단한 기도를 소리내어 드려도 좋다.

2. 주기도문으로 마친다. 기도할 때, 당신은 모든 찬양과 고백과 감사와 간구 속에 모든 그리스도인과 연결됨을 기억하라.

셋째 주

정의와 절제

첫째 날

각 사람을 공평하게 대하는 것

공평이 뒤로 물리침이 되고, 의가 멀리 섰으며, 성실이 거리에 엎드러지고, 정직이 들어가지 못하는도다. 성실이 없어지므로 악을 떠나는 자가 탈취를 당하는도다. 여호와께서 이를 감찰하시고, 그 공평이 없는 것을 기뻐 아니하시고, 사람이 없음을 보시며, 중재자 없음을 이상히 여기셨으므로, 자기 팔로 스스로 구원을 베푸시며, 자기의 의를 스스로 의지하사.

이사야 59:14-16

1963년에 우리 가족은 당시 인종 갈등 때문에 미시시피에서 캘리포니아로 이사했다. 우리는 시민권 운동과 마틴 루터 킹 2세(Martin Luther King, Jr.)를 지지했다; 불행하게도 교회는 그렇지 않았다.

그 이후 상황은 많이 변했다. 외관상으로는 확실히 그렇다. 그러나 저 깊숙한 데까지 정말로 변했는가? 우리는 우리 존재의 중심에서 무엇을 느끼고, 그런 감정들이 가끔씩 슬며시 드러나서 어떻게 우리의 태도와 관계 그리고 행동을 지배하는가? 내가 안수를 받았던 1996년에 우디 화이트(Woodie White) 흑인 주교는 그가 주교이기 때문에 많은 교회에서 환영을 받는다고 말했다. 그러나 그가 목사로 임명되었다면 그 많은 똑같은 교회들은 그가 흑인이기 때문에 받아 주지 않았을 것이라고 했다. 나는 세상이 변해도 여전하다는 말이 바로 이런 경우라고 생각한다. 그러나 이것이 다른 누군가의 문제라고 생각하거나, 단지 인종의 문제라고만 생각한다면 그것은 잘못 생각하는 것이다. 우리는 어디에서나 설교단에 여자가 서는 것을 껄끄러워하는 사람이 있다는 것을 우리가 사는 세상에서 경험해 왔다.

오늘날 우리는 위기를 맞고 있다. 이사야 선지자가 이스라엘을 향해 정죄하는 말을 할 때 이사야가 직면한 위기와 같다. 이것은 정의의 위기이다. 겉으로 분명히 드러나지 않고 소리 없이 닥치지만, 점점 커져 그 징조를 드러낸다. 때때로 이 위기는 추악한 머리를 일으켜 세운다—한 젊은 흑인 부부가 단지 피부색 때문에 살해되고, 한 마을 전체가 다른 문화권이라는 이유로 대학살을 당한다. 그러나 그 때 위기는 사라진 것처럼 보이지만, 우리 존재의 깊은 곳에 가라앉아 있다가 보이지 않는 곳에서 천천히 가열되어 마침내는 다시 끓어 넘친다.

당신은 아마도 위기를 정의와 연관시키지 않을지도 모른다. 미국에 사는 사람들은 이 덕목에 대해 틀린 개념을 갖고 있는 것 같다. 미국은 "모든 사람을 위한 자유와 정의"의 원칙 위에 세워졌다. 그래서 우리는 미국을 평등과 기회의 표본인양 생각한다. 우리는 공식적으로 인종 분리 체제 아래에서 살지는 않는다. 누구나 "아메리칸 드림"(the American dream)을 좇아 미국에 올 수 있다고 믿는다. 정의는 살아 있고 든든히 버티고 있다고 확신한다. 그러나 정의는 살아 있지 않고, 미국에서도, 세상 어디에서도 건재하지 않는다. 현대의 선지자가 이사야처럼 외치는 것이 얼마나 쉬운지: "공평이 뒤로 물리침이 되고, 의가 멀리 섰으며, 성실이 거리에 엎드러지고." 그리고 하나님은 분명히 정의를 위해 중재할 사람이 없음을 인해서 탄식하실 것이다.

정의는 우리가 느끼는 것, 다른 사람과의 관계, 우리가 가치를 두는 것, 우리의 우선 순위와 관련된다. 〈넷째 주〉에서 살펴볼 터인데, 정의는 믿음과 관련된다. 〈다섯째 주〉에서 보게 되듯이, 정의의 중심에는 사랑이 있다. 플라톤과 아리스토텔레스(Aristotle)의 고전적 의미에서 정의는 단지 사람을 공평하게 대하는 것이다. 이것은 시민 사회가 기초를 둔 시민의 덕목이다. 각 사람을 공평하게 대하는 것, 그것은 아주 단순한 것 같으나, 역사적으로 보면 그것은 실행에 옮기기가 매우 어렵고 거의 불가능했다. 특히 그리스도인으로서 우리는 정의롭게 행해야 할 의무가 있다. 왜냐하면 정의는 하나님의 속성이기 때문에 그분이 정의를 요구하신다. 우리가 "각 사람을 공평하게 대하는 것"을 하지 못 할 때, 불의를 당하고 있는 사람들의 외침을 무시할 때, 우리는 하나님의 탄식과 요구를 무시하는 것이다.

묵상하고 기록하기

정의는 각 사람을 공평하게 대하는 것이라는 말을 잘 생각해 보라.

공평한 대우를 받지 못하는 사람이 있는가? 그의 이름을 적어 보라.

이 사람은 어떤 처지에 있는가? 가족 내에서, 혹은 일터에서, 아니면 더 큰 사회 조직 내에서 부당하게 취급당하고 있는가?

당신이 속한 공동체, 마을, 도시에서 공평한 대우를 받지 못하는 그룹이 있는가? 그 집단의 이름을 적어 보라.

어떤 식으로 공평하지 못한가? 그 속에 관련된 정의의 문제는 무엇인가?

하루 동안

오늘과 이번 주는 당신 주변을 돌아 보고 제대로 대우받지 못하는 사람이 있는지 잘 살펴보라.

둘째 날

정의는 죄에 가려진 본래의 은혜

나 여호와가 말하노라. 그러나 그 날 후에 내가 이스라엘 집에 세울 언약은 이러하니, 곧 내가 나의 법을 그들의 속에 두며, 그 마음에 기록하여 나는 그들의 하나님이 되고, 그들은 내 백성이 될 것이라. 그들이 다시는 각기 이웃과 형제를 가리켜 이르기를, 너는 여호와를 알라 하지 아니하리니, 이는 작은 자로부터 큰 자까지 다 나를 앎이니라. 내가 그들의 죄악을 사하고, 다시는 그 죄를 기억지 아니하리라. 여호와의 말이니라.

예레미야 31:33-34

하나님이 인류에게 주신 축복 중 하나는 본성적인 정의감이다. 이것은 하나님이 모든 사람에게 거저 주시는 본래의 은혜이다. 하나님은 우리가 불공평한 것을 감지할 정교하게 조율된 기제를 갖도록 우리를 창조하셨다. 비록 완벽하게 실감할 수 없더라도 하나님의 법칙이 우리 안에 있다. 하나님은 그것을 우리 마음 속에 새겨 놓으셨다. 오랜 세월 동안 사람들은 그것을 가리켜 "도덕의 나침반"이라고 했다. 그것은 "옳음"과 "당위"로 가는 우리에게 내재된 안내판이다. 우리 모두는 어느 정도 본능적으로 옳고 그름을 안다.

스티븐 슈메이커(Stephen Shoemaker)의 저서 『지킬과 하이드 신드롬』(The Jekyll and Hyde Syndrome)에서, 그는 정의를 바라보는 다른 시각을 제시했다. 그는 일종의 "공평 계량기"에 관해서 말했다. 우리 안에 공평함을 재는 능력, 즉 계량기 혹은 자가 있다고 한다. 원래 하나님은 모든 형태의 공평함, 즉 우리가 다른 사람들을 공평하게 대하는지, 우리 자신이 공평한 대우를 받는지에 민감하도록 우리에게 공평한 자를 만들어 주셨다. 물론, 하나님의 대부분의 창조물과 마찬가지로 오랜 세월 우리는 그것을 엉망으로 망가뜨려 놓았다. 우리는 그것을 죄라 일컫는다! 죄가 우리 삶에 들어와서 잘 만들어진 그 기제를 흐려 놓았다. 자, 다른 사람들이 바로 우리의 눈 앞에서 부당한 일을 당할 때, 그 계량기는 거의 움직이지 않고 다만 도덕적인 분노의 기미만 약간 있을지도 모른다. 그러나 만일 우리가 그런 대우를 받고 있다면! 그 계량기는 화재 경보기보다 더 요란한 소리를 낸다. 불행하게도 죄 때문에 그 계량기는 정의에 더 이상 민감하지도 않을 뿐 아니라 미묘한 기능 장애까지 발생한다. 그 계량기는 우리가 정말로 모욕적인 취급을 당하는지 더 이상 구별해 내지 못한다. 그것은 우리가 부당함을 당해도 우리로 하여금 분별하도록 도울 수 없다.

이것은 치과에 가서 모든 환자가 모두 진료받기를 기다린 두 어린 아이들의 이야기와 마찬가지이다. 치과 의사가 나왔을 때 그 중 더 큰 아이는, "선생님, 이를 하나 뽑아야 되는데, 지금 저는 아주 바쁘거든요. 그러니 마취나 진통제는 필요 없어요"라고 했다. 그 의사는 특이하다 싶어 그 애를 보고 웃으며, "글쎄, 너는 참 용감하구나. 이는 뽑아야 하는데, 바빠서 마취할 시간이 없다는 것이지?" 그러자 그 아이는, "맞아요. 굉장히 바쁘거든요"라고 했다. "그러지 뭐, 그런데 어떤 이를 빼야 하는데?" 의사가 묻자, 그 아이는 그 중 더 어린애한테 "알버트, 네 이를 보여 드려"라고 했다.

이것은 공평의 계량기 눈금이 어떻게 움직이는가를 우리에게 보여 준다. 우리는 고통이나 부당함이 우리의 것이 아니라면 전혀 상관하지 않는다. 다른 사람들이 불의와 억압과 고통 중에 있을 때 우리의 분노감은 결코 완전히 불붙지 않는다. 그러나 그것이 우리의 고통이거나 우리가 속한 공동체의 누군가의 것이라면 그 문제는 심각한 중요성을 갖는다. 우리의 공평 계량기는 다시 작동하며, 눈금이 다시 움직이기 시작하고, 정의의 덕목에 다시 불을 붙이게 된다.

묵상하고 기록하기

어제 우리는 고전적 의미의 정의, 즉 각 사람에게 공평하게 대하는 것에 대해 상고했다. 오늘은 보다 개인적인 수준에서 정의의 문제를 다룬다. 어떻게 하면 "공평 계량기"가 잘 작동하겠는가? 어떻게 당신이 옳지 않고 정당하지 않은 것에 민감할 수 있는지 잠깐 생각해 보자. 당신이 부당한 대우를 받은 가장 최근의 일은 언제였는가? 간단하게 그 때의 경험—사람의 이름, 상황, 그 때의 감정 그리고 그 결과—을 적어 보라.

당신은 최근에 다른 사람이 부당하게 취급받는 것을 본 적이 있는가? 그런 경우와 실제 그 때의 상황, 관련된 사람, 결과 등을 적어 보라.

위의 두 사건으로 당신의 "*공평 계량기*"를 시험해 보라. 각각의 경우 당신은 어느 정도 고통과 분노를 느꼈는가? 각각의 경우에서 당신은 어떤 식으로 대항했는가?

하루 동안

오늘 하루를 지내면서 당신의 "공평 계량기"가 작동하는지 주의해 보라. 그것은 단지 자신이 당하는 불의만 감지하는지 아니면 다른 사람들을 위해서도 경보를 울리는지?

셋째 날

성경적인 정의

나는 공평으로 줄을 삼고, 의로 추를 삼으니.
이사야 28:17

정의의 고전적 의미인 각 사람을 공평하게 대하는 것은 중요한 의미가 있으나, 그것은 단지 실제 정의가 의미하는 것의 겉만 핥을 뿐이다. 정의의 성경적인 의미, 소위 우리가 의(義)라고 일컫는 바는 훨씬 더 깊이가 있다. 유대교의 가장 큰 공헌은 유일신 사상이라고 생각하기 쉽다.

쉐마(Shema)는 히브리어 문장에서 제일 처음에 나오는 단어이다: 쉐마 이스로엘 아도노이 엘로헤이누 아도노이 에코드(Shema Yisroel Adonoi Elohaynu Adonoi Echod). 이것을 번역하면, "오 이스라엘

아, 들으라: 우리 하나님 여호와는 오직 하나인 여호와시니." 이것은 암
호이고, 표어이며, 유대교의 기초이다. 히브리인이 제일 먼저 배우는
기도문이다. 유대인이 그의 영혼이 하나님께 돌아가기 전에 죽어가면서
도 되뇌이는 마지막 기도이다. 역사적으로 *쉐마*는 위기 때마다 읊어졌
다. 이것은 하나님을 믿는 유대인의 고백이다.

실버맨(Silverman), 30쪽

그러나 실버맨은 유대교의 가장 큰 공헌을 유일신 사상에만 돌리는 것
은 실수임을 환기시켜 준다.

유대교의 가장 큰 공헌은 한 신만을 믿는 유일신 사상이 아니라, 오
히려 도덕의 하나님이 당신을 예배하는 자들에게 도덕성을 요구하시는
도덕적 유일 사상을 믿는 것이다. 신을 닮아가는 것에 대한 성경의 핵심
은 레위기 19장 2절에 있다. "너희는 거룩하라; 나 여호와 너희 하나님
이 거룩함이니라."
랍비들은 다음의 말로 그것을 더 강조했다: "그가 자비한 것처럼 너
희도 자비하라; 그가 헐벗은 자를 입히시고, 죽은 자를 장사하며, 모든
이에게 베푼 것처럼 너희도 그렇게 하라."

실버맨, 34-35쪽

그러므로 고전적 의미의 정의는 개인에서 출발한다면 성경적인 의미
의 정의는 하나님으로부터 시작된다.

특히 현대에 들어 해석되기 시작한 고전적 정의는 법의 개념이 가미된
것이다. 이는 사회의 상황 인에서 한 개인의 권리와 관련된다. 그러나
성경적 의미의 정의는 훨씬 더 많은 관계의 의미가 담겨져 있다. 우리의
삶과 역사 속의 하나님의 권능뿐 아니라 사람과 국가의 일들을 모두 고려
하는 정의이다. "오직 만군의 여호와는 공평하므로 높임을 받으시며, 거
룩하신 하나님은 의로우시므로 거룩하다 함을 받으시리니"(사 5:16)
의는 모든 것을 올바르게 하시고, 관계와 공동체와 국가와 세계를 치

유하시는 하나님의 권능에 초점을 맞추고 있다. "여호와께서 이 같이 말씀하시되, 너희는 공평을 지키며 의를 행하라. 나의 구원이 가까이 왔고, 나의 의가 쉬 나타날 것임이라 하셨은즉"(사 56:1). 고전적 정의는 표면적인 영역만 강조하고 개인의 사회와의 관계와 그 사회 속에서 존재하는 방식에만 강조를 두지만, 의는 외적, 내적 영역을 모두 강조한다. 의는 사회와 개인의 관계뿐 아니라 개인과 하나님과의 관계도 고려한다. 그래서 우리가 통상 사회적 용어로 정의를 말하지만, 의에 대해 말할 때는 사회의 의와 개인의 의를 함께 말해야 한다. 개인적, 사회적인 의의 이 두 가지 영역은 우리가 성경적인 의미의 정의를 충분히 이해하는 데 꼭 필요하다. 또한 이것은 하나님의 의가 우리 안에서 일하고, 우리를 통해 관계와 사회, 그리고 세상을 치유하는 데도 필요하다.

우리가 말하는 중에도 세속적 정의와 성경적 정의의 차이를 알 수 있다. 세속적 의미로 "정의 구현"이라고 하지만, 성경은 "의를 행함"이라고 말한다. 잠언의 한 구절이 이것을 말해 준다:

의와 공평을 행하는 것은 제사드리는 것보다 여호와께서 기쁘게 여기시느니라.
잠언 21:3

유대인의 『탈무드』(Talmud)에 "어떻게 사람이 하나님을 위해 일하고 그의 사랑을 증거하겠는가?"라는 질문에 답하는 이야기가 있다. 한 왕의 시종이 그에게 와서 말했다:

"오, 우리의 왕이시여, 당신을 향한 우리의 사랑을 드리나이다. 당신에게 무슨 말을 하겠삽나이까? 당신에게 무엇을 드리오리이까?"

왕이 대답하기를, "나의 신하여, 나는 그대가 내 앞에 사랑을 바치기 위해 온 그 선함을 인하여 기뻐하노라. 내가 그 마음을 아느니라. 나에게 무엇을 바치겠느냐? 나는 왕이 아니더냐? 온 나라의 군주가 아니더냐? 네가 내게 사랑을 보이려거든 내 말을 들으라. 내게 너무도 소중한 자녀들이 있느니라. 네가 내게 사랑을 보이려거든 가서 그들을 섬기라."

우리가 만왕의 왕이신 하나님 앞에 와서 말과 선물로만 우리의 사랑을 표현할 때, 이것은 하나님이 받으실 만한 일이겠는가? 우리는 하나님께서 이렇게 말씀하실 것을 상상할 수 있다: "나는 네 사랑을 인하여 기뻐하노라. 내가 너의 감추어진 마음조차 알지 못하겠느냐? 내게 무엇을 바치려느냐? 나는 온 땅과 하늘의 왕이 아니더냐? 네가 내게 사랑을 보여 주려거든 너는 가서 나의 자녀들을 섬기라."

실버맨, 33쪽

우리는 우리가 옳은 것을 하고 이미 옳은 것을 지킬 때 "정의를 행하는 것이다." 이는 우리의 공동체 생활뿐 아니라 개인의 삶과도 관련이 있다. 정의는 영과 행동에서 나타나는 사랑을 일컫는 데 그 핵심이 있다. 우리는 하나님의 자녀들을 섬기고 사랑함으로, 우리가 정의롭게 행하고, 하나님께 대한 우리의 사랑을 보여 드리는 것이다. 우리는 이것을 내일 더 상고할 것이다.

묵상하고 기록하기

잠시 당신의 삶을 돌아보라. 당신은 정의를 *행함*보다 *구함*에 더 관심을 두고 있는가?

당신이 정의를 행하려고 노력한 최근의 경험을 적어 보라.

하루 동안

정의를 행할 기회를 찾아 보라. 그리고 행하라.

넷째 날

개인적인 의와 사회적인 의

> 그가 우리를 위하여 목숨을 버리셨으니, 우리가 이로써 사랑을 알고, 우리도 형제들을 위하여 목숨을 버리는 것이 마땅하니라. 누가 이 세상 재물을 가지고 형제의 궁핍함을 보고도 도와 줄 마음을 막으면, 하나님의 사랑이 어찌 그 속에 거할까 보냐? 자녀들아, 우리가 말과 혀로만 사랑하지 말고, 오직 행함과 진실함으로 하자.
>
> 요한일서 3:16-18

이것의 핵심은 의는 사랑과 상관이 있다는 것이다. 사랑은 우리의 마음을 크게 해 준다. 그것은 우리의 동정심을 깊게 하며, 우리를 더 민감하게 해 준다. 그러므로 만일 우리가 사랑의 덕목을 훈련한다면 정의와 의는 자연히 뒤따를 것이다. 사랑의 폭을 넓히고 강하게 할 때 우리는 우리 안에서 의를 강하게 하고 북돋우는 것이다. 우리가 하나님의 사랑으로 서로를 대할 때 정의는 저절로 실현된다. 그것이 말처럼 쉬웠다면 우리 가족은 미시시피를 떠날 필요가 없었을 것이다. 그러나 우리 모두는 그것이 그렇지 않다는 것을 안다. 교회 밖에서는 절대로 그렇지 않다. 불행하게도 교회 안에서도 마찬가지이다. 그러면 어디에서 시작할 것인가?

우리는 우리 자신에게서 시작한다. 사회적인 의는 개인적인 의를 기초로 하지 않고는 성취될 수 없다. 그러나 개인적인 의는 한 사람의 의가 아니다. 우리 개인의 삶이 추구하는 가치는 우리에게서 세상으로 확산되어야 한다. 오직 그럴 때만이 우리의 사랑이 말과 혀로만 그치는 것이 아니라 행동으로 보여지는 진정한 사랑이 될 것이다. 우리가 사랑을 행동으로 옮길 때 아모스 선지자의 말이 실현되는 것이다: "공법을 물같이, 정의를 하수같이 흘릴지로다"(암 5:24).

우리가 말하는 사랑은 의례적인 친절이 아니다. 아모스는 여기 저기에서 조금씩 뿜어 나오거나 졸졸 흐르는 물이 아니라 끊임없이 흐르는 강물을 말하고 있다. 성탄절 보너스는 생활비에 추가되는 돈이 아니다. 부랑자 보호소는 집을 대신할 만한 곳이 아니다. 기근이나 재해 때의 필요를 돌보는 정도의 일시적인 동정심의 발로는 지속적인 도움과 개발을 대신할 수 없다.

정의의 흐르는 물은 우리가 얼마나 의에 헌신하느냐에 달려 있다. 우리는 십계명의 생활, 이웃을 내 몸 같이 사랑함을 통해 끊임없이 흐르는 강물이 되어야 한다. 우리가 졸졸 흐르다가 마는 물이기보다는 큰 강물이 될 때 하나님의 의가 이 세상에 드러나게 된다: 피부색과 성별을 구별하지 않고 공평하게 대하고, 약한 자를 보호하며, 법정에서 공평하고, 일하고자 하는 사람들에게 직업의 기회를 공평하게 주며, 이 땅을 돌보는 것 등의 의가 드러나게 된다. 개인적이든 사회적이든 의가 두루 행해지려면 사랑이 실천되어야 한다. 〈다섯째 주〉에 사랑의 덕목을 보다 깊이 있게 살펴보겠지만, 지금은 개인과 사회의 거룩함의 세 가지 표시, 진실을 말하는 것, 용서 그리고 약속을 행하는 것을 강조하고자 한다.

진실은 사라져가고 있다. 우리가 이번 주 〈첫째 날〉에 읽은 이사야의 충격적인 이미지를 회상하라: "성실이 거리에 엎드러지고, 정직이 들어가지 못하는도다"(사 59:14). 한 사회 학자는 보통의 미국인은 하루에

*200번의 거짓말*을 한다는 통계를 낸 적이 있다. 우리 사회는 공손함을 위해 거짓말을 부추긴다. 진실을 말하지 않는 위기가 1997년에 나온 영화 *라이어 라이어*(Liar, Liar)에서 코믹하게 그려졌다. 주인공 짐 캐리 (Jim Carrey)는 습관적인 거짓말쟁이다. 그는 결코 진실을 말하지 않는다; 사실 그가 진실을 말할 수 있었는지 조차 의문이다. 극적인 일이 일어났다. 그는 아들에게 특별히 생일에 함께 있겠다고 거짓말을 했다. 아버지가 나타나지 않자 아들이 아버지가 24시간 동안 거짓말을 못하게 해 달라는 소원을 빌었다. 그 소원은 이루어졌고, 영화는 캐리가 진실만을 말하게 되어 여러 가지 우스운 상황에 처하는 장면들을 보여 준다.

그리스도인으로서 우리는 진실하다고 생각한다. 그러나 불행하게도 항상 그렇지는 않다. 스티븐 슈메이커는 1984년 『루이빌 타임즈』(Louisville Times)에 실린 기사를 인용했는데, 갤럽 조사에 의하면, "교회에 다니는 사람과 다니지 않는 사람 간에 거짓말, 속임수 그리고 도둑질과 같은 광범위한 영역에서 별 행동의 차이가 없다"는 것이다(143쪽).

그러나 진실을 말하는 것은 건전한 관계에 필수적이다. 거짓말을 할 때 관계에 쐐기가 박히기 시작한다. 이것은 우리와 다른 사람들과의 관계뿐 아니라 하나님과의 관계, 여러 공동체간의 관계, 정부와 국가간의 관계에서도 마찬가지이다. 의는 관계를 건강하게 하는 하나님의 능력이다. 진실을 말하는 것은 우리 개인의 의를 증진시키고, 세상에서 정의를 행하는 데 우리를 하나님의 동역자로 만들어 주는 의지의 실천이다.

개인적인 의의 두 번째 측면은 용서이다. 용서는 하나님의 정의의 핵심이다. 우리의 삶에서 하나님의 용서를 경험하는 것은 하나님의 정의를 경험하는 첫 단계이다. 우리가 이 세상에서 하나님의 정의의 도구가 되려면 용서가 가장 중요한 부분이 되어야 한다. 우리가 용서할 수 없다면 우리는 싸움을 계속할 것이다. 우리가 살고 있는 공동체와 국가에서

처럼 개인의 삶에서도 마찬가지이다. 인종 문제로 미움이 유발한 폭력
을 보라. 또한 파괴를 위해 쌓아놓은 무기들은 어떠한가. 우리는 자비로
살아야 하는지, 아니면 죽어야 하는지를 결정해야 한다. 용서는 전쟁—
국가, 공동체, 가족들 사이의 전쟁—의 딜레마를 푸는 열쇠이다.

　자비가 없는 정의는 너무 가혹하다. 그것은 강제적이고 창조적이지 않
다. 그것은 생명을 구하기보다는 생명을 부정하게 한다. 정의와 자비는
둘 다 하나님의 속성이다. 그래서 자비 없는 정의는 결코 하나님의 정의
가 아니다. 『미드라쉬』(Midrash)의 한 이야기는 이 속성들의 일체를
말해 준다.

　　정의와 자비는 하나님의 속성이다. 하나님은 이 신의 속성을 어떻게
　수행하시는가? 몇 개의 빈 술잔을 가지고 있는 왕의 경우와 같다. 그는
　"내가 뜨거운 물을 부으면 이것들은 깨질 것이다. 차가운 물을 따르면
　이것들은 금이 갈 것이다"라고 말했다. 그래서 뜨거운 물과 차가운 물을
　섞어 부었고, 그 잔은 안전했다.
　　이처럼 하나님은, "내가 세상을 자비의 속성으로만 창조했다면 죄가
　넘쳐날 것이다. 세상을 정의의 속성만으로 창조했다면 어찌 견디어 내
　랴? 그래서 나는 그 둘로 세상을 창조했고, 그래서 지탱이 되는 것이다"
　라고 하셨다.

　　　　　　　　　　　　　　　　　　　　　　　　실버맨, 35쪽

　레이놀드 니이버(Reinhold Neibuhr)는 오로지 정의롭기만 한 정의
는 곧 정의가 아닌 것으로 전락해 버린다고 말한 적이 있다. 그래서 진정
한 정의는 자비로 다듬어져야 한다.

　마지막으로, 약속을 행함은 진실을 말함과 마찬가지로 모든 형태의 관
계의 건강에 필요하다. 만일 우리가 다른 사람에게 한 약속을 스스로 지
키지 않는다면, 그들도 역시 우리에게 한 약속을 지키지 않을 것은 놀랄
일이 아니다.

이사야는 이스라엘 백성에게 그들의 믿음에 대해 말했다:

> 나의 기뻐하는 금식은 흉악의 결박을 풀어 주며, 멍에의 줄을 끌러 주며, 압제당하는 자를 자유케 하며, 모든 멍에를 꺾는 것이 아니겠느냐? 또 주린 자에게 네 식물을 나눠 주며, 유리하는 빈민을 네 집에 들이며, 벗은 자를 보면 입히며, 네 골육을 피하여 스스로 숨지 아니하는 것이 아니겠느냐?
>
> 이사야 58:6-7

이것이 정의의 과업이라면 우리는 그 과업을 이룰 든든한 자로 서야만 한다. 사람들은 우리가 약속을 행하는 줄로 알고 있는데, 우리가 그렇게 일관하지 않는다면 굶주린 자들이 어찌 우리를 신뢰하고 억압받는 자들이 어찌 우리가 그들의 결박을 풀어 주리라 믿겠는가?

개인적인 의는 하나님으로부터 힘을 얻는 최상의 의지의 행위이다. 그것은 진실을 말하고 남을 용서하고 약속을 지키려는 노력이 요구된다. 우리가 불의에 도전하여 일어설 때, 개인의 의는 다른 사람에게 영향을 끼치고 결국 사회의 의로 전환되어 간다.

이 개인적인 의가 사회적인 의로 전환되는 과정은 쉬운 과제가 아니다. 그것은 우리를 잘못 인도하거나 곤란에 빠뜨릴 함정이 있다. 두 가지를 주목할 필요가 있다. 첫 번째, 어느 한 특정 그룹이 하나님의 의의 도구라는 주장이다. 이런 각본은 정치판에서 주로 행해진다. 하나님은 우리의 삶의 역사 속에서 일하셨고, 또 계속 일하신다. 그런데 어떤 정치 정당이나 어떤 다른 그룹이 그 도구임을 주장하는 것은 위험하다. 성경은 이것을 신성모독이라고 규정한다. 두 번째 함정은 첫 번째와 밀접하고 교회와도 연관된다. 교회가 어떤 정치적 정당이나 그룹의 활동을 하나님의 뜻으로 여길 때 그것 또한 위험한 상황이다. 이는 정치적인 것으로, 미묘한 종교의 자유가 희생당하기 때문에 영적으로 위험한 상황이다. 성경은 이것을 우상 숭배라고 한다.

정의는 일들을 올바르게 하시고, 사람들과 공동체, 국가, 세계 안에서 관계를 치유하시는 하나님의 능력의 증거가 되는 우리에게 주신 하나님의 선물이다. 우리가 개인적인 의에 헌신하여 넘쳐나는 강물이 될 때 하나님의 의로운 능력이 더욱 분명해지고, 정의 또한 흐르는 물처럼 우리의 황무지 같은 삶과 이 땅을 신선하게 적시어 새롭게 할 것이다.

묵상하고 기록하기

지난 몇 주 동안 뉴스를 통해 본 것 중에서 어느 특정한 그룹이 하나님의 의의 도구라고 주장한 적이 있는가? 당신은 그러한 주장을 어떻게 평가하는가? 언제 그러한 주장이 하나님을 모독하는 것이 되는가?

때로 교회가 정치적으로 스스로를 민주당의 좌익이니 공화당의 우익이니 규정할 때가 있다. 어떤 의미에서 이것이 위험한가? 어떤 의미에서 이것이 우상 숭배인가?

당신은 정의를 정치적인 것과 연관지어 실행하려고 한다고 느끼는가?

개인적인 의의 다음 세 가지 표시 중 하나라도 실행한 경험이 있는가? 없다면, 주변의 아는 사람의 이야기라도 생각해 보라. 정의/의가 어떻게 표현되었는가? 그 경험을 되살릴 수 있도록 충분히 적어라.

진실을 말함

　용서

　약속을 행함

하루 동안

　신문이나 텔레비전을 보거나 대화를 할 때, 정치와 종교가 겹쳐지는 부분이 있는지 주의해 보라. 그들은 어떤 주장들을 하는가? 그것들이 공평을 흐르는 물과 같이, 의가 넘치는 강과 같이 되게 하라는 하나님의 소명과 어떻게 조화를 이루는가?

다섯째 날

아무 것에도 지나침이 없음

> 이러므로 너희가 더욱 힘써 너희 믿음에 덕을, 덕에 지식을, 지식에 절제를, 절제에 인내를, 인내에 경건을, 경건에 형제 우애를, 형제 우애에 사랑을 공급하라. 이런 것이 너희에게 있어 흡족한즉, 너희로 우리 주 예수 그리스도를 알기에 게으르지 않고, 열매 없는 자가 되지 않게 하려니와.
>
> 　　　　　　　　　　　　　　　　　　　　베드로후서 1:5-8

　오늘은 절제로 관심을 돌려보고자 한다. 현대 사회에서 절제는 가장 인기없고 무시되는 덕목처럼 보인다. 우리 대부분은 절제가 의미하는 것을 이해하지 못한다. 한 마디로 이는 단순하게 알맞음을 의미한다. 옛날 격언에 "아무 것에도 지나침이 없다"는 말이 있다. 그래서 오히려 우리의 본성적인 성향 또는 "입맛"을 제거한다는 뜻으로 해석하기보다, 절제는 우리의 본성 안에서 적절함을 유지하는 것으로 해석되었다. 그래서 아무 것에도 지나침이 없다는 격언은 절제에 응용되었다. 절제는 기쁨이 없는 금욕주의도 아니며, 자존심으로 가득한 오만도 아니다. 그것은 건전한 균형을 추구하는 것이다.

세월이 지나면서 철학자들과 신학자들은 절제를 가장 중요한 덕목의 하나로 바라보기 시작했다. 그리스도인들은 잘 정돈된 영혼, 균형 잡힌 자아, 잘 조화된 삶을 창출하는 것이 필요하다고 믿었다. 플라톤은 절제가 영혼을 자유롭게 해 주는 합리적이고 정돈된 정신이라고 했다. 만일 영혼이 자유롭고, 어떤 충동이나 성향에 억매이지 않으려면 절제는 꼭 필요하다. 아리스토텔레스는 심지어 절제가 다른 모든 덕목의 전제 조건이라는 주장까지 펼쳤다. 예를 들면, 용기를 내는 데도 절제가 필요한데, 용기는 비겁함과 무모함의 균형 있는 중간이기 때문이다.

우리의 삶에서 추구하는 균형, 절제의 반대는 무절제와 불균형이다. 무절제한 사람은 구멍이 많은 단지와 같아서 결코 채워질 수 없다. 무절제는 두 가지로 드러난다. 하나는 자신의 일부가 전체를 지배해 버리는 것인데, 예를 들면, 알콜 중독과 다른 중독증 같은 것이다. 중독된 사람은 한 가지 중독된 욕망에만 지배를 받는다. 자신의 다른 욕구나 욕망과 관련되어 그 욕망이 솟는 것은 아니다. 그 한 가지의 욕망이 다른 모두를 소모해 버린다. 중독이 무절제의 첫 번째 형태의 좋은 예이기는 하지만 무절제가 이런 극단적인 형태로만 드러난다고 생각해서는 안 된다. 자신의 일에 성공하고자 하는 욕심 때문에 가정에서 갈등을 갖거나 가족이 전부이다 보니 개인의 성취욕과 갈등하거나, 서로 갈등을 갖는 욕망으로 고통받는 사람은 누구나 상당한 기간 동안 무절제를 경험하게 된다.

무절제는 자신의 일부가 자기 자신의 전체를 단순히 지배하는 것만이 아니다. 그것은 자아의 분열일 수도 있다. 우리가 자신을 제대로 알지 못한다면 우리는 이리저리 마구 끌려 다니게 될 수 있다. 한 가지가 지나쳐 우리를 망치는 것이 아니라, 여러 가지가 너무 과하여 우리를 해체해 버리는 것이다. 우리의 삶이 너무 많은 욕구들로 가득 찰 때 우리는 무절제의 늪으로 빠진다. 우리는 중심을 찾아서 삶의 질서를 잡지 못하기 때문에 우선 순위를 갖기 어렵고 결국 우리는 파멸하게 된다.

삶의 균형을 찾으려고 할 때 우리는 절제를 엄격한 금욕과 혼동하지 말아야 한다. 금욕주의는 자연의 세계를 악하게 생각해서 금욕과 수행을 요구하는 것이다. 절제는 우리 내부의 욕망을 포함하여 모든 창조물을 선한 것으로 여긴다. 그러나 자유롭고 생산적이기 위해서는 이들 욕망에 질서를 부여하려고 하는 것이다.

절제하는 사람은 자신을 안다. 그는 무엇이 중요한지 알기에 우선 순위와 목표를 세운다. 절제하는 사람은 보상이 늦어지는 것도 이해하여 그가 원하는 것을 위해 기꺼이 희생할 줄 안다. 절제하는 사람은 목표 달성을 위해 해야 할 것과 하지 말아야 할 것을 현명하게 결정한다. 절제하는 사람은 그들 마음에 질서를 위해, 기꺼이 취사 선택하고 그것에 헌신한다.

절제는 균형을 찾는 기술이다. 그것을 지킬 때는 축복이지만, 그렇지 못할 때는 부담이다. 절제의 균형을 잡는 것은 각자 다를 수 있다. 어떤 사람은 다른 사람들을 더 보충해야 할 특정한 영역에서 금욕이 필요할지 모른다. 우리는 모두 마음 속의 질서와 균형을 위한 분별력과 성실함을 위한 기도가 필요하다.

묵상하고 기록하기

"아무 것에도 지나침이 없다"는 옛날의 격언을 생각해 보라. 이것은 당신이 살아가는 원칙인가? 왜 그런가? 혹은 아니라면 왜 아닌가?

　무절제는 자신의 *일부가 자신 전체를 지배하게* 한다. 당신의 삶을 점검하라. 당신을 지배하는 당신의 일부가 있는가? 자신의 일부를 적어 보라.

　몇 분 동안 이러한 당신의 두드러진 특성과 연관해서 "아무 것에도 지나침이 없다"는 뜻인 절제를 조절하기 위해서 당신에게 필요한 것은 무엇인지 생각해 보라.

　한편 절제의 부족은 우리의 자아를 분열시킨다. 여러 가지에 지나친 욕심은 우리를 파멸시킨다. 당신의 삶에서 두드러진 욕망 두세 가지, 취향, 습관 또는 개인적인 특성을 나열해 보라.

　절제의 훈련을 통해 위의 것들에 질서를 부여할 수 있을지 상고해 보라.

하루 동안

오늘을 지내면서 무절제의 경향에 주의하라. 당신의 삶의 영역에서 이 균형을 깨는 것이 있는가? "안 돼"라고 더 자주 해야만 하는가?

여섯째 날

그리스도 중심, 성령 충만

> 오직 성령의 열매는 사랑과 희락과 화평과 오래 참음과 자비와 양선과 충성과 온유와 절제니, 이 같은 것을 금지할 법이 없느니라. 그리스도 예수의 사람들은 육체와 함께 그 정과 욕심을 십자가에 못박았느니라. 만일 우리가 성령으로 살면 또한 성령으로 행할지니.
>
> 갈라디아서 5:22-25

정의의 덕목을 공부할 때 발견한 바와 같이 성경의 덕목의 개념은 고전적 개념의 테두리를 넘어서 그 깊이를 더 한다. 절제도 역시 마찬가지이다. 성경은 절제가 보다 필수적이고 의미 있으며 상급이 있는 것으로 절제의 위상을 높여 놓는다. 고전적 시각에서 보면 절제는 잘 정돈되고 조화로운 영혼을 만들어 낸다. 이것은 성경적 견지에서도 마찬가지이다. 그러나 성경적 시각에서 보면 그 정돈과 질서에는 목표가 있다. 그것은 사랑이다. 우리의 영혼이 다만 제대로 정돈되어 있기만 하면 되는 것이 아니라, 하나님과 이웃을 사랑하는 목표를 위해 정돈되어야 하는 것이다. 절제를 통해 얻는 질서는 우리 자신만을 위한 것이 아니다. 물론 그것은 우리의 유익이지만, 절제를 통해 얻는 질서는 하나님과 이웃을 위한 것이다.

고전적 사고에 있어서, 마음은 모든 문제를 다스린다. 그래서 무지는 악의 근원이다. 이성은 우리를 구원해 주는 것이 아니다. 그러므로 절제는 마음의 훈련을 통해서 얻어지는 합리적인 질서이다. 그리스도인의 절제는 외적으로는 비슷하지만, 그 기초는 완전히 다르다. 절제의 성경적 개념은 무지가 아니라 죄이고, 우리 마음의 왜곡이며, 악의 근원임을 주장한다. 이성만으로는 우리를 구원할 수 없다. 이성은 무지를 해결할 수 있지만, 죄를 해결할 수는 없다. 오직 그리스도만이 죄를 해결해 주실 수 있다. 그러므로 이성으로가 아니라, 우리가 예수 그리스도와 관계를 맺을 때 우리 안에 거하시는 성령으로 말미암아 우리는 절제할 수 있다. 그렇다면 절제는 성령 충만한 삶이며 그리스도 중심의 삶이다.

균형 있는 절제를 한다는 것은 우리에게 항상 도전이 된다. 그러나 우리의 관심과 에너지를 뺏는 것이 너무 많아서 과잉 자극으로 종종 무감각해진 세상에 사는 요즈음 우리에게는 어느 때보다도 더 큰 도전이다. 우리가 삶의 질서와 중심을 찾는 것은 시급한 일이다.

그리스도인에게는 그리스도가 중심이다. 그는 우리의 영혼에 질서를 주시는 분이다. 예수님의 멍에를 지면 무절제에 대항할 수 있다. 예수님이 우리의 삶에 주인이시면, 그 외의 어떤 것도 우리의 주인이 될 수 없다. 예수님이 우리의 삶의 주인이 아니시라면, 아무 것이나 우리의 주인이 되어버릴 것이다. 우리의 중심에 그리스도를 모시면, 우리는 온전함으로 향하게 되며, 그것은 전체가 일부의 지배를 받는 것을 막아 주고, 여러 가지 것들로 인한 분열도 막아 준다. 예수님을 우리의 중심에 모시고 살면, 우리의 삶의 질서는 사랑으로 옮겨간다. 스티븐 슈메이커는 이를 잘 표현했다:

당신은 그리스도의 형상으로 창조되었다. 그는 당신의 숨겨진 자아이

며, 당신의 가장 진실된 실존이다. 이 진정한 자아는 몇 겹의 거짓된
자아로 덮여 있다. 당신의 진정한 자아는 당신으로부터 감추어져 있다.
당신이 예수 그리스도를 받아들이고, 구원자, 주님, 친구로 모신다면,
당신은 진정한 자아와 교제를 나누게 된다. 당신은 당신 자신에 대해
알기 때문에 거짓 자아의 억압은 점점 사라진다. 그리스도가 주인이 되
시면 하나님이 우리에게 주신 모든 선한 갈망과 욕구는 제자리를 찾아
하나님이 만드신 모습으로 좋게 머물러 있게 된다.

슈메이커, 157쪽

예수님을 삶의 중심에 모실 때 성령의 능력이 우리를 절제하도록 도우
신다. 또한 우리는 절제가 율법에서 기인하는 것이 아님을 알게 된다.
바울은 갈라디아인에게 "너희가 만일 성령의 인도하시는 바가 되면 율법
아래 있지 아니하리라"고 했다. 우리는 엄격한 규칙과 통제로 절제를 강
화할 수 없다. 율법은 내적인 질서가 아니라 외적인 질서를 유지한다.
그래서 그러한 질서는 오래 가지 못한다. 그리스도 중심의 삶과 성령 충
만에서 오는 절제는 힘든 의무감이라기 보다는 즐거운 순종이다. 예수님
은 "수고하고 무거운 짐 진 자들아, 다 내게로 오라. 내가 너희를 쉬게
하리라. 나는 마음이 온유하고 겸손하니, 나의 멍에를 메고, 내게 배우
라. 그러면 너희 마음이 쉼을 얻으리니, 이는 내 멍에는 쉽고, 내 짐은
가벼움이라"고 말씀하셨다. 예수님의 멍에를 지고 그분으로 우리의 삶의
주인이 되시게 하면, 그분은 우리가 하나님과 이웃을 사랑하는 삶을 살
도록 우리의 삶을 정돈해 주신다. 이것은 금욕의 멍에나 삶을 부인하는
것이 아니다. 우리가 〈첫째 주〉에 말했던 깊은 행복과 축복을 경험할 수
있도록 우리 삶에 질서를 부여하는 멍에이다. 그리스도 중심의 삶을 살
게 될 때, 우리는 우리에게 무엇이 옳은지를 결정하는데, 그것은 어떤
율법과 규칙에 의해서가 아니다. 우리는 행복하게, 자유롭게, 책임감 있
게 살 수 있다. 우리는 즐거운 순종 속에서, 예수님이 명령하신 풍성한

삶을 확인하며, 절제 있는 삶을 살 수 있다.

묵상하고 기록하기

오늘 우리는 절제가 율법에서 나오는 것이 아님을 언급했다. 절제는 율법과 규칙으로 강화되는 것이 아니라 성령의 인도하심으로 되는 것이다. 어제 〈묵상하고 기록하기〉에서 당신 전체를 지배하는 자아의 일부를 적어 볼 것을 권했다. 그것을 "성령"과 "율법"의 측면에서 다시 한 번 살펴보라. 당신은 이런 영역을 율법으로 "통제하는지" 성령의 도우심으로 "통제하는지" 점검해 보라.

당신의 이런 측면과 관련해서, 당신은 그리스도 중심의 삶과 성령 충만한 삶을 위해서 무엇이 필요한가?

어제 언급한 당신의 삶에서 두드러진 추진력, 취향, 습관 그리고 인격의 특성을 다시 돌아보라. 만일 당신이 당신 자신의 의지보다 성령이 지배하시도록 추구하면서 그것들을 통제하려는 데 덜 집중하고 그리스도께 항복하지 않는다면 어떻게 이것이 조화롭게 이루어질 수 있겠는가?

하루 동안

"나는 성령으로 살기 원합니다. 주님께서 제가 성령과 동행하도록 도와 주소서"라는 기도로 하루를 시작하라.

일곱째 날

충분한 균형

어제 성령에 의해서 절제의 삶을 살 능력을 공급받기 위해서 우리가 그리스도를 우리의 삶의 중심에 모셔야 할 필요성을 공부했다. 오늘은 그러한 헌신의 실질적인 세부 사항에 초점을 두고자 한다. 구약의 놀라운 이야기 하나를 살펴보면서 시작하자.

사사들의 치리하던 때에 그 땅에 흉년이 드니라. 유다 베들레헴에 한 사람이 그 아내 와 두 아들을 데리고 모압 지방에 가서 우거하였는데, 그 사람의 이름은 엘리멜렉이요, 그 아내의 이름은 나오미요, 그 두 아들의 이름은 말론과 기룐이니, 유다 베들레헴 에브랏 사람들이더라. 그들이 모압 지방에 들어가서 거기 유하더니, 나오미의 남편 엘리멜렉이 죽고, 나오미와 그 두 아들이 남았으며, 그들은 모압 여자 중에서 아내를 취하였는데, 하나의 이름은 오르바요, 하나의 이름은 룻이더라. 거기 거한 지 십 년 즈음에 말론과 기룐 두 사람이 다 죽고, 그 여인은 두 아들과 남편의 뒤에 남았더라.

그가 모압 지방에 있어서 여호와께서 자기 백성을 권고하사 그들에게 양식을 주셨다 함을 들었으므로, 이에 두 자부와 함께 일어나 모압 지방에서 돌아오려 하여...나오미가 두 자부에게 이르되, 너희는 각각 어미의 집으로 돌아가라. 너희가 죽은 자와 나를 선대한 것 같이 여호와께서 너희를 선대하시기를 원하며, 여호와께서 너희로 각각 남편의 집에서 평안함을 얻게 하시기를 원하노라 하고, 그들에게 입맞추매, 그들이 소리를 높여 울며 나오미에게 이르되, 아니니이다. 우리는 어머니와 함께 어머니의 백성에게로 돌아가겠나이다. 나오미가 가로되, 내 딸들아, 돌아가라. 너희가 어찌 나와 함께 가려느냐? 나의 태중에 너희 남편 될 아들들이 오히려 있느냐?...그들이 소

리를 높여 다시 울더니, 오르바는 그 시모에게 입맞추되, 룻은 그를 붙좇았
더라.

　나오미가 또 가로되, 보라, 네 동서는 그 백성과 그 신에게로 돌아가나니,
너도 동서를 따라 돌아가라. 룻이 가로되, 나로 어머니를 떠나며 어머니를
따르지 말고 돌아가라 강권하지 마옵소서. 어머니께서 가시는 곳에 나도 가
고, 어머니께서 유숙하시는 곳에서 나도 유숙하겠나이다. 어머니의 백성이
나의 백성이 되고, 어머니의 하나님이 나의 하나님이 되시리니, 어머니께서
죽으시는 곳에서 나도 죽어 거기 장사될 것이라. 만일 내가 죽는 일 외에 어
머니와 떠나면 여호와께서 내게 벌을 내리시고 더 내리시기를 원하나이다.

　나오미가 룻의 자기와 함께 가기로 굳게 결심함을 보고 그에게 말하기를
그치니라. 이에 두 사람이 행하여 베들레헴까지 이르니라. 베들레헴에 이를
때에 온 성읍이 그들을 인하여 떠들며 이르기를, 이가 나오미냐 하는지라.

룻기 1:1-6, 8-11, 14-19

　이 얼마나 놀라운 용기와 헌신의 이야기인가! 룻은 모두 알고 있듯이
이 이야기의 주인공이다. 결국 그녀는 나오미를 따라 그녀의 고향을 떠
날 모험의 선택을 한다. 그러나 이 이야기 속의 룻만한 다른 인물 오르바
를 간과해서는 안 된다. 나오미가 룻과 오르바에게 그들의 가족에게 돌
아가라고 할 때 오르바는 그렇게 한다. 이것은 논리적이고 합리적인 선
택이다. 성경 시대에는 일반적으로 과부는 불안한 처지에 있다. 만일 돌
보아 줄 가족이 없다면 그들은 종종 추위에 내몰릴 수도 있다. 외국땅에
서 과부로 지내는 것은 더욱이 두렵고 절망적이기까지 하다. 오르바의
선택은 상식에 의한 것이다. 오르바와 룻에게 가장 안전하고 합리적인
선택은 돌보아 줄 가족에게로 돌아가는 것이다. 그러나 성경은 이 합리
적인 선택이 쉬운 선택이 아니었음을 증거한다. 두 여인 모두 슬피 울며
오르바가 결심하는 데도 많은 시간이 걸린다.

　그러나 결국 룻은 나오미를 따라 유대 지방으로 가고, 오르바는 고향

으로 돌아간다. 우리는 그 이후 오르바에게 무슨 일이 있었는지 모른다. 그녀가 가족에게 돌아가 안전하게 살았을 것이라고 추측할 뿐이다.

자연히 교회는 룻을 온전히 합당한 인물, 능력의 모델로 제시한다. 그러나 우리는 또한 오르바에게 새로운 관심을 가져야 한다고 생각한다. 우리가 절제의 덕목, 우리 삶의 균형을 구하고, 또 다시 구하고자 할 때 우리는 이 두 여인을 살펴볼 필요가 있다.

룻은 따라갔고, 오르바는 그렇게 하지 않았다. 우리 삶에서 직면하는 많은 선택에서처럼 그 두 가지 선택 사이에 분명한 긴장이 있다. 아무리 사소한 선택이라도 우리의 모든 선택은 중요하다. 왜냐하면 그 선택들이 우리의 믿음과 얽혀져 있기 때문이다. 우리의 믿음이 우리가 헌신할 때의 결정을 좌우한다. 또 우리가 헌신할 때의 결정이 우리의 믿음을 좌우한다. 그러나 여기에 마찰이 있다. 우리가 해야 할 유일한 선택만을 부추기는 사람들은 늘 있다. 남자나 여자나 마찬가지이다. 또 우리의 모든 삶의 영역에서도 그렇다. 우리가 여러 방향으로 우리를 당기는 삶의 욕구를 만날 때 우리는 룻과 오르바 둘 다 용기 있고 좋은 결정을 내렸음을 기억할 필요가 있다. 그들은 그들에게 옳은 것을 선택했다. 우리 각자도 그렇게 해야 한다. 우리가 룻이 되어야 한다고 생각하는데, 다른 사람들의 눈에 "오르바"로 여겨지면 그렇게 되라. 우리 모두가 룻일 수는 없다. 또 모두 오르바일 수도 없다. 우리가 모든 사람 눈에 모든 것이 될 수는 없을 것이다. 우리는 언제나 어떻게 살아야 할지 결정해야만 한다.

특히 두 영역은 우리가 선택을 강요받는 극단을 예증한다. 그것은 가정과 직장이다. 이 두 영역에서 우리 문화는 두 가지 잘못되고 대립된 선택만을 하게 하고 다른 여지를 주지 않았다. 첫째로, 당신이 그것을 *원하면 그것을 얻기 위해 다른 모든 것을 희생해야 한다.* 이 잘못된 선택이 남자와 여자 모두에게 부과되었다. 남자, 그들은 늘 딜레마에 빠져 있다. 직장은 과거에도 앞으로도 주가 되고, 남자로서의 의미와 위치를 확인하는 유일한 곳이다. 그들이 성취와 보상을 기대할 유일한 곳이다. 인생의 다른 영역 특히 가정과 가족은 남자가 결코 내적인 만족을 구하기에 적합한 곳으로 평가된 적이 없다. "전부 아니면 아무 것도 아닌 것"을 강조하는 것은 1970년대 여성 운동에서도 범해진 실수였다. 여성 "해방"은 직장에서 남자들과 경쟁하도록 부추겼다. "직장으로 돌아가라"가 그 구호였고, "전문 여성"이 그 상징이었다. 그러나 그 유일한 선택만을 부추기며 가정에서의 여자들의 가치를 부정했다.

두 번째 잘못된 선택은 1980년대에 여자들에게 지배적으로 제시되었다. 그것은 수퍼 우먼의 극단이었다. 이것은 내가 나이가 들어가며 희생양이 되게 한 잘못된 선택이었다. 여자들은 수퍼 엄마이면서 동시에 수퍼 직장 여성이 될 수 있다는 요구를 받았다. "당신은 모든 것을 갖추고 있다" 혹은 "두 마리 토끼를 다 잡을 수 있어"라는 식의 사고 방식이었다.

그러나 그 근본 선에서 보면 이 두 극단은 잘못이다. 우리의 삶은 그런 식이 아니다. 사회는 남자들에게 여전히 매우 어려운 것이지만, 많은 여자들은 가정과 다른 것을 희생하지 않고도 일하는 것이 가능하다는 것을 발견하고 있다. 그러나 또한 우리가 어떤 희생 없이는 모든 것을 다 할 수 없다는 것도 사실이다. 우리의 헌신이 상충될 때는 늘 있다. 더욱이 일하느냐, 집에 있느냐로 문제를 단순화시켜서 우리의 삶의 모든 영역에 걸친 균형의 필요와 복잡성을 받아들이지 않는다. 우리는 전업 주부일 경우도, 은퇴한 사람일 수도 있다. 그리고 우리는 여러 가지 헌신해야 할 일에 귀를 기울일 수도 있다. 직업을 갖는 것은 그것과 상관없는 일이다.

인생에는 헌신할 만한 일들로 가득 차 있다는 사실은 절제의 필요를 말해 준다. 우리가 절제의 덕목을 삶에 적용하려면 "충분한 균형"의 개념을 이해해야 한다. "충분한 균형"을 절실하게 재발견해야 할 필요가 있다. 사회도 심지어 성경도 훌륭함의 추구를 권한다. 바울은 빌립보 사람들에게 "종말로 형제들아, 무엇에든지 참되며, 무엇에든지 경건하며, 무엇에든지 옳으며, 무엇에든지 정결하며, 무엇에든지 사랑할 만하며, 무엇에든지 칭찬할 만하여, 무슨 덕이 있든지, 무슨 기림이 있든지, 이것들을 생각하라"(빌 4:8)고 말했다. 우리가 할 수 있는 최선을 추구하는 데는 아무 잘못이 없다. 우리는 훌륭함을 고상한 갈망이라고 믿는다. 그러나 또한 그것은 역시 해로운 개념이 될 수도 있다. 많은 가족이 최고의 일꾼이 되고자 일 중독에 시달리고 있다. 그래서 우리는 "충분한 균형"의 개념을 도입해야 한다고 믿는다.

내가 처음 신학을 시작했을 때 나는 굉장히 스트레스를 받았다. 도대체 제대로 리듬을 찾을 수 없어 보였다. 좋은 점수와 열심히 공부하는 것에 익숙했기 때문에 나는 자연히 곧 옛날 공부 습관과 기대로 돌아갔다. 그러나 나는 어쩐지 대학교에 다닐 때 같지 않았다. 나는 결혼했고, 아이가 있었다. 남편은 외과 의사 수련 과정이라 주로 밖에서 지냈다. 나는 반에서 일등을 하면서 아들 나단(Nathan)에게 필요한 관심을 주는 것을 동시에 할 수 없다는 것을 깨달았다. 나는 내가 대학 때 꿈꾸던 "이상적인" 엄마가 되고, 동시에 석사 과정을 성공적으로 마칠 수 없음을 깨달았다. 나는 균형을 회복해야 했다. 나는 떳떳한 신학생이 되고, 적절히 훌륭한 엄마가 될 방법을 찾아야 했다. 나는 적절히 훌륭한 것도 괜찮다고 인정해야 했다.

오르바는 알맞은 것에 대해 알았다. 그녀는 비록 고통스러운 것이기는 하지만, 그녀에게 알맞은 선택을 했다. 우리 각자는 우리 자신에게 그것을 선언할 수 있다. 이것은 단지 "여자의 일"만이 아니다. 모든 사람들이 "충분한 균형"을 선언할 필요가 있다. 수백만 가지 다른 방향을 좇다가 찢기느니, 우리가 충분히 좋은 엄마, 아빠, 자녀 그리고 충분히 좋은 형제, 직장인, 자원 봉사자, 친구, 시민이 될 수 있게 결정을 내려야 한다. 우리가 충분한 균형을 찾을 때 삶에서 절제가 지배하게 되고, 우리는 탁월하게 되는 것에서 자유로와질 수 있다.

묵상하고 기록하기

잠시 오르바에 대해 생각해 보라. 당신은 그녀의 선택도 좋은 것이고 인정할 가치가 있다고 생각해 본 적이 있는가?

왜 우리는 룻만을 영웅시 하고 오르바는 무시했는가?

당신의 삶에서 대립되는 욕구가 있는가? 그 상충되는 일을 적어 보라.

잠시 이 영역에서 "수퍼"가 되기보다 "충분한 균형"을 이루기 위해 당신이 내려야 할 결단과 조절해야 할 것을 생각해 보라.

"전부 아니면 아무 것도 아닌 것"이라는 식으로 당신이 취한 태도를 하나님께 고백하는 기도를 써 보라. 당신의 삶에서 당신의 지나친 목표가 당신을 파괴로 몰고 가는 것이 있다면 무엇인지 고백하라.

하루 동안

당신이 하는 활동과 인간 관계에서 당신을 평가해 보자. 어떤 점에서 당신은 충분한 균형을 이루기보다는 수퍼가 되려고 하는가?

셋째 주 그룹 모임

도 입

그리스도인의 교제의 두 가지 핵심 요소는 피드백(feed back)과 양육이다. 피드백은 모든 참가자들에게 모임이 긍정적으로 작용하도록 그룹을 유지하는 데 필요하다. 양육은 그리스도인의 관심과 사역을 표현하는 데 필수이다.

인도자가 일차적으로 그룹의 피드백에 책임이 있다. 그룹이 그들에게 어떤 영향을 주고 있는지 자신의 느낌을 나누도록 권장해야 한다. 경청하는 것도 아주 중요하다. 다른 사람들의 말을 주의 깊게 듣는 것은 어떤 다른 행위만큼이나 그 사람을 인정하는 수단이다. 그것은 "당신은 중요해요. 나는 당신을 귀하게 여겨요"라고 말하는 것과 같다. 그것은 또한 이 순례 여정을 나누고 있는 사람들이 그들의 말을 진정으로 듣고 있다는 것을 알도록 그들이 뜻하는 바를 점검하는 것도 아주 중요하다. 우리는 흔히 잘못 알아 듣는다. "_____라는 것인가요?"라는 식의 물음은 아주 좋은 점검 질문이다. 그룹에서 두세 명만 이런 식으로 반응해도 그룹 전체의 분위기를 돋구기에 충분하다.

양육은 모든 사람이 한다. 다른 사람들의 이야기를 들을 때, 우리는 그들의 표면 뒤에 있는 염려와 필요를 발견하게 되고, 특별한 기도와 관심이 요구되는 상황도 알게 된다. 그룹이 나눌 때 그들이 나누는 것을 적어라. 주중에 전화로 돌보며, 용기를 주는 편지나 카드로, 그리고 심방으로 양육하라. 그리스도인의 교제가 특별한 것은 돌보는 것을 행동으로 보여 주는 것이다. "정말 그리스도인들은 서로를 사랑하는구나!"를 체험하게 한다. 그래서 매주 그룹에 있는 다른 사람들을 양육하라.

함께 나누기

이 때쯤이면 그룹에서 서로에게 상당히 "익숙해져" 있을 것이다. 사람들은 그룹을 편안하게 느끼고, 아마도 더욱 기꺼이 나누려고 할 것이다. 여전히 강요는 하지 말라. 그러나 인도자는 특별히 소극적인 사람들에게 민감해야 한다. 부드럽게 그들을 이끌어 내라. 각 사람은 그룹에 공헌할 은사가 있다. 그 은사는 나눔을 통해 온전히 드러난다.

1. 5-10분 동안 정의의 고전적 의인 각 사람을 공평하게 대하는 것에 대해 토의한다.

2. 두 사람 정도 부당하게 취급당한 가장 기억할 만한 경험을 나눈다.

3. 그 경험들을 생각해 보라. 그것들은 일반적인 일인가? 당신이 이런 식으로 대우받는 사람을 보거나 그런 이야기를 들을 때 당신은 어떤 느낌인가? 당신은 어떤 반응을 하게 되는가?

4. 5-10분 동안 정의의 고전적 이해와 보다 넓은 의미의 성경적 이해 사이의 차이점에 대해 토의하라(성경은 정의를 관계—사람들, 국가, 하나님의 능력과 우리의 삶과 역사의 관계—속에서 이해한다). 정의를 얻는 것과 *행하는* 것에 대해 이야기하라.

5. 누구든지 자신이 속한 지역에서 정의를 *행하는* 일에 관계하는 사람 혹은 단체의 예를 나누어 보라.

6. 〈다섯째 날〉에 개인적인 의의 세 가지 표지에 대해 토의했다: 진실을 말함, 용서, 약속을 행함. 세 사람 정도가 그러한 것들을 실행한 경험을 이야기해 보라.

7. 몇 분 동안 어떻게 우리의 정의와 의의 헌신이 정치적 활동으로 표출되는지 이야기하라. 교회는 전체로서 이 일을 어떻게 행하는가?

8. 5-10분 동안 "아무 것에도 지나침이 없음"의 원리로써 절제에 대해 토의한다. 우리 사회의 가장 두드러진 무절제의 예는 무엇인가?

9. 두세 사람이 자아의 일부가 전체 자아를 지배하는 유혹에 대해 나누라.

10. 한두 사람이 자기의 의지보다 성령의 능력을 구하며 그리스도에게 순종함으로 추진력, 취향, 습관 그리고 인격의 특성을 극복한 경험을 나누도록 하라.

11. 남은 시간을 저자의 간증—그녀의 삶 속의 "충분한 균형"에 대한 간증—오르바에 대한 이해, "수퍼"보다 "충분해"가 우리가 필요로 하는 균형이라는 것에 대해 이야기하라.

함께 기도하기

1. 두세 사람 정도에게 〈일곱째 날〉의 〈묵상하고 기록하기〉에서 쓴 기도문을 자원해서 읽도록 청한다.

2. 인도자는 그룹 구성원의 즉석 사진을 찍어, 섞어 놓고, 각자 한 장씩 뽑거나, 이름을 적은 종이를 뽑게 한다.

3. 모두 2분 간 조용히 각자가 뽑은 사진 속의 주인공을 위해 기도한다. 이 때 나눔의 시간에 발견된 내용에 초점을 두어 기도한다.

4. 누군가에게 정의를 행할 특별한 기도 제목이 있는 영역을 위해 기도해 줄 것을 권하면서 기도 시간을 마무리한다. 정의의 사역에 자신을 드리고 있는 사람들을 인하여 하나님께 감사하라.

넷째 주

신학적 덕목: 믿음과 소망

첫째 날

불가분의 관계

지난 3주 동안 우리는 기본 덕목인 지혜, 용기, 정의, 절제를 다루었다. *기본*이라는 말은 돌쩌귀라는 뜻의 라틴어에서 나온 것이다. 초기 철학자들은 모든 덕목은 이 네 가지에 의존하고 있다는 주장을 했다. 그리스도인에게는 또 다른 시각이 있다. 이 네 가지에 신학적 덕목인 믿음, 소망 그리고 사랑이 첨가된다. 이들은 고전 덕목이요, 도덕적 삶의 일곱 가지 도구로 간주되어 왔다. 바울은 온유서 13장의 그 찬란한 사랑의 찬양의 종결 부분에서 신학적 덕목을 언급했다. "믿음, 소망, 사랑 이 세 가지는 항상 있을 것인데, 그 중에 제일은 사랑이라"(13절).

이번 주간 동안 우리는 믿음이 성령의 열매를 맺을 모든 나무의 주요한 뿌리라는 확신을 가지고 믿음을 전반적으로 살펴볼 것이다. 우리는 소망도 간단히 훑어볼 것이다. 사랑은 〈다섯째 주〉에서 바울의 "성령의 열매"를 살펴볼 때 상고하려고 한다.

덕목에 관심을 기울이는 것, 선한 삶으로 우리를 훈련하는 것은 우리의 노력의 결과로 구원받으려는 것처럼 보인다. 그리고 그리스도인에게는 생소하게 느껴질 것이다. 바울은 갈라디아 교인에게 보내는 편지에서 이 문제를 언급했다:

어리석도다 갈라디아 사람들아! 예수 그리스도께서 십자가에 못박히신 것이 너희 눈 앞에 밝히 보이거늘, 누가 너희를 꾀더냐? 내가 너희에게 다만 이것을 알려 하노니, 너희가 성령을 받은 것은 율법의 행위로냐 듣고 믿음으로냐? 너희가 이 같이 어리석으냐? 성령으로 시작하였다가 이제는 육체로 마치겠느냐? 너희가 이 같이 많은 괴로움을 헛되이 받았느냐? 과연 헛되냐? 너희에게 성령을 주시고 너희 가운데서 능력을 행하시는 이의 일이 율법의 행위에서냐 듣고 믿음에서냐?

갈라디아서 3:1-5

"어리석도다 갈라디아 사람들아!" 바울은 왜 갈라디아인들에게 그렇게
화가 나 있는가? 그들에게 쓰는 편지의 세 번째 장을 시작할 때 그의 펜
에는 불이 담겨 있었다. 그는 그들에게 복음을 전했는데, 그가 다메섹
도상에서 구원의 능력을 경험한 것과 사막에서 그리스도가 그를 위해 하
신 일과 그가 설교의 소명이 온전한가를 분별하려고 노력하던 중에 그가
깨달은 복음을 전했다.

　모든 것은 분명했고, 이제 그는 복음의 종이 되었다. 그는 우리의 죄를
인해 십자가에 죽으시고 하나님의 선물, 오직 은혜의 선물인 구원과 용
서를 주시는 예수 그리스도의 종이 되었다. "모든 사람이 죄를 범하였으
매 하나님의 영광에 이르지 못하더니, 그리스도 예수 안에 있는 구속으
로 말미암아 하나님의 은혜로 값없이 의롭다 하심을 얻은 자 되었느니라.
이 예수를 하나님이 그의 피로 인하여 믿음으로 말미암는 화목 제물로
세우셨으니, 이는 하나님께서 길이 참으시는 중에 전에 지은 죄를 간과
하심으로 자기의 의로우심을 나타내려 하심이니"(롬 3:23-25). 갈라디
아인들은 이 메시지를 받았고, 예수 그리스도께서 값없이 주신 용서와
사랑을 통해 기쁨과 자유를 경험했다. 이는 또한 율법에 찌든 선입관으
로부터 바울을 해방시켰고, 엄격한 종교의 법칙과 의례를 거부히던 시람
들을 박해하던 일에서도 그를 구원해 냈다. 그러나 무슨 일인가가 일어
났다. 바울이 세계 복음화를 위해 갈라디아 교회를 떠난 후 유대 전통주
의자들이 들어와 불협화음을 내고 혼란의 씨앗을 심어 놓았다. 유대 전
통주의자들은 초기의 그리스도인을 지칭한다. 그들은 비유대교인들이
유대의 전통을 구원의 범주로 받아들일 것을 요구했다.

유대 전통주의자들은 하나님을 기쁘시게 하는 일은 하나님이 말씀하신 것을 행하는 것이고, 그것은 일차적으로 율법을 지키고 의례를 준수하는 것이라고 주장했다. 그렇게 할 때 우리가 거룩해지고 하나님이 우리를 축복하신다고 주장했다. 바울이 전 사역에 걸쳐 염려했던 문제에 초점을 맞추어 보자. 그는 그의 대부분의 서신에서 그 문제를 다루고 있는데 바로 믿음과 행위의 연관성이다. 당신이 바울의 서신을 모두 읽지 않으면 "왜 바울이 행위에 반하는 설교를 하는가, 그는 사람들이 선을 행하기를 바라지 않는가?"라고 자문하게 될 것이다. 그 답은 "마차를 말 앞에 세울 수 없다"는 격언에 담긴 지혜 속에 있다. 바울에게 있어서 선을 행하는 것은 시작일 수 없다. 그것은 율법의 한계이다. 아무도 율법을 다 지킬 수는 없다. 율법을 지키고 선을 행하는 것은 결코 우리를 구원할 수 없다. 그래서 우리의 믿음에서, 즉 의로우신 하나님을 믿는 믿음을 통해 그의 의가 우리의 것이 된다는 믿음에서 출발한다. "너희가 그 은혜를 인하여 믿음으로 말미암아 구원을 얻었나니, 이것이 너희에게서 난 것이 아니요 하나님의 선물이라. 행위에서 난 것이 아니니, 이는 누구든지 자랑치 못하게 함이라"(엡 2:8-9).

자신의 의지와 능력으로 행하는 자신의 선행을 하나님께 드리는 것에 만족하는 사람은 결코 하나님을 기쁘시게 못한다. 하나님은 거룩하시다. 우리가 우리의 힘으로 하나님의 거룩함의 기준에 닿을 수 있을 것이라고 생각하는가? 하나님은 완전한 사랑이시다. 우리가 우리의 태도와 행위로 하나님의 구속하신 사랑을 어찌 감당하겠는가? 바울은 우리가 결코 하나님의 은혜를 받을 만큼 선하지도, 거룩하지도, 사랑이 있지도 않음을 주장한다. 그래서 하나님의 은혜는 쟁취하고 받을 만한 자격으로 얻는 것이 아니라, 그저 주어지는 것이라는 결론을 내린다. 우리는 그것을 믿음으로 받아들이는 것이다.

바울은 선행의 의미와 필요성을 무시하지 않는다. 그는 위에서 인용한 에베소서 2장의 말씀("너희가 그 은혜를 인하여 믿음으로 말미암아 구원을 얻었나니...행위에서 난 것이 아니니")은 "우리는 그의 만드신 바라. 그리스도 예수 안에서 선한 일을 위하여 지으심을 받은 자니, 이 일은 하나님이 전에 예비하사 우리로 그 가운데 행하게 하려 하심이라"(10절)는 말씀과 균형을 맞춘다.

믿음과 행위는 불가분의 관계가 있다. 바울은 그 순서가 바뀌지 않기를 강조하는 것이다. 우리는 믿음을 통해 은혜로 구원을 받는다. 그러나 우리는 "예수 안에서 선한 일을 위하여 지으심을 받은" 자들이다.

묵상하고 기록하기

지난 3주 동안 살펴본 기본 덕목의 관점에서 당신이 지혜, 용기, 정의, 절제를 구하고 훈련해 온 것을 돌아보자. 이것은 "율법을 지키기" 위한 선행의 노력이었는가?

선행과 믿음에 대해 계속 묵상하라. 하나님을 기쁘시게 하려는 삶에서 어떻게 이 두 가지가 균형을 이룰 수 있는가?

하루 동안

오늘 당신의 모든 행동을 점검해 보라. 당신의 동기는 무엇인가?

둘째 날

"그 반석은 곧 그리스도시라"

형제들아, 너희가 알지 못하기를 내가 원치 아니하노니, 우리 조상들이 다 구름 아래 있고, 바다 가운데로 지나며, 모세에게 속하여 다 구름과 바다에서 세례를 받고, 다 같은 신령한 식물을 먹으며, 다 같은 신령한 음료를 마셨으니, 이는 저희를 따르는 신령한 반석으로부터 마셨으매, 그 반석은 곧 그리스도시라.

온유서 10:1-4

60년대의 혼돈과 소동의 세월에서, 음악가들은 최고의 통찰력을 갖게 되었다. 그들의 항거하는 노래 속에서 그들은 선지자적인 가사를 담아 전했다. 많은 가요를 통해 그들은 인간의 곤경을 진단해 내고 치유와 회복의 방법을 제안하기도 했다. 폴 사이먼(Paul Simon)은 그의 몇몇 잊혀지지 않는 가사 속에 진단—여전히 옳은 방향의 진단—을 내리는 명작을 남겼다.

사이먼은 "나는 바위"라는 노래에서 모든 인류의 대변인으로서 말한다. 그 노래의 가사에서 그는 아무도 뚫고 들어올 수 없는 깊고 강한 성벽 뒤에 있음을 전한다. 그는 우정은 고통스러운 것이므로, 친구를 필요로 하지 않는다는 내용, 다시 사랑하지 않으면 울지도 않을 것이기 때문에 추억 속에 잠든 사랑을 깨우고 싶지 않다는 내용, 이미 죽어버린 감정의 침체와 그것에 다시 생명을 불어넣고 싶지 않다는 내용, 아무도 서로를 만질 수 없게 갑옷 속에 무장되어 있다는 내용의 가사를 그는 노래한다. 합창 부분에서 사이먼은 자신을 고통도 느끼지 못하는 바위로, 결코 울지도 않는 고립된 섬으로 지칭한다.

비록 적정한 진단이기는 하지만, 폴 사이먼은 치료를 위한 처방전은 주지 못했다. 그러나 사도 바울은 처방을 제시했다. 당신이 바위이든지 아니면 그리스도가 바위이든지 말이다.

위에서 인용한 말씀에서 바울은 고린도 교인의 관심이 모세와 포로에서 풀려난 이스라엘 백성에게로 향하게 한다. 그는 "다 같은 신령한 식물을 먹으며, 다 같은 신령한 음료를 마셨으니, 이는 저희를 따르는 신령한 반석으로부터 마셨으매, 그 반석은 곧 그리스도시라"(고전 10:3-4)는 사건을 말한다.

"그 반석은 곧 그리스도시라"는 이미지!

이것이 신약의 메시지이다. 그것은 그리스도인의 믿음의 핵심이다. 하나님의 구원의 은혜와 "새 생명의 길을 가는 것"은 그분의 아들 예수 그리스도--그의 생애, 가르침, 죽음 그리고 부활--안에서, 예수님을 통해서 주어지는 것이다. 바울의 이 은혜에 대한 묘사는 로마서 5장에서 절정을 이룬다: "우리가 아직 연약할 때에 기약대로 그리스도께서 경건치 않은 자를 위하여 죽으셨도다....우리가 아직 죄인 되었을 때에 그리스도께서 우리를 위하여 죽으심으로 하나님께서 우리에게 대한 자기의 사랑을 확증하셨느니라"(롬 5:6, 8).

〈첫째 주〉의 〈둘째 날〉에 우리는 간단하게나마 칭의, 즉 은혜로 하나님께 옳다함을 얻는다는 개념을 살펴보았다. 이 은혜는 믿음을 통해 우리의 삶에 들어와서 역사한다. 우리가 하나님의 은혜의 선물을 받고, 우리의 죄가 그리스도의 죽음으로 용서되었고, 그로 인해 하나님과의 관계가 회복되었다는 것을 받아들이는 것은 오직 믿음에 의해서이다.

다시 바위의 이미지로 돌아가 보자.

만일 당신이 바위라면, 당신은 상처도 없고, 울지도 사랑하지도 않기 때문에 고통도 느끼지 못할 것이다. 당신은 역시 웃지도 않겠고, 기쁨도 모르고, 당신은 별로 살아 있는 것을 모를 것이다. 그러나 예수 그리스도가 바위시라면 당신은 그 위에 설 것이며, 다른 사람들도 당신과 합류할 것이다. 당신은 웃을 것이고, 때로는 울 것이고, 때로는 기뻐할 것이고, 때로는 매우 슬퍼하기도 할 것이다. 그러나 당신은 늘 하나님의 사랑과 은혜 속에서 살게 될 것이다.

바위이신 예수 그리스도는 하나님이 우리 안에서 우리를 통해 창조하시고자 하는 모든 것의 주춧돌이 될 것이다. 그리고 결국 우리는 십자가에 매달리기까지 우리를 사랑하신 분, 생명을 주시는 분의 사랑 안에서 기뻐하게 될 것이다.

묵상하고 기록하기

믿음의 핵심은 신뢰이다. 그리스도인의 믿음은 단지 믿는 것 이상이다. 그것은 신뢰할 만큼 충분히 믿는 것이다. 그리스도를 믿는 믿음은 우리의 삶을 기꺼이 그분에게 맡기는 것이다.

당신의 영적인 순례를 돌아보라. 당신이 어떻게 그리스도를 믿는 믿음을 갖게 되었는지, 그리고 그 믿음 안에서 어떻게 성장했는지를 돌이켜 보라. 간단하게 영적 생활의 전기문을 써 보라. 당신이 얼마나 그리고 어떻게 그리스도를 신뢰하고 있는지 주목하라.

하루 동안

"바위"이신 그리스도와 당신의 체험에 대해 이야기를 나눌 사람을 찾아 보라.

셋째 날

믿음과 변화된 삶

바울이 그리스도를 믿는 믿음을 이야기할 때는 용서와 새로운 삶을 애써 강조한다. 과거는 용서되었고, 우리는 더 이상 죄와 수치의 속박에 있지 않다. 우리는 지금도 역사하는 죄의 세력에 희생양이 되지도 않는다. 성경은 죄가 정복된 적임을 증거한다. 죄가 우리의 삶에 남아 있을지는 모르지만 삶을 지배하지는 않는다.

그리스도를 믿는 믿음의 이러한 배경을 갖고 우리는 두 가지의 제한되고 오해의 소지가 있는 극단적인 개념을 살펴보아야 한다. 한 가지는 믿음을 통해 은혜로 주어진 칭의의 구원의 메시지이다. 우리는 스스로를 구원할 능력이 없고, 우리가 우리 자신의 힘을 의지할 때는 하나님과 분리되고, 불의와 악의 반복만을 계속하게 되며, 그래서 우리가 절실하게 은혜를 필요로 하는 불쌍한 죄인임을 무시한다. 우리의 소명은 선하게 되고 선을 행하는 것—"정의를 행하고, 자비를 베풀며, 겸손히 하나님과 동행함"—이다. 우리는 꼭 그렇게 하기를 원한다. 우리가 그렇게 하기를 원하고 부합하기를 원하지만, 얼마 되지 않아 우리는 그 빛 가운데로 갈 수 없음을 알게 된다. 그러나 우리가 우리의 이기심, 편견, 방탕, 제어되지 않는 분노, 자기 방어, 자존심, 욕심 등 우리의 방식에 의존할 때, 우리는 점점 더 만족하지 못하고, 낙담하고 죄에 의해 찢기게 된다. "나에게 화가 있으라....누가 나의 소명의 삶을 대신 살 수 있을까?"

다른 한 가지 제한적이고 잘못 인도하는 극단은 구원의 방식이 마치 다음과 같다고 강조하는 것이다: 당신은 구원받았기 때문에 그 안에 있는 *것이야.* 그러니 당신의 관심을 당신의 가족, 친구 그리고 이웃에게 돌려봐. 그들을 그리스도인이 되게 해야 돼. 복음을 전하고 다른 사람들에게 전도하는 것이 당신의 첫째 임무야.

나는 어느 누구라도 모든 그리스도인이 전도하고 다른 사람들을 그리스도에게 인도할 기회와 책임을 무시하지 않기를 바란다. 그러나 만일 우리가 그것을 새로 거듭난 모든 그리스도인의 우선 순위로 정하고, 다른 사람들이 우리를 보고 "저것이 내가 살기를 원하는 그런 삶이야--나는 어떻게 저런 삶을 살 수 있지?"라고 말할 역동적이고 구별되는 삶의 방식을 개발하는 것을 똑같이 중요하다고 강조하지 않는다면 우리는 복음을 배반하는 것이다.

이번 주 〈첫째 날〉에 우리가 제시했듯이, 나무와 열매: 믿음과 행위에는 불가분의 관계가 있다. 예수님은 이것에 대해 분명히 말씀하셨다.

> 못된 열매 맺는 좋은 나무가 없고, 또 좋은 열매 맺는 못된 나무가 없느니라. 나무는 각각 그 열매로 아나니 가시나무에서 무화과를, 또는 찔레에서 포도를 따지 못하느니라. 선한 사람은 마음의 쌓은 선에서 선을 내고, 악한 자는 그 쌓은 악에서 악을 내나니, 이는 마음의 가득한 것을 입으로 말함이니라.
>
> 누가복음 6:43-45

이사야 선지자는 이사야 5장 1절부터 10절에서 도전적인 묘사를 제시한다. 그는 못된 열매 맺는 포도나무에 대해 이야기한다. 그 주인은 좋은 열매를 얻기 위해 온갖 수고를 아끼지 않는다. 그는 토양에서 돌을 제거

하고 호미로 그 토양을 일구어 가장 좋은 포도나무를 심었고, 도적들로
부터 그 포도나무를 보호하기 위해 망대까지 세워 놓았다. 그는 희망에
부풀어 돌짝밭을 파서 그 즙이 흘러가도록 골을 만들어 놓았다. 그리고
는 기다렸다.

그는 경악했다. 그렇게 잘 가꾼 포도나무에서 전혀 포도가 여물지 않
았고...그 주인에게 전혀 필요 없는 들포도나 작고 시고 별 볼일 없는 포
도만이 맺혔다. 무슨 일이 있었는가? 그 주인은 탄식하며 모든 것을 포기
했다: "내가 내 포도원을 위하여 행한 것 외에 무엇을 더 할 것이 있었으
랴?"(사 5:4). 잘못은 포도나무에게서 찾아야 한다.

이사야는 이 우화 속의 포도나무를 이스라엘의 열두 지파로 비유하며
이스라엘에게 적용한다. 이 포도나무로부터 하나님은 공평과 의를 기대
하셨다. 그러나 그들이 생산한 것은 억압과 포학이었고, 특히 유다 지파
는 도리어 억울함을 당하여 처량하게 부르짖었다(7절).

이것이 주는 교훈은 분명하다. 열매는 믿음과 신실함에서 자라난다.
우리의 선행, 즉 우리를 통해 드러난 의로움과 공평은 하나님이 우리 안
에서 일하신 결과이다. "못된 열매"는 우리가 하나님을 거부한 산물이며,
우리 스스로 할 수 있다는 오만함에서 나온 것이다.

관계를 분명하게 유지하라. 우리의 하는 일과 하나님의 주권 사이에 아
무런 갈등이 없다. 우리는 선행에 *의해서가* 아니라 선행을 *위해서* 구원받
은 것이다. 마틴 루터(Martin Luther)의 『교리문답』(The Shorter
Catechism)은 이것을 다음과 같이 해석한다: "성화는 하나님이 거저
주시는 은혜의 역사이다. 그것으로 우리는 하나님의 형상을 닮아가는 온
전한 사람으로 새로워진다. 그리고 점점 죄에 대해서는 죽고, 의에 대해
서는 살 수 있게 된다."

묵상하고 기록하기

우리가 선행에 *의해서*가 아니라 선행을 *위해서* 구원받았다는 진리를
몇 분 동안 묵상하라.

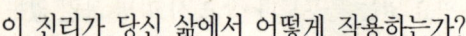

이 진리가 당신 삶에서 어떻게 작용하는가?

하루 동안

오늘 사람들을 관찰하라. 그들에게서 나무와 열매의 긴밀한 관계가 분
명히 보이는지 보라.

넷째 날

"과실을 맺지 못하는 나무는 찍어 버리우리니"

우리는 심판을 생각하지 않고는 그리스도인의 믿음과 삶을 생각할 수
없다. 성경에서나 삶 그 자체에서도 심판의 개념을 제외할 길은 없다.
우리의 결정과 행동에는 결과가 따른다.

내가 아는 한 젊은이는 필사적으로 투자 은행가가 되기를 원했다. 그
는 지금 경영학 석사 학위를 소지하고 있는데, 큰 강도 사건이 있었다.
그는 그것을 이루지 못할지도 모른다. 그는 19세 때 마약에 중독되었고,
절도 혐의로 기소되어 흉악범 선고를 받았다. 그는 8년 간 마약을 끊었지

만 그 그림자는 남아 있었고, 어떤 심판이 올지 초조하게 기다리고 있었다. 그가 주식과 채권을 사고 파는 자격증을 갖게 될 수 있을까?

나는 행복한 결혼 생활을 하는 한 젊은 여자를 안다. 그녀와 그 남편은 내가 아는 가장 활동적인 그리스도인들이다. 그들의 삶에 유일한 그림자는 그들에게 자녀가 없다는 것이다. 결혼하기 오래 전, 그녀가 18세 때, 그녀는 임신했었다. 개인적인 믿음도 없고 그리스도인의 공동체의 도움도 받지 못해서 그녀는 낙태를 단행했었다. 무엇인가 잘못되어서 그녀는 지금 아이를 가질 수 없다.

우리는 이런 이야기를 계속 기억해 낼 수 있을 것이다. 인생이라는 옷감 속에 쓰여진 심판의 법이 있다. 우리가 행하는 것, 우리가 믿는 것, 우리가 관계 속에서 어떻게 살아가는 하는 것은 모두 그 결과가 있다. 이것은 종교와 상관 없다. 단지 인생이 그런 것이다. 그러나 또한 심판에 대해 그리스도인이 분명히 알고 있는 사실이 있다. 그것은 성경의 증거대로 하나님이 사람들과 국가의 심판자이시고 모든 사람은 심판대에 서야 한다는 것이다.

> 악인은 풀 같이 생장하고 죄악을 행하는 자는 다 흥왕할지라도 영원히 멸망하리이다. 여호와여, 주는 영원토록 지존하시니이다.....의인은 종려나무 같이 번성하며, 레바논의 백향목 같이 발육하리로다. 여호와의 집에 심겼음이여, 우리 하나님의 궁정에서 흥왕하리로다.   시편 92:7-8, 12-13

> 거짓 선지자들을 삼가라. 양의 옷을 입고 너희에게 나아오나, 속에는 노략질하는 이리라. 그의 열매로 그들을 알지니, 가시나무에서 포도를, 또는 엉겅퀴에서 무화과를 따겠느냐! 이와 같이 좋은 나무마다 아름다운 열매를 맺고, 못된 나무가 나쁜 열매를 맺나니, 좋은 나무가 나쁜 열매를 맺을 수 없고, 못된 나무가 아름다운 열매를 맺을 수 없느니라. 아름다운 열매를 맺지 아니하는 나무마다 찍혀 불에 던지우느니라. 이러므로 그의 열매로 그들을 알리라.   마태복음 7:15-20

이것이 성경의 계시의 핵심적인 부분이다. 하나님은 세상을 창조하신 후 보기에 좋았더라 하시고 인간에게 선과 악의 선택권을 주셨다. 인생은 그 선택에 달려 있다. 아담과 이브가 그들의 불순종으로 인해 에덴동산에서 쫓겨났다. 가인은 동생을 살해했기 때문에 땅에서 유리하는 자가 되었다. 심판의 이야기는 계속된다. 성경의 각 장은 심판의 날이 있을 것이라는 것을 분명하게 말한다.

시편 기자는 쉬이 죽어버리는 풀과 오래 살며 열매를 맺는 야자수와 백향목의 대조를 그린다. 사악한 자는 풀과 같고, 하나님의 사람은 야자수나 백향목과 같아서, "시냇가에 심은 나무"(시 1:3)가 열매를 맺음과 같다. 시편 기자는 열매 맺는 사람의 비밀을 안다; 하나님의 집에서, 그의 궁정에서, 그의 인생의 근원을 찾는 것이다.

> 시편 기자는 하나님의 집에 자주 드나들었고, 언제나 하나님의 집을 상징하는 것을 지니고 다녔다. 하나님은 정말로 그와 함께 계시고, 그는 제단에서 흘러나오는 용서를 마음 속에 느낀다. 그는 제단 세례수로 깨끗하게 되었다. 금촛대의 빛이 그에게 내리고, 그는 하나님의 보좌 앞에 찬양의 기도를 드린다. 속죄소에 있는 그에게 피가 뿌려지고, 하나님과 함께 하는 힘으로 (이는 진설병을 먹는 것으로 상징된다) 그는 사막의 뜨거운 가뭄도 두려워하지 않는다. 하나님의 은혜는 영원하고, 마르지 않으며, 아침마다 새롭다.
>
> 존 샌더슨(John W. Sanderson)

예수님은 훨씬 더 생생하게 심판을 묘사하신다. 좋은 나무는 좋은 열매를 맺고; 못된 나무는 못된 열매를 맺는다. 우리는 그 열매로 그들을 알게 된다. "아름다운 열매를 맺지 아니하는 나무마다 찍혀 불에 던지우느니라"(마 7:19).

심판이 있다. 우리는 열매를 맺어야 한다. 이것은 단순히, "주여, 주여"

라고 말하는 것으로 족하지 않으며, 우리는 하나님의 뜻을 행해야 한다. 예수님은 "마지막 심판"(마 25:31-46)의 상황을 실랄하게 분명히 말씀하신다. 인자는 천사와 함께 와서 영광의 보좌에 앉는다. 그분은 어떤 사람들에게는 왕국의 축복을 주실 것이며, 다른 사람들은 "마귀와 그의 사자들을 위해 예비된 영원한 불" 속으로 보내실 것이다(41절). 우리가 심판받는 근거는 다른 사람들—굶주리고, 목마르고, 나그네 되고, 헐벗고, 병들고, 옥에 갇힌 자—에 대한 우리의 태도와 행위이다. "너희가 내 형제 중에 지극히 작은 자 하나에게 한 것이 곧 내게 한 것이라"(40절).

이 분명한 심판의 개념을 마음 속에 두고 우리가 종종 듣는 일반적인 명칭, 즉 세속적 그리스도인을 살펴보자. 성경은 여러 가지 용어로 세속적인 본성을 말한다. 우리가 전에 살펴본 것 중 가장 흔한 것이 "육체"인데, 헬라어 *사르크스*(sarx)를 번역한 것이다. 바울은 이 개념을 가장 격렬하게 설명하는데, "육체의 소욕은 성령을 거스리고, 성령의 소욕은 육체를 거스리나니, 이 둘이 서로 대적함으로 너희의 원하는 것을 하지 못하게 함이니라"(갈 5:17)라고 설명한다. 그는 흔히 "옛 본성"과 우리의 "죄된 본성"을 가리켜 말한다.

우리 존재의 이러한 본성과 관련하여 성경을 공부하면 두 가지 기본적인 사실을 알게 된다. 하나는 타락과 죄—우리의 타락과 우리의 죄—때문에 우리는 자기 중심적이고, 하나님에게 반역하며, 하나님과 적대 관계에 있다는 것이다. 둘째는 우리 존재의 이러한 측면은 우리의 회심으로 완전히 즉각적으로 사라지지 않는다는 것이다. 은혜의 기적은 우리가 죄가 없기 때문에 받아들여지는 데 있지 않고, "우리가 아직 죄인 되었을 때에 그리스도께서 우리를 위하여 죽으심"(롬 5:8)에 있다. 우리의 삶에서 만연하여 지배하는 "육체," 우리의 옛 본성의 힘은 우리가 우리 자신을 예수 그리스도의 주권에 드릴 때 중화된다. "그러므로 이제 그리스도 예수 안에 있는 자에게는 결코 정죄함이 없나니, 이는 그리스도 예수 안에 있는 생명의 성령의 법이 죄와 사망의 법에서 너를 해방하였음이라"(롬 8:1-2).

다시, 열매의 문제이다. 세례 요한으로부터 나오는 심판의 말에 주의를 기울이라:

> 요한이 많은 바리새인과 사두개인이 세례 베푸는 데 오는 것을 보고 이르되, 독사의 자식들아! 누가 너희를 가르쳐 임박한 진노를 피하라 하더냐? 그러므로 회개에 합당한 열매를 맺고, 속으로 아브라함이 우리 조상이라고 생각지 말라. 내가 너희에게 이르노니, 하나님이 능히 이 돌들로도 아브라함의 자손이 되게 하시리라. 이미 도끼가 나무 뿌리에 놓였으니, 좋은 열매 맺지 아니하는 나무마다 찍어 불에 던지우리라.
>
> 마태복음 3:7-10

"회개에 합당한 열매를 맺고"라는 구절에 주목하라. 사실 그는 이 말을 당시 가장 종교적인 사람들, 율법을 정하고 옹호하는 바리새인들과 사두개인들을 향해 던지고 있다. 그는 자족하는 유대인들에게 영적인 상태와 안전함은 단지 율법을 준수하는 종교적인 유대인이 되는 것에 있지 않고, "좋은 열매"를 맺는 데 있다고 말한다. 회개에 합당한 열매는 하나님의 소명대로 살지 못함을 아는 것에서 자라난다. 또 하나님과 하나님의 은혜에 대한 절대적인 의존 없이, 우리는 단지 심판 날에 밀에서 떨어져 나온 겨일 뿐임을 인정하는 데서 자라난다. 우리는 찍어 불에 던져질 열매 없는 나무이다.

묵상하고 기록하기

내가 묘사한 두 사람(낙태의 "값을 치르는," 중독증을 극복한 후에도 자신의 직업을 위협받는) 같이 값을 치르는 사람을 알고 있다면 간단하게 그 이야기를 해 보라.

비슷한 일이 당신의 삶에서 있었는가? 당신은 이전의 습관, 생활 방식, 결정한 것에 대해 "값을 치르고" 있는가?

잠시 하나님이 심판하신다는 사실을 생각해 보라. 이에 대한 당신의 생각과 느낌을 점검해 보라.

당신을 여전히 "괴롭히거나," 수치감과 죄의식을 갖게 하거나, 당신을 거슬리게 하는 과거의 일이 있는가?

당신은 아직 회개하지 않고 실제로 당신의 죄에 대한 주님의 용서를 받아들이지 못한 것은 아닌가? 정직하게 당신 자신을 점검하라. 주님께 고백하고, 진정으로 회개하며, 그리스도의 용서와 치유를 받아 들이라. 그것이 무엇이든지 상관 없다. 우리가 회개하면 하나님은 우리를 용서하시고, "동이 서에서 먼 것 같이" 우리에게서 우리의 죄를 쓸어내실 것이다.

하루 동안

오늘과 앞으로 며칠 동안 당신의 삶을 평가하는 데 방심하지 말고 깨어 있으라. 성령 안에 거하고, 성령으로 인도함을 받고 살며, 성령에 의해서 특별한 경우나 표현을 추적해 보라.

다섯째 날

생명을 노래하는 자들

우리는 이제 소망에 대해 살펴보자. 믿음과 소망은 그리스도인의 삶에서 얽히고설키어 있다. 로렌 아이슬리(Loren Eiseley)는 자연을 관찰하고, 생명에 대한 지각력 있고 도전적인 글을 쓴 인류학자이다. 그는 그리스도인의 소망에 대해 극적인 묘사를 한다. 어느 날 그는 조그만 숲속의 빈터에 있는 나무 그루터기에 기대어 잠이 든다:

> 내가 희미하게 숲 속의 빈터에서 들리는 소동과 지저귐을 듣고 잠에서 깨어났을 때, 소나무 사이로 한줄기 빛이 들어와 그 빈터가 마치 웅장한 성처럼 보였다. 나는 한 줄기 긴 빛에서 나무의 꽃가루 먼지를 볼 수 있었다. 그리고 한 나무 가지 위에 거대한 까마귀가 꿈틀거리는 빨간 새끼 새를 물고 있는 것을 보았다. 나를 깨운 소리는 새끼의 어미 새가 울부짖는 소리였다. 그 어미 새는 그 빈터를 무력하게 맴돌고 있었다. 그 살찐 검은 괴물은 그들에게 무관심했다. 그는 꿀꺽 삼켰고 그 맛을 음미하려 잠시 그 가지 위에 앉아 있었다. 그 순간까지 그 작은 비극은 보통 볼 수 있는 방식으로 진행되었다. 그러나 갑자기 그 숲의 모든 곳에서 부드럽게 찬양하는 소리가 울려 퍼지기 시작했다. 그 빈터 속으로 여섯 마리의 작은 새들이 작은 어미 새에 이끌리어 날아들었다.

아무도 그 까마귀를 감히 공격하지 않았다. 그러나 그들은 직감적인 공통의 비참한 울음을 울었다. 새끼를 잃은 새든지 잃지 않은 새든지. 그 공터는 파닥거리는 소리와 울음 소리로 가득했다. 그들은 마치 그들의 날개로 살인자를 가리키듯 퍼득거렸다. 희미하나마 그들이 침해당한 보이지 않는 도덕이 있었다. 까마귀는 죽음의 새이다. 그리고 살인자이며, 생명의 한 가운데 있는 검은 새인 그는 거기에 앉아 빛에 반짝이며, 무섭고, 감히 건드릴 수 없는 요동하지 않는 존재로 있다.

그 슬픔의 소리는 사라졌다. 내가 심판을 본 것은 바로 그 때였다. 그것은 죽음에 대항한 생명의 심판이다. 나는 그렇게 활기찬 심판을 다시는 보지 못할 것이다. 그렇게 비극적으로 이어지는 울음을 결코 다시 들을 수 없을 것이다. 항거의 한 가운데서, 그들은 그 폭력을 잊었다. 그 빈터에서 잡목을 뚫고 참새의 청아한 노래가 나왔다. 결국 고통스런 날갯짓 후에, 처음에는 의심섞인 듯했으나, 마치 사악한 존재는 잊혀지고 있듯이 다른 새가 그 노래를 받아 이었고, 또 다른 새가 이어갔고, 그 노래는 계속 이 새에게서 다른 새에게로 이어져 갔다. 갑자기 그들은 용기를 내어 노래할 수 있는 모든 소리로 즐겁게 노래했다. 그들은 생명이 달콤하고 햇빛이 아름다워서 노래했다. 그들은 까마귀의 내리 덮힌 그림자 아래에서 노래했다. 이 단순한 사실에서 그들은 까마귀를 잊었고, 그들은 죽음이 아닌 생명을 노래했다.

아이슬리, 36-37쪽

이 자연의 모습 속에서 그리스도인의 믿음의 진리를 볼 수 있다. 예수 그리스도와 그의 일생, 가르침 그리고 부활을 믿음으로 우리는 "죽음을 노래하는 것이 아니라 생명을 노래하는 자들"이 된다. 우리가 이미 지적했듯이, 믿음의 핵심은 신뢰이다. 우리는 그리스도를 믿을 뿐 아니라, 우리의 구원을 위해서 그의 아들을 주시고, 죽은 자들 가운데서 살리시고, 지금도 "우리에게 새로운 삶을 주시기를" 원하시는 하나님을 믿는다. 그리스도의 부활은 하나님의 약속이 지켜진다는 소망의 표시이다.

또 약속하신 이는 미쁘시니, 우리가 믿는 도리의 소망을 움직이지 말고 굳게

잡아, 서로 돌아보아 사랑과 선행을 격려하며.

히브리서 10:23-24

이것은 우리의 슬픔, 절망, 고통 그리고 우리의 고난과 관련하여 특별한 의미가 있다. 그리스도의 부활 안에서 우리는 "옛 것"의 힘은 사라지고 "새로운 피조물"이 이미 드러나고 있음을 안다. 그리스도인으로서 우리는 우리의 삶, 특히 우리의 고난과 자기를 드리는 사랑의 행위를 충분히 활용해야 할 소명이 있다. 그렇게 하는 것은 우리가 우리의 십자가를 지고 예수님을 따른다는 것을 의미한다. 예수님의 생애의 십자가와 우리의 삶에서 지는 십자가에는 항상 부활의 약속이 함께 한다. 제임스 스튜어트(James S. Stewart)는 이 문제를 날카롭게 지적한다:

신의 계시의 마지막 말씀으로 십자가를 전하는 것과 이제 영원히 사시는 분이 단번에 여행하신 그 길을 전하는 것은 전혀 다른 것이다.

스튜어트, 111쪽

그리스도 안에 거하는 사람들은 부활의 생명을 공유한다. 처음 무덤에서 예수님을 건져낸 신의 힘이 우리에게도 임하신다—그리스도는 우리의 인생 여정의 마지막 날에 죽음에서 우리를 일으키실 뿐 아니라 지금 "완전한 그리스도의 형상"으로 성숙하도록 우리에게 힘을 주신다.

이는 믿음의 문제이다. 믿음은 신뢰의 문제이고, 신뢰는 우리에게 소망을 준다. 우리들은 생명을 노래하는 자들이다.

묵상하고 기록하기

20세기에 가장 영향력 있는 신학자 중 한 사람인 레이놀드 니이버는 그 신학적 덕목에 대해 의미 있는 요약문을 제시한다:

아무 것도 우리의 생애를 통해 이룰 만한 가치가 있는 것은 없다. 그러
므로 우리는 소망으로 구원받아야 한다. 어느 가까운 역사의 상황에서
도 아무 것도 진실하고 아름다운 것은 없다. 그러므로 우리는 믿음으로
구원받아야 한다. 우리가 하는 어떤 일도, 비록 덕스러운 것이라도, 홀
로 이룰 수는 없다. 그러므로 우리는 사랑으로 구원받아야 한다.

잠시 이 글을 묵상하라. 니이버가 옳은가? 어떤 면에서 그가 옳은가?

당신의 삶을 돌아보고 언제 소망이 당신을 지탱하는 힘이 되었는지 돌
이켜 보라. 그런 경험을 간단히 적어 보라.

하루 동안

당신의 공동체, 사람들, 조직, 기관에서 소망의 증거를 찾아보라. 소
망의 근거는 무엇인가? 그것은 지속적인 것인가?

여섯째 날

소망의 전령, 낙관주의의 적

지존자여, 십현금과 비파와 수금의 정숙한 소리로 여호와께 감사하며, 주의
이름을 찬양하며, 아침에 주의 인자하심을 나타내며, 밤마다 주의 성실하심

을 베풂이 좋으니이다. 여호와여, 주의 행사로 나를 기쁘게 하셨으니, 주의
손의 행사를 인하여 내가 높이 부르리이다. 여호와여, 주의 행사가 어찌 그
리 크신지요! 주의 생각이 심히 깊으시니이다. 우준한 자는 알지 못하며,
무지한 자도 이를 깨닫지 못하나이다. 악인은 풀 같이 생장하고, 죄악을 행
하는 자는 흥왕할지라도 영원히 멸망하리이다. 여호와여, 주는 영원토록 지
존하시니이다.

시편 92:1-8

우리가 소망을 낙관주의와 동일시하는 것은 잘못이다. 종종 혼돈되기
는 하지만 같은 것은 아니다. 콜린 모리스(Colin Morris)는 그 차이를
이렇게 지적했다:

　　그리스도인들은 모두가 동시에 소망의 대행자들이고 낙관주의의 적
이다. 누구든지, 그리스도인이든 아니든, 이 세상에서 낙관주의의 실존
적 이유를 볼 수 있다고 하면 그것은 나에게는 완전히 나의 한계 밖이
다. 본질적으로 낙관주의는 우리의 최선의 노력에 상응하는 좋은 결과
를 낼 것이라는 무모하고 잘못된 믿음일 뿐이다. 그러나 실제로 그것은
그렇지 않고, 내가 증명하려 애쓰지 않아도 역사가 말해 준다. 나는 그
반대를 주장한다: 인간의 혹독한 노력은 오히려 이 세상을 더욱 더 생지
옥으로 만들어 버린다. 성경의 역사관을 제치고서라도 우리의 쓰디쓴
경험이 어떤 세속적 낙관주의도 사실이 아님을 알게 한다. 빗나간 세상
은 우리의 현명한 최선의 의도를 빼앗아 절망과 실패의 물질의 세계로
왜곡해 버린다....

　　낙관주의에는 본질적으로 병적인 것이 있다. 낙관주의자들의 성격은
종종 매력적이기는 하지만 영혼은 병들어 있다. 악의 능력에 무감각하
다. 그는 악을 환상―무시하면 사라질 것이다―이거나, 혹은 지구를 구
성하고 있는 많은 다른 물질적 요소들처럼 소모되는 것이라고 믿는다.
석탄이나 석유 같이 악의 양도 한정되어 있고 느리지만, 분명히 이상주
의와 인본주의의 열정의 불길에 의해 소모될 것이라고 믿는다.

모리스, 78-79쪽

우리가 진보와 선함이 반드시 좋은 것이 아님을 받아들이면 소망과 낙관주의를 구별할 수 있다. 변했다해도 우리 사회는 50년 전보다 오히려 더 나빠졌다. 하나님이 그 보좌에서 내리워지고 다른 신들이 각처에서 보이게 될 것은 아주 분명하다. 다른 나라와 심지어 미국에서도 수백만 명의 사람들이 굶주림으로 죽어가고 있을 때 다이어트 책이 베스트 셀러가 되는데, 우리가 낙관적일 수 있는가? 1992년 미국에서 매 1분마다 세 건의 낙태가 잔행되었다. 1995년에 미국에서는 총 130만 건의 낙태가 있었는데, 이 중 2/3는 가족 계획과 편의를 위해서였다. 우리는 하나님의 통치가 임박했음을 즐거워할 수 있는가? 우리가 의사의 도움을 받아 합법적인 자살을 할 수 있는 지경에 있는데, 인간이 그리스도를 닮아가는 것에 대해 우리가 무슨 말을 하겠는가? 국가의 법이 소수 민족에게 권리를 주었지만 우리의 인종 편견은 더욱 강해졌다. 우리의 서로에게 향한 사랑에 대해 무슨 말을 하겠는가?

우리는 계속 이에 대한 말을 더 할 수도 있다. 낙관주의는 왕국의 현실의 핵심이 아니다. 사실 그것은 적이다. 낙관주의는 소망이 아니다. 소망은 완전히 다르고, 소망은 하나님의 통치의 핵심이다. 소망은 하나님은 살아 계시고 지존하심을 확신하는 것이다. 우리는 우리가 그 방법은 이해하지 못할지는 모르지만, 하나님이 일하시고, 언젠가는 하나님의 왕국이 건설되리라는 것을 믿는다. 그래서 시편 기자와 같이 우리도 아침마다 하나님의 사랑을, 밤마다 하나님의 신실하심을 선포한다(시 92:2 참조).

우리는 내일 소망의 윤리를 상고하면서 이러한 생각을 추구할 것이다.

묵상하고 기록하기

다음의 말을 잠시 묵상하라: *그리스도인들은 모두가 소망의 대행자들*

이고 동시에 낙관주의의 적이다. 당신은 동의하는가? 설명이 없다면 어떤 오해를 낳겠는가?

당신이 낙관주의가 아닌 소망에 의해 지탱한 경험을 생각해 보고 간단히 묘사하라.

하루 동안

하루 동안 당신이 "낙관주의자"라고 여기는 두 사람과 잠깐 동안 대화하라. 그들에게 낙관주의의 근거는 무엇인지 물으라. 그것은 인간의 본성에 대한 피상적인 이해에 근거하는가 아니면 진정한 그리스도인이기에 낙관하는가?

일곱째 날

소망의 윤리학

그러므로 너희는 이렇게 기도하라. 하늘에 계신 우리 아버지여, 이름이 거룩히 여김을 받으시오며, 나라이 임하옵시며, 뜻이 하늘에서 이룬 것 같이 땅

에서도 이루어지이다. 오늘날 우리에게 일용할 양식을 주옵시고, 우리가 우
리에게 죄 지은 자를 사하여 준 것 같이 우리 죄를 사하여 주옵시고, 우리를
시험에 들게 하지 마옵시고, 다만 악에서 구하옵소서.

마태복음 6:9-13

전 세계의 그리스도인은 이 기도에 온갖 다양한 언어로 "나라와 권세
와 영광이 아버지께 영원히 있사옵나이다"를 보태어 기도한다. 우리는
이것을 주기도문이라고 한다. 이 기도에서 우리는 "나라이 임하옵시며,
뜻이 하늘에서 이룬 것 같이 땅에서도 이루어지이다"라는 간구를 한다.
이 기도가 아직 응답되지 않음은 분명하다. 제대로 되어가는 일이 없고,
인생은 분명 하나님의 의도하신 대로가 아니다.

어제 우리는 세속적인 낙관주의와 그리스도인의 소망의 차이를 상고
했다. 이 세상에서는 낙관의 이유를 찾을 수가 없다. 하나님의 실체와
능력은 소망의 모든 이유가 된다. 각박한 세상에서는 소망의 표시가 없
다. 그리스도인이 뒤로 물러앉아서 팔장을 끼고 세상의 불쌍한 운명을
한탄하기만 할 때가 아니다.

"나라이 임하옵시고, 뜻이 하늘에서 이룬 것 같이"라고 기도할 만큼 우
리가 하나님을 믿는다면, 우리는 우리의 삶과 관계에 질서를 부여하고,
우선 순위를 세워, 마치 왕국이 이미 도래한 것처럼 우리의 자원을 활용
해야 한다. 그래서 이미 하늘에 있는 질서를 이 땅에서 비슷하게나마 이
루는 것이다. 우리는 누군가가 고안한 "소망의 윤리학"을 실천한다.

우리는 르완다(Rwanda)와 다른 지역의 굶주린 사람들에게 간다.
그들에게 먹을 것을 주고, 더 좋은 날이 곧 오리라고 말해 준다.

우리는 가자(Gaza) 지역과 다른 지역의 억압받는 자들에게 종으로 간다.
우리는 모든 수단을 동원하여 그들에게 선교하고, 언젠가는 구원이 오
리라는 것을 그들에게 설명한다.

우리는 외롭고, 병들고, 죽어 가는 사람들을 찾아가서 말과 행동으로
우리가 그들과 함께 있음으로 그들이 사랑받는 자들임을 말해 준다.

비록 한계는 있지만 우리의 존재와 선교가 소망의 표시가 될 것이다.
우리는 도래할 하나님의 통치의 증인들이 될 것이다. 그것은 우리가 가
져다 주는 왕국이 아니라 하나님이 일하시는 나라이다. 이 세상에서 어
떤 일이 벌어지든 그리스도인으로서 우리는 물러나 쪼그라들지 않고, 절
망하여 손만 비틀지는 않는다. 우리에게는 두 가지 해야 할 도리가 있다.
우리는 무릎을 꿇고 "주님, 이 죄인에게 자비를 베푸소서"라고 하든가,
두 발로 곧게 서서 "주님, 제가 여기 있나이다. 저를 보내소서"라고 말해
야 한다. 절망은 힘을 잃지만 소망은 살아난다. 그리스도인에게는 소망
이 있다.

예수님의 부활로 그분은 죽음을 정복하셨고, 우리에게 영원한 생명을
보장해 주셨다. 우리를 예수 그리스도 안에 있는 하나님의 사랑에서 끊
을 것이 아무 것도 없는 종말이 없는 왕국을 우리에게 보장하셨다(롬 8:
38-39).

우리에게 공포와 걱정을 낳게 하는 모든 것—늙어가는 것부터 충분한
식량이 없는 것, 무작정의 범죄와 폭력의 공포로부터 우리의 안전이 침
해당할 때 화를 빨리 내는 것에 이르기까지—은 우리의 죽음의 공포, 즉
궁극적인 적에게서 기인한다.

이 죽음은 수천 가지 얼굴이 있다. 예수님이 끝까지 죽음을 감당하셨
기에 그리고 하나님이 예수님을 올려내셨기 때문에 부활의 능력과 하나
님의 통치 아래 영원히 살게 되며, 이것은 죽음의 공포를 잊고 이제와
영원까지 우리를 구원하실 하나님을 믿는 것이다. 이것이 그리스도인의
소망이다.

묵상하고 기록하기

주기도문으로 기도하라.

"나라이 임하옵시고"의 간구를 묵상하라. 당신의 가족과 공동체 안에서 하나님의 나라가 임하지 않은 영역을 생각해 보고, 그것들을 적어라.

이것들과 연결하여 당신이 실천할 "소망의 윤리학"은 무엇이겠는가?

하루 동안

당신이 소망의 표시가 될 만한 사람이나 상황을 생각하여 거기에 알맞은 실천하라.

넷째 주 그룹 모임

도 입

존 웨슬리는 그리스도인들에게 그리스도인의 생활과 그리스도를 닮아가는 그들의 성장에 가능한 한 모든 "은혜의 수단"을 이용하라고 한다. 우리는 그러한 수단을 생각할 때 일반적으로 기도, 말씀, 성경 공부, 예배, 성만찬을 생각한다. 웨슬리는 이것을 그리스도인의 *회의*(Conferencing)라고 이름했다. 그가 의미하는 바는 그리스도인의 의도적인 대화—영적인 문제와 그리스도인 삶을 나누는 것—를 말하는 것이다.

이번 모임은 그리스도인의 회의의 기술을 연습하도록 한다. 당신이 상호 헌신된 사람들의 "안전한" 모임에서 함께 나눌 때 덜 안전한 관계에서도 당신은 나눌 수 있게 된다. 주간 모임을 계속해 나가면서 이 점을 명심하라.

함께 나누기

1. 이 책의 4주간의 공부를 마쳤다. 잠시 일반적인 경험에 대해 이야기하라. 이 책을 공부하면서 당신에게 어려운 점은 무엇인가? 가장 의미 있는 것은 무엇인가?

2. 이제 10-15분 동안 믿음과 행위의 "불가분의 관계"를 생각하라. 자신에게 적용하라. 당신의 "선행"의 노력은 자신의 덕을 위한 것인가? 하나님을 기쁘시게 하기 위한 *선행*인가? "우리는 선행을 위해 구원받았지 선행에 의해 구원받은 것이 아니다"는 말을 점검하라.

3. 두세 사람에게 〈둘째 날〉의 〈묵상하고 기록하기〉의 그리스도를 의지한 경험을 나누도록 청하라. 이 경험이 믿음을 통해 은혜로 의롭다 하심을 받은 것과 선행에 의해서가 아니라 선행을 위해 구원받았음을 말해 주는 것은 무엇인지 묵상하라.

4. 〈넷째 날〉에 우리는 심판의 분명한 사실을 상고했다. 10분 정도 인생에 새겨진 심판의 법에 대해 이야기하라. 아마 누군가가 이것을 증명해 줄 개인의 체험을 나눌지도 모른다. 인생의 심판과 하나님의 심판

을 구별하라.

어떻게 회개가 하나님의 심판과 관계되는지, 그러나 우리의 행위의 어떤 결과는 바뀌지 않는지 생각하라.

5. 한 사람에게 니이버의 글을 큰소리로 읽게 한다. 잠시 어떤 측면에서 그가 옳은지를 토의하라.

6. 두 사람이 그들의 삶을 지탱하는 힘으로써 소망을 체험한 것을 나누도록 하라.

7. 10분 정도 그리스도인의 소망의 적인 세속적인 낙관주의에 대해 이야기하라.

8. 소망의 윤리학에 대해 구체적이며 개인에게 적용할 수 있도록 토의하라. 당신의 가족, 공동체 안에 하나님의 나라가 도래하지 않은 영역은 무엇인가? 어떻게 그리스도인의 소망이 당신에게 응하기를 요구하는가?

함께 기도하기

협력하여 기도하는 것은 그리스도인의 공동체의 가장 큰 축복 중 하나이다. 이제 보다 과감하게 서로 솔직한 나눔으로 협력 기도를 시도해 보지 않겠는가?

1. 가능한 한 많은 사람들이 그들의 삶의 필요를 나누게 하라. 다음과 같은 필요가 있을지도 모른다.

- 그리스도를 더욱 신뢰할 필요;
- 과거의 한 일에 대한 "값을 치르는" 고통;
- 당신에게 고통을 준 사람을 용서하지 못함;
- 상황이 절망적이기 때문에 당신 자신을 사랑에 헌신하지 못함.

2. 이제 특별한 필요와 근심이 있는 사람들을 위해 자원하는 마음으로

소리내어 모든 사람이 합심하여 기도하라.

3. 모두가 아는 찬양, "나 같은 죄인 살리신"(찬송가 405장), "예수 사랑하심은"(찬송가 411장) 같은 찬양을 하라.

4. 주기도문으로 기도하라.

다섯째 주

성령의 열매: 사랑

첫째 날

육체의 일, 성령의 열매

처음 서론에서 제시하고 지난 주에 보다 자세히 살펴보았듯이, 그리스 도인의 "도덕"과 "선한" 삶을 상고할 때 바울이 갈라디아서 5장 22절과 23절에서 열거한 성령의 열매를 반드시 포함시켜야 한다고 믿는다. "오 직 성령의 열매는 사랑과 희락과 화평과 오래 참음과 자비와 양선과 충성 과 온유와 절제니, 이 같은 것을 금지할 법이 없느니라."

우리는 고전적 덕목인 지혜, 용기, 정의, 절제를 이미 다루었고, 지난 주에 신학적인 덕목에 대해 공부했다. 바울은 이것들을 사랑의 찬미인 온유서 13장 마지막 부분에서, "그런즉 믿음, 소망, 사랑 이 세 가지는 항상 있을 것인데, 그 중에 제일은 사랑이라"고 언급했다. 우리는 여기에 바울이 갈라디아서 5장에서 나열한 *성령의 열매*를 더하려고 한다.

〈첫째 주〉의 〈셋째 날〉에 헬라어의 덕목(*아레떼*)의 문자적 의미는 능 력이라고 언급했다. 우리의 삶에서 드러난 덕목들은 하나님의 선하신 능 력이 우리 안에서 역사하신다는 증거이다.

우리는 또한 이 덕목들을 실천하기 위해서 스스로를 훈련해야 하지만, 그 능력의 근원은 인간적인 성취라기 보다는 하나님의 선물이라는 것을 기억해야 한다. 그러므로 바울이 그것을 성령의 열매라고 부른 것이다. 그것들은 성령이 우리 안에서 일하신 결과이다.

이번 주에는 우리가 사랑을 살펴볼 것인데, 그것은 신학적인 덕목의 하나이자 성령의 열매 목록에서 제일 앞자리에 놓인다. 우리가 성령의 한 가지 열매인 사랑을 살펴보기 전에 바울이 이 목록을 제시한 배경을 간략하게 살펴보자:

내가 이르노니, 너희는 성령을 좇아 행하라. 그리하면 육체의 욕심을 이루지 아니하리라. 육체의 소욕은 성령을 거스리고, 성령의 소욕은 육체를 거스리나니, 이 둘이 서로 대적함으로 너희의 원하는 것을 하지 못하게 함이니라. 너희가 만일 성령의 인도하시는 바가 되면 율법 아래 있지 아니하리라. 육체의 일은 현저하니, 곧 음행과 더러운 것과 호색과 우상 숭배와 술수와 원수를 맺는 것과 분쟁과 시기와 분냄과 당짓는 것과 분리함과 이단과 투기와 술 취함과 방탕함과 또 그와 같은 것들이라. 전에 너희에게 경계한 것 같이 경계하노니, 이런 일을 하는 자들은 하나님의 나라를 유업으로 받지 못할 것이요, 오직 성령의 열매는 사랑과 희락과 화평과 오래 참음과 자비와 양선과 충성과 온유와 절제니, 이 같은 것을 금지할 법이 없느니라. 그리스도 예수의 사람들은 육체와 함께 그 정과 욕심을 십자가에 못박았느니라. 만일 우리가 성령으로 살면 또한 성령으로 행할지니, 헛된 영광을 구하여 서로 격동하고 서로 투기하지 말지니라.

갈라디아서 5:16-26

아마도 당신은 에드워드 샌포드 마틴(Edward Sanford Martin)의 "내 이름은 군대"(My Name is Legion)를 알 것이다.

> 나의 몸 속에 한 무리가 있다;
> 하나는 겸손하고, 하나는 오만하며,
> 하나는 죄로 부서진 마음이고,
> 하나는 회개할 줄 모르고 이를 가네;
> 하나는 이웃을 제 몸 같이 사랑하고,
> 하나는 아무 것도 상관하지 않고 명예와 자신만을 바라네.
> 나를 좀 먹는 많은 근심에서 해방되리라.
> 만일 내가 나를 선택할 수만 있다면.

때로 당신도 이렇게 느낄 때가 있는가? 우리는 그렇다. 너무나 자주 우리의 인간적인 습성이 우리를 당황하게 하고, 너무나 곤혹스럽고 행동할 힘을 잃게 할 때가 있지 않은가? 그래서 우리가 스스로를 그리스도인이라 부를 수 있을지 의심스럽지 않은가? 우리의 내부는 찢겨져 있다. 우리의 삶에는 그리스도의 평화와 능력이 거의 없다.

사도 바울의 말이 다가올 때가 바로 이런 때이다. 그는 마틴의 시를 쓸 수도 있었을 것이다. 사실 그는 그가 자신과의 대화를 로마인들에게 보내는 편지에 담았던 것처럼, 호소력 있게 어쩌면 그보다 더하게 그것을 말했다. 우리들 중 그렇게 솔직하고, 순수한 태도로, 우리의 곤혹스러움과 절망을 더 생생하게 표현할 사람은 거의 없을 것이다. 자신과의 싸움—육체와 성령 사이에서 사느냐 죽느냐의 내적 갈등—이 바울로 하여금 로마서 7장 19절과 24절에서, "내가 원하는 바 선은 하지 아니하고, 도리어 원치 아니하는 바 악은 행하는도다. 오호라, 나는 곤고한 사람이로다! 이 사망의 몸에서 누가 나를 건져내랴?" 하는 결론을 맺는다.

우리도 그 갈등을 안다. 그렇지 않은가? 바울 당시 고전적인 성경의 언어로, 그것은 성령과 육체 사이의 내적 전쟁이다.

우리는 이 내적 갈등을 다른 날 공과에서 다루었다. 그러나 그것은 너무나 중요한 문제라 자주 언급할 필요가 있다. 이것은 바울이 왜 육체와 성령이라는 용어를 사용했는지를 분명하게 해 준다.

바울에게 있어서 육체는 우리의 신체적 몸을 언급하는 것이 아니다. 그의 글에서 그는 육체와 신체에 다른 헬라어를 사용했다. 바울이 육체와 죄를 동일시하는 것도 아니다. 바울은 우리가 사는 두 가지 능력의 영역을 말하고 있다. 하나는 세상의 영역이고, 다른 하나는 그리스도의 영역이다. 확실히 우리가 육체 가운데 사는 것은 우리의 신체가 인간 사회의 한 구성원으로 사는 것이다. 그러나 바울은 "성령 안에 거하는 것"과 "육체 가운데 사는 것"을 대조시킨다. 왜냐하면 우리의 곤경은 우리가 인간의 몸을 갖고 사는 데 있는 것이 아니라, 우리가 성령을 따르지 않고 죄, 즉 죄된 세상(육체)을 따라 사는 데 있기 때문이다.

바울은 갈라디아인들에게 그리스도인으로서 그들이 성령을 받았고, 그들이 성령 안에 거해야만 한다는 것을 기억하라고 촉구하고 있다. 성령은 우리의 삶에서 최상의 에너지를 주는 능력이다.

바울에게는 성령은 초자연적인 능력 이상이며, 극적인 은사를 주는 분 이상이고, 때때로 믿는 자들 가운데서 나오는 폭발적인 힘 이상의 것이다. 성령은 그리스도인의 삶을 매일 지탱하게 하고, 격려하고, 인도해 주는 능력이다.

우리 자신의 힘으로 그리스도의 소명에 맞춰 산다는 것은 절대 불가능하다. 살아갈 능력이 없는 비전보다 더 에너지를 소모시키고 절망스러운 것이 있을까? 소명을 받고도 응할 수 없다면 이보다 더 맥빠지는 것이 있을까? 그리스도인에게 그런 일은 없다. 우리가 "나는 성령을 믿는다"라고 할 때, 우리는 살아 계신 하나님께서 인간의 삶에 개입하셔서 우리의 삶을 바꾸신다는 것을 믿고 인정하는 것이다. 그것이 바울이 우리에게 말하고 있는 것이다. 우리가 육체를 따르기보다 성령에 거한다면 우리를 돕는 힘이 주어지고, 이 성령의 능력이 열매—사랑, 희락, 화평, 오래 참음, 자비, 양선, 충성, 온유, 절제—를 맺게 한다.

묵상하고 기록하기

바울이 일컫는 육체의 *현저한 소욕들*

음행	시기
호색	분냄
더러운 것	당짓는 것
원수 맺는 것	분리
우상 숭배	이단
술수	투기

미움	살인
분쟁	술취함
방탕함	

위의 목록들로 당신의 삶을 점검하라. 각 오른쪽에 지난 달 경험한 것은 무엇이든지 ∨표를 하라.

이 책은 개인적인 것이고, 아무도 그것을 보지 않을 것이므로, 솔직하도록 명심하라.

이제 다시 그 목록으로 돌아가서 당신이 유혹받기 쉬운 항목에 +표를 하라.

이제 당신이 가장 벗어나기 힘든 항목에 동그라미를 하라.

당신 개인의 경험으로 우리가 살고 있는 바울의 두 가지 능력의 영역, 즉 육체와 성령이 입증되는지를 생각해 보라.

하루 동안

오늘 당신이 접하는 사람들과 상황에 대한 반응을 점검하라. 당신이 의식하는 중에 "육체의 소욕을 따라서" 반응하는 유혹에 저항해야만 했던 경우를 기록하라.

둘째 날

십자가의 삶인 사랑

> 오직 성령의 열매는 사랑과 희락과 화평과 오래 참음과 자비와 양선과 충성
> 과 온유와 절제니, 이 같은 것을 금지할 법이 없느니라. 그리스도 예수의
> 사람들은 육체와 함께 그 정과 욕심을 십자가에 못박았느니라. 만일 우리가
> 성령으로 살면 또한 성령으로 행할지니, 헛된 영광을 구하여 서로 격동하고
> 서로 투기하지 말지니라.
>
> 갈라디아서 5:22-26

바울은 소위 신학적 덕목이라 불리게 된 것—믿음, 소망, 사랑—을 말
할 때, 그는 "그 중에 제일은 사랑이라"고 했다. 그가 "성령의 열매"를 말
할 때도 사랑으로 시작했다. 누가 그리스도인의 삶을 형성함에 있어서
사랑의 중요성을 의심하겠는가? 그 질문들은:

이 사랑의 본질은 무엇인가?

우리는 어떻게 그것을 우리의 것으로 만드는가?

우리의 삶에서 어떻게 사랑이 드러나는가?

이러한 질문에 답하기 위해서 우리는 예수님을 바라 본다.

> 너희 안에 이 마음을 품으라. 곧 그리스도 예수의 마음이니, 그는 근본 하
> 나님의 본체시니, 하나님과 동등됨을 취할 것으로 여기지 아니하시고, 오히
> 려 자기를 비어 종의 형체를 가져 사람들과 같이 되었고, 사람의 모양으로
> 나타나셨으매, 자기를 낮추시고, 죽기까지 복종하셨으니, 곧 십자가의 죽
> 으심이라.
>
> 빌립보서 2:5-8

관점을 새롭게 해 줄 이야기 하나를 보라: 로이 스미스(Roy L. Smith)

는 유명한 감리교의 설교자이며 작가인데, 어려운 시절에 켄사스(Kensas)의 평원에서 성장했다. 그의 아버지는 방앗간에서 일했고, 몇 푼 안 되는 수입이 전부였다. 로이는 단지 고향의 작은 감리교 신학교에 가는 것만을 바랬다. 그러나 그에게 그것은 불가능했다. 왜냐하면 그의 가족에게는 돈이 없었기 때문이다. 어떻게 해서든 그의 부모님은 돈을 모았고, 그를 대학에 보낼 만큼이 되었다. 그가 대학 초년생 때 단상에 오르는 논쟁에 참여하게 되었다. 그는 그 날을 위해 새 구두를 사고 싶었지만 불가능했다. 그러나 어떻게 해서든지 그의 부모은 적은 수입에도 아들을 위해 새 구두를 사 주었다.

로리가 막 단상에 오르려는 순간 누군가가 강당 문을 박차고 들어와, 그의 아버지가 방앗간에서 일하다가 사고를 당해 크게 다쳤다는 소식을 전했다. 그가 그 작은 마을을 달려 방앗간에 도착했을 때는 이미 늦었다. 아버지는 이미 운명하고 말았다.

장례식 후에 로이는 아버지의 연장과 사고 당시 입고 있었던 작업복을 챙기러 방앗간에 갔다. 누군가가 그의 피 묻은 작업복을 잘 개켜 놓았고, 거기에 그의 낡은 구두의 바닥이 위로 오게 해서 연장통에 놓았다. 로이가 그 통을 열었을 때 첫 번째 본 것은 아버지의 구두였다. 그 구두 바닥에는 큰 구멍이 나있었다. 그 순간 그 모든 것이 물밀 듯 스쳐갔다. 그가 새 구두를 신고 있을 때 그의 아버지는 차가운 방앗간 바닥에서 구멍난 신발을 신고 있었다. 아픔과 얼얼한 감정이 로이의 마음을 사로잡았다.

그 경험은 로이 스미스에게는 새로 태어나는 것 같은 고통이었다. 그는 결코 아버지의 사랑을 잊을 수 없었다. 그는 그것이 다른 모든 것을 덮어 주는 깊은 사랑이었음을 알았다. 그는 그의 삶을 그리스도께 바치고, 설교자가 되는 소명에 응하여, 유명하고 능력 있는 그리스도인의 믿음을 증거하는 사람이 되었다. 그는 결코 하나님의 사랑을 강하게 강조하지 않는 설교는 하지 않겠다고 했다.

그것은 분명히 제한된 것이기는 하지만, 사도 바울의 경우가 그러했을 것이다. 그가 다메섹으로 가는 도중에 그것을 분명히 보았다. 그는 환상을 보았다. 낡은 구두를 신고, 차가운 방앗간의 바닥에 서서 일하며, 자녀를 위한 사랑으로 희생의 삶을 산 이 세상의 아버지가 아닌, 우리를 위해 자기를 비어 십자가에 매달리시기까지 하신 그의 아들 예수님을 보내신 영원한 아버지의 환상을 보았다. 바울이 "그리스도 안에 계시사 세상을 자기와 화목하게 하시며"라고 말하는 것이 바로 이 사랑, 십자가 위에서 예수님을 못박은 사랑을 의미하는 것이다.

위의 빌립보서의 구절은 성경에서 가장 아름다운 묘사 가운데 하나이다. 이는 또한 그리스도인의 순종과 훈련을 묘사한 것이다. 이것이 우리가 따라야 할 사랑의 궁극적인 모습이다. "너희 안에 이 마음을 품으라. 곧 그리스도 예수의 마음이니"(빌 2:5).

그리스도가 죽기까지 순종한 것은 빌립보인들(그리고 우리들)에게 순종의 표본으로 주어진 것이다. 예수님이 복종하여 고난받으신 것처럼 그렇게 빌립보인들(그리고 우리들)도 복음에 굳게 서야 한다. 우리가 고난받아야 할 때조차도 말이다(빌 1:27-30). 예수님이 자신을 낮춰 종의 형태를 취한 것처럼 빌립보 사람들(그리고 우리들)은 다른 사람들에게 사랑의 종이 되어야 한다.

바울이 예수님이 어떤 분이셨고, 그분이 무엇을 하셨는지를 말할 때마다, 그는 언제나 십자가를 언급한다. 십자가는 하나님이 모든 인류의 구원을 위해 행하신 사건이었다. 바울에게 있어서 십자가는 그리스도를 따르는 모든 사람들의 순종의 표본이자 믿음 생활의 표본이기도 했다. 그가 갈라디아서 6장 2절에서 "너희가 짐을 서로 지라. 그리하여 그리스도의 법을 성취하라"를 기록했을 때, 바울은 그리스도의 십자가 위의 자기

희생의 모형을 따라서 그리스도인 공동체에게 사랑으로 서로를 섬기라
는 명령을 했다.

묵상하고 기록하기

그리스도의 십자가 위에서 죽기까지 기꺼이 자신을 드림은 사랑의 궁
극적인 표본이다. 예수님이 사랑의 표본이시라면, 빌립보서 2장에서 살
펴본 이 구절들은 또한 우리의 사랑을 묘사하는 것임에 틀림없다. 잠시
각 구절을 묵상하고 당신의 삶을 점검하라: 1) "하나님과 동등됨을 취할
것으로 여기지 아니하시고," 2) "오히려 자기를 비어 종의 형체를 가
져...자기를 낮추시고," 3) "죽기까지 복종하셨으니, 곧 십자가에 죽으
심이라."

이제 당신이 예수님의 본을 따르지 못한 것을 구체적으로 인정하면서,
어떻게 당신이 그 본을 당신의 삶에 반영해서 변화를 가져와야 하는지
적어라.

1. "하나님과 동등됨을 취할 것으로 여기지 아니하시고,"

2. "오히려 자기를 비어 종의 형체를 가져...자기를 낮추시고,"

3. "죽기까지 복종하셨으니, 곧 십자가에 죽으심이라."

바울은 그리스도인의 삶이 십자가의 삶임을 반복하여 강조한다. 십자
가는 그리스도인이 어떻게 사랑해야 하는지에 대한 정의이지만, 예수님

에 대해서 가장 잘 묘사해 놓은 구절은 빌립보서 2장 5절부터 8절에 있다. 그 구절이 어떻게 시작하는지를 주목하라. "너희 안에 이 마음을 품으라. 곧 그리스도 예수의 마음이니"(5절). 이것은 예수님을 묘사해 줄 뿐 아니라, 우리 그리스도인들의 소명이기도 하다. 그리스도의 마음을 품기 위해 내가 어떻게 변해야 하는가 하는 질문을 깊이 생각하라.

하루 동안

당신이 하루를 지내면서, 빌립보서 2장에 나온 사랑의 표본으로 예수님을 마음에 새겨 두어라. 당신이 어떤 행동이나 태도를 결정해야 할 경우 그것을 다시 떠올려라.

셋째 날

섬김의 종류

어제 사랑의 궁극적인 표본으로 빌립보서 2장 5절부터 8절에 초점을 맞추었다. 다시 돌아가서 빌립보서 본문을 읽어라.

어제 이 구절에 묘사된 예수님의 모습에 비추어 당신을 점검할 것을 요청했다. 그 중의 하나는 "그는 근본 하나님의 본체시나, 하나님과 동등됨을 취할 것으로 여기지 아니하시고"이다. 이런 예수님의 행동이 어떤 의미인지 알기는 쉽지 않다. 왜냐하면 우리 자신이 "하나님의 본체"를 보지 못하고, "하나님과 동등됨"의 수준에 다가가지 못하기 때문이다. 그럼에도 불구하고 우리는 사실 우리가 하나님과의 관계를 "취해야 할 어떤 것"으로 여기지 않는가의 문제를 믿고 나갈 필요가 있다. 우리는 하나님과 우리의 관계를 공동체 안에서 우리의 위상을 높이는 데 이용하는가? 우리는 우리가 벽에 부딪쳤을 때나 무엇인가가 필요할 때에만 기도하지 않는가?

당신을 잘 아는 어떤 사람이 당신의 전기를 쓴다면 그가 무엇에 대해 가장 많이 기술하겠는가? 당신의 대부분의 관심을 끄는 활동은 무엇인가? 당신의 시간을 가장 많이 할애하게 하는 사람은 누구인가? 무엇이 진정으로 당신을 흥분되게 하고 기쁨과 의미를 주는가?

저자가 그리스도인인 당신의 삶을 기술한다면, 그는 무엇에 관하여 쓰겠는가?

- 당신이 무엇을 믿고 있고, 어떤 원리에 얼마나 집요하게 매달렸는가?
- 당신의 교회 출석은 얼마나 성실했는가?
- 당신이 교회 조직에서 담당한 위치는?
- 당신의 기도 생활은?
- 당신은 얼마나 효과적으로 믿음의 증인이 되었는가?

저자는 종으로서의 당신의 삶을 얼마나 기술하겠는가? 그리고 당신이 어떻게 섬겼다고 묘사하겠는가? 당신이 하나님과의 관계를 "취할 어떤 것"으로 여겼는지에 대해 저자는 어떻게 말하겠는가?

핵심 주제는 사랑이다. 성령의 열매인 사랑은 예수님의 삶을 좇는 사랑이어야만 한다. 우리가 살펴본 바와 같이 이 사랑은 "오히려 자기를 비어 종의 형체를 가져…자기를 낮추시고, 죽기까지 복종하셨으니" 하신 분의 사랑이다. 많은 사람이 그와 같은 종이 되기를 원하지 않는다, 그렇지 않은가? 당신의 섬기는 태도를 점검하라. 우리는 언제, 어디에서, 어떻게 그리고 누구를 섬겨야 할지를 선택한다. 우리는 여전히 책임의 자리에 있다. 우리가 예수님이 보이신 대로 섬긴다면 우리는 맡고 있는 권리를 포기해야 한다. 우리는 자신을 비운다(채워질 만하게 된다). 우리는 겸손하다(주장하는 것을 포기한다). 우리는 순종하게 된다(희생적으로 우리의 가진 것과 우리의 있는 전부를 드린다). 우리가 하나님과의 관계를 "취할 어떤 것"으로 여기지 않는다면, 우리는 지배당하고, 조종당하며, 이용당하는 두려움에서 벗어난다. 사랑은 우리가 "그리스도의 마음"을 가지려는 태도와 행동의 능력이 되며, 그리하여 우리가 우리의 삶 속에서 그리스도처럼 보이게 되는 것이다.

묵상하고 기록하기

다시 누군가가 당신의 전기를 쓴다고 생각해 보자. 그 전기 작가가 당신에 대해 어떻게 써야 당신이 행복하겠는가? 주저하지 말고 여기에 몇 가지를 적어라.

당신의 전기 작가가 당신에 대해 쓰기를 바라지만, 당신의 삶이 아직 미치지 못한 것은 무엇인가?

당신의 삶을 예수님의 표본에 맞추는 데 초점을 두고 묵상의 시간을 마무리하라.

하루 동안

당신의 행동과 태도에 계속 주의하라. 당신이 그리스도의 본을 따르기
보다 당신이 원하는 사람을 원하는 장소, 시간, 방법으로 섬기고자 하는
유혹이 있는지 점검하라.

넷째 날

사람들은 우리의 사랑으로
우리가 그리스도인임을 알 것이다

우리는 다음의 노래를 경쾌한 음으로 가능한 아무 악기에라도 맞추어
부른다. 하지만 요즘 들어 기타와 키보드의 사용으로 현대적 예배에서
더욱 유명해졌다. "사람들은 우리가 그리스도인임을 알리라, 우리의 사
랑으로, 우리의 사랑으로, 그렇다오, 사람들은 우리가 그리스도인임을
알리라, 우리의 사랑을 인하여."

문제는 그들이 과연 그럴까 하는 것이다. 우리 주변의 사람들이 우리
의 사랑을 보고 우리가 그리스도인임을 아는가? 요즘 "문화 전쟁"에 대해
많은 글이 쏟아져 나왔다. 이런 경향에서 이 책을 포함하여 교회는 사회
에서 그리스도인의 가치를 수호하고자 노력하고, 도덕의 상대주의와 세
속적 물질주의에 맞서 강력한 교두보를 구축하려고 애쓰고 있다.

예수님이 다루셨어야 할 "문화 전쟁"을 생각할 때, 가치를 대변하는 우리의 투지는 최소한 조금은 무디다. 아니면 그래야만 했다. 존 올버그 (John Ortberg)는 이에 대해 다음의 견해를 제시했다:

> 재미있는 것은 올바른 가치를 고수하는 사람들은 예수님의 메시지에 가장 무디고, 오히려 예수님의 힐책을 받을 것 같은 사람들이다. 주로 모든 가치의 잘못된 길을 가는 사람들—매춘부, 세금 징수원, 종교적으로 모자라는 사람들—이 예수님의 가르침을 가장 열렬히 받아들였다....
> 그들(바리새인들)의 믿음과 실천에 있어서 그들의 "올바름"에 대한 빈정거리는 결과는 그들이 사랑할 수 없게 되었다. 그들은 안식일에 병자를 고치려 하지 않았고, 간음한 여인은 절대 용서하지 않았으며, 죄인이 의로운 자와 교제하기를 허락하지 않았다. 그들은 사랑해야 할 사람들을 "적"으로 보게 되었다.
>
> 올버그, 25쪽

우리가 기억해야 할 사실은 우리는 옳을 수 있지만, 행동은 잘못되게 할 수 있다. 올바른 것과 그것을 아는 것은 사랑이 없고 냉담한 설교를 낼 뿐이다. 우리는 너무나 우리의 올바름과 가치를 보존하려다가 사랑하지 못할 수도 있다. 옳고 옳은 쪽에 있는 것이 우리의 열정이 될 때 복음의 핵심을 망각하기는 쉽다. 예수님은 율법의 핵심을 온 마음과 온 뜻을 다하여 하나님을 사랑하고, 이웃을 내 몸 같이 사랑하는 것이라고 하셨다(마 22:37-40). 바울의 극적인 묘사를 보라:

> 내가 사람의 방언과 천사의 말을 할지라도, 사랑이 없으면 소리나는 구리와 울리는 꽹과리가 되고, 예언하는 능이 있어 모든 비밀과 모든 지식을 알고, 또 산을 옮길 만한 모든 믿음이 있을지라도, 사랑이 없으면 내가 아무 것도 아니요, 내가 내게 있는 모든 것으로 구제하고, 또 내 몸을 불사르게 내어 줄지라도 사랑이 없으면 내게 아무 유익이 없느니라.
>
> 온유서 13:1-3

그리스도인으로서 우리의 주된 임무는 그리스도인의 가치를 수호할 이성적인 변론을 하는 것이 아니라 사랑이 핵심인 복음에 참여하고 증거하는 것이다. 지적인 변론보다 경험적인 변론이 훨씬 더 필요하다. 예수님은 "모든 사람들이 네가 확신에 찬 논쟁에 능하고, 내 뜻을 잘 선전하는 것으로 내 제자임을 알리라"고 말씀하지 않으셨다. 예수님은 "너희가 서로 사랑하면 이로써 모든 사람들이 너희가 내 제자인 줄 알리라"고 말씀하셨다. 어제 살펴본 바와 같이 우리는 "그리스도의 마음"을 사랑함으로 그리고 그리스도처럼 섬김으로 보여 주는 것이다.

묵상하고 기록하기

지금까지 4주 동안 이 책을 공부하면서, "선한 자"가 되려는 노력과 당신의 삶에서 덕목이 자라나게 한 노력에 대해 잠시 생각하라.

〈첫째 주〉의 〈일곱째 날〉에 우리는 두 가지 질문을 던졌다: 당신은 진정으로 선하기를 원하는가? 당신은 도덕적인 진지함과 일체성을 구하는가? 다시 이 질문들을 생각하라. 당신이 지금 반응한다면 어떤 변화가 있겠는가?

당신의 덕목의 삶이나 선하려는 당신의 노력이 어느 때에 당신으로 하여금 사랑하지 못하게 하는가? 당신은 선했고, "율법을 지켰고," 여전히 옳은데, 사랑하지 못했던 때를 회상해 보라.

당신의 경험적인 증거나 다른 사람들과 사랑의 관계보다 그리스도인을 위한 당신의 지적인 경우가 더 확신을 주는가?

위의 두 질문을 빨리 지나쳐 버렸다면 왜 그랬는지 자문자답해 보라. 당신은 어떻게 사랑하는지를 점검하는 것이 곤란한가?

당신이 사랑하지 못함을 고백하는 기도문을 써라.

하루 동안

오늘 하루를 지내면서 그리스도인의 삶에 대해 이야기하기보다 실천할 기회를 얼마나 갖는지 주목하라.

다섯째 날

은혜, 모두가 다 은혜

우리가 아직 연약할 때에 기약대로 그리스도께서 경건치 않은 자를 위하여 죽으셨도다. 의인을 위하여 죽는 자가 쉽지 않고, 선인을 위하여 용감히 죽는 자가 혹 있거니와, 우리가 아직 죄인 되었을 때에 그리스도께서 우리를 위하여 죽으심으로, 하나님께서 우리에게 대한 자기의 사랑을 확증하셨느니라. 그러면 이제 우리가 그 피를 인하여 의롭다 하심을 얻었은즉, 더욱 그로 말미암아 진노하심에서 구원을 얻을 것이니, 곧 우리가 원수되었을 때에 그 아들의 죽으심으로 말미암아 하나님으로 더불어 화목되었은즉, 화목된 자로서는 더욱 그의 살으심을 인하여 구원을 얻을 것이니라. 이뿐 아니라 이제 우리로 화목을 얻게 하신 우리 주 예수 그리스도로 말미암아 하나님 안에서 또한 즐거워하느니라.

-로마서 5:6-11

맥스 루카도(Max Lucado)의 책 『은혜에 붙들려』(In The Grip of Grace)에서 그는 은혜를 예시하는 이야기를 한다.

옛날 한 수도사와 그의 제자는 사원에서 나와 근처 마을을 여행했다. 두 사람은 그들의 임무를 마치고, 다음 날 아침 만나기로 하고, 도시 입구에서 헤어졌다. 계획대로 그들은 다시 만나 사원까지 오래 걸었다. 그 수도사는 유난히 그 젊은 제자가 말이 없음을 알았다. 그는 무슨 일이 잘못 되었는지 물었다. 그는 "당신과 무슨 상관이 있나요?"라고 잘라 말했다.

수도사는 그의 제자에게 문제가 있음을 확신했으나, 그는 아무 말도 하지 않았다. 두 사람 사이의 거리는 멀어지기 시작했다. 마치 자기 선생과 거리를 두려는 듯이 그 제자는 천천히 걸었다. 사원이 눈에 들어오자, 그 수도사는 문 앞에 멈춰 서서 그의 제자를 기다리면서, "무엇이 너를 괴롭게 하는지 말해다오"라고 했다.

그 제자는 다시 대꾸하려 했지만, 그의 선생의 따뜻한 눈빛을 보자 그의 마음이 녹았다. "나는 엄청난 죄를 범했어요," 그는 흐느꼈다. "어제 밤에 나는 한 여자와 함께 잤고 내 맹세를 저버렸습니다. 나는 당신과 나란히 사원에 들어갈 자격이 없어요." 그 선생은 그를 감싸고는, "우리는 함께 그 사원에 들어갈 것이다. 그리고 우리는 대성당에도 함께 들어가서 함께 너의 죄를 고백할 것이야. 오직 하나님만이 우리 중에 누가 넘어질지 아실 것이다"라고 말했다.

루카도, 91-92쪽

이 이야기는 어떤 면에서 그리스도가 우리에게 하신 일을 기술한다. "우리가 아직 연약할 때에…우리가 아직 죄인 되었을 때에…그리스도께서 우리를 위하여 죽으심으로…우리가 원수 되었을 때에 그 아들의 죽으심으로 말미암아 하나님으로 더불어 화목되었은즉." 우리 그리스도인의 용어로 이것에 합당한 말은 은혜이다. 성경의 여러 이야기가 그것을 묘사한다.

호세아는 그의 간통한 아내를 사랑과 용서로 다시 데려오는데, 그것은 하나님은 누구이신가를 보여 주는 예가 된다. 은혜, 모두가 다 은혜이다!

한 아들이 아버지를 반역하고 유산의 몫을 챙겨 집을 떠나 멀리 외국으로 갔다. 그러나 그 아버지는 그가 돌아오기를 인내하며 기다린다. 결국 그가 돌아오자 큰 환영의 잔치를 베푼다. 은혜, 모두가 다 은혜이다!

예수님이 간음한 여자에게 돌을 던지기를 허락하지 않으셨다. 왜냐하면 무리들 중 아무도 죄 없는 사람이 없고, 하나님은 용서하시기 때문이다. "나도 너를 정죄치 않으니, 가서 더 이상 죄를 짓지 말라." 은혜, 모두가 다 은혜이다!

한 거리의 여인이 예수님이 손님으로 초대된 곳에서 "갑자기 끼어든다." 그 주인은 그녀를 내어쫓으려 하지만, 예수님은 그녀가 용서와 사랑을 체험했기에 사랑을 표현하고 있음을 상기시켜 준다. 그 주인은 아직 사랑과 용서를 몰랐다. 은혜, 모두가 다 은혜이다!

은혜는 받을 만한 자격이 없는, 구할 수 없는 것을 받는 것이다. 하나님의 은혜는 우리를 향한 무조건의 사랑이다. 비록 우리가 하나님처럼 사랑하지 못할지라도, 그것이 기준이다. 맥스 루카도는 우리가 올바른 견해를 갖도록 아래와 같은 통찰력 있는 질문이 기록된 체험록을 내놓았다.

당신의 친구가 약속을 어겼는가? 당신의 상사가 약속을 지키지 않았

는가? 미안하지만 당신이 행동하기 전에 다음 질문에 먼저 대답하라:
하나님은 당신이 그분과 함께 한 약속을 어겼을 때 어떻게 하셨는가?

당신은 누구에게 속임을 당했는가? 속임을 당한 것은 아픈 일이다.
그러나 두 주먹을 쥐기 전에 생각하라: 하나님은 당신이 그분에게 거짓
말을 했을 때 어떻게 반응하셨는가?

당신은 소홀히 여김을 당했는가? 잊혀졌는가? 뒤로 제껴졌는가? 거
부당함이 당신을 아프게 하는가? 그러나 그 갚음을 하기 전에 당신 자
신에게 솔직하라. 당신은 하나님을 소홀히 한 적이 없는가? 당신은 언
제나 그분의 뜻에 민감했는가? 우리들 중 아무도 그렇지 않다. 당신이
그분을 소홀히 대했을 때 하나님은 어떻게 반응하셨는가?

루카도, 155-156쪽

묵상하고 기록하기

당신이 아무 조건 없이 사랑받은 경험을 회상하라. 당신은 무엇을 했
고 무엇을 하지 못했는가? 왜 그것이 과분하다고 느꼈는가? 당신을 사랑
한 사람이 그것을 어떻게 표현했는가? 그 기억을 여기에 기록하라.

당신은 그리스도의 사랑을 가까이 그리고 방금 묘사한 대로 느낀 경험
이 있었는가? 그 체험에 대해 간단히 적어 보라.

　　만일 당신이 다른 사람에게서 받은 무조건적인 사랑과 같은 그리스도의 사랑을 경험한 적이 없다면, 당신은 그리스도가 당신을 훨씬 더 무조건적으로 풍성하게 사랑하심을 믿을 수 있는가? 잠시 당신을 향한 그리스도의 사랑을 묵상하라. "우리가 아직 연약할 때에 기약대로 그리스도께서 경건치 않은 자를 위하여 죽으셨도다"(롬 5:6).

하루 동안

　　조지 매더슨(George Matherson)은 그리스도의 사랑, 빛, 기쁨에 관한 찬송을 지었다. 그 찬송의 첫 절이 이 책 뒤의 확신 카드에 있다. 그것을 잘라서 주머니에 넣고 다니면서, 차 안에 보이게 붙여 놓고, 아니면 수첩에, 냉장고 문에, 화장실 거울에 붙여 놓고, 곡조를 알면 노래하고, 아니면 읽고 또 읽어라. 오늘 그리고 앞으로 며칠 동안 그것이 당신의 기도가 되게 하라.

　　　　오, 나를 붙든 사랑,
　　　　나의 지친 영혼은 당신에게서 쉼을 얻네;
　　　　당신에게 빚진 내 생명을 드려요.
　　　　당신의 바다 깊은 곳에서 내 삶은 넘쳐흐르고,
　　　　더 풍성하고, 더 충만하리.

여섯째 날

누구도 피할 수 없는 사랑의 요구

사랑은 오래 참고, 사랑은 온유하며, 투기하는 자가 되지 아니하며, 사랑은 자랑하지 아니하며, 교만하지 아니하며, 무례히 행치 아니하며, 자기의 유익을 구치 아니하며, 성내지 아니하며, 악한 것을 생각지 아니하며, 불의를 기뻐하지 아니하며, 진리와 함께 기뻐하고, 모든 것을 참으며, 모든 것을 믿으며, 모든 것을 바라며, 모든 것을 견디느니라. 사랑은 언제까지든지 떨어지지 아니하나, 예언도 폐하고, 방언도 그치고, 지식도 폐하리라.

온유서 13:4-8

최근에 우리의 딸이자 여동생인 케리(Kerry)와 그녀의 남편 제이슨(Jason)은 아기를 입양했다. 이 사랑과 희망과 흥분의 와중에 우리가 입양에 관해 듣고 읽은 이야기들을 생각했다. 가장 좋은 여건에서 입양한 부모와 어린아이들이 한 가족을 만드는 구성이다. 조금 덜 이상적인 상황은 가족이 혼돈에 빠진다. 그런 예가 한 십대 소년을 입양 수속 중인 부부에게 있었다. 그 소년은 무례하고 불순종적이었다. 가족들과 친구들은 그 부부에게 그 아이는 친아들이 아니라고 위로하면서 입양을 중단하라고 재촉했다. 그러나 그 부부는 무조건적인 사랑을 보여 주었고, 부모가 필요한 그 아이와의 약속을 지키기 원했다. 그들은 입양 수속을 계속했다.

우리는 그 부부의 접근 방법을 논쟁할 수는 있지만, 그들의 사랑에 대해서는 할 수 없다. 우리가 사랑을 표현하는 올바른 방법을 토론할 수는 있으나 사랑의 요구를 피할 핑계를 대지는 않는지 주의해야 한다.

이것은 덜 극적이기는 하지만, 마찬가지로 중요하다: 사랑은 다른 사람의 약점을 보지 않는 것이 아니다. 다만 그 약점에 지나친 집중을 하지

않는 것이다. 프랑스와 페넬롱(Francois Fenelon)이 다음과 같이 우리에게 도전을 준다:

> 관용은 우리에게 다른 사람의 결점을 보지 말라고 요구하지 않는다. 우리는 그런 경우에 두 눈을 감아야 한다. 그러나 그것은 우리에게 그 결점들에 불필요한 관심을 두지 않기를 요구한다. 그리고 우리가 악한 것에 눈이 밝은 반면 선한 것에는 눈이 멀지 않기를 요구한다. 우리는 가장 무가치한 피조물에게 임하는 하나님의 끊임없는 자비하심을 기억해야만 한다. 또 우리가 스스로를 악하게 여길 이유가 얼마나 많은지를 생각해야만 하고, 관용은 가장 하찮은 인간도 포용함을 생각해야만 한다. 그것은 하나님의 시각에서 우리가 다른 사람에게 퍼붓는 경멸이 본질상 예수 그리스도의 영과는 반대되는 무자비함과 교만임을 인정하는 것이다. 진정한 그리스도인은 경멸할 만한 것에 무감각하고, 다만 그것을 견디어 낸다.
>
> 페넬롱, 60일

묵상하고 기록하기

지금 당신 자신의 관계에서 당신이 가장 사랑하기 힘든 사람은 누구인가? 그의 이름을 적어라. _____.

바울은 온유서 13장에서 사랑의 구체적인 속성을 제시했다:

오래 참음	악한 것을 생각하지 않음
온유	불의를 기뻐하지 않음
투기하지 않음	진리와 함께 기뻐함
자랑하지 않음	모든 것을 참음
교만하지 않음	모든 것을 믿음
무례히 행치 않음	모든 것을 바람
자기 유익을 구하지 않음	모든 것을 견딤
성내지 않음	

이 목록을 잘 보고 당신이 위에 적은 사람에게 표현하지 않고 있는 항목에 표시하라.

표시한 항목을 어떻게 하면 그 사람에 대한 당신의 사랑 속에 포함시킬 수 있을지 잠시 생각하라.

하루 동안

계속 기도 찬송가인 "오, 나를 붙든 사랑"을 찬양하라.

일곱째 날

사랑과 용서

이번 주 〈다섯째 날〉에 우리는 은혜, 즉 하나님의 무조건적이고, 받을 자격이 없는 자에게 주시는 하나님의 사랑을 살펴보았다. 은혜의 주요한 표현은 받아들임과 용서이다. 사랑의 열매가 우리 삶 속에서 얼마나 자라고 있는지는 우리가 얼마나 받아들이고 용서할 준비가 되어 있는지로 측정할 수 있다.

더 절박한 필요가 있는가? 수치감과 죄의식은 우리를 불구자로 만들고, 우리를 계속 수치와 죄의식을 가져오는 속박 가운데 갇히게 한다. 그것은 우리를 고립과 충동으로 몰아가고, 우리가 우리의 중독된 것을 더욱 의존하게 만든다. 알콜 중독자는 스스로 혐오하면서도 계속 술을 마신다. 과식하는 사람은 수치심에 시달리면서도 계속 먹어댄다. 거짓말하는 사람은 수치를 느끼고 죄의식에 시달리며, 다시 잡힐까봐 두려움과 공포 속에 살아가지만 계속 거짓말을 한다. 우리는 "만일 그들이 의지력만 있다면"이라고 생각하고, 그들도 종종 느낀다. 그러나 예수님은 그것을 용서하고 받아들이는 사랑이 인간의 마음을 뚫고 변화시킬 유일한 능력임을 아셨다. 수용과 자유가 필요한 사람은 자신을 사랑해야만 한다. 그렇다! 그러나 사랑은 역시 다른 사람에게서도 드러나야 한다. 사실 그것은 거의 항상 진실이다: 우리는 우리가 그리스도의 사랑을 체험할 때 우리 자신을 사랑하게 된다. 그리고 마찬가지로, 우리가 다른 사람에게서 사랑을 받을 때 우리는 그리스도의 사랑을 체험한다.

　예수님이 복음의 삶을 사시는 것을 관찰하면, 우리는 마가렛 그램트키 알터(Margaret Gramtky Alter)가 우리에게 상기시킨 것처럼, 그분은 인간의 본성에 대한 두 가지 기본적인 믿음을 갖고 행하심을 발견한다: 보편적인 용서의 필요와 사랑과 관심을 주시는 하나님의 임재 가운데 거하는 것이다. 예수님과의 관계의 본질은 그분의 용서가 우리의 행동과 태도의 조건부가 아니라는 것이다. 그분은 사과를 요구하시지 않는다. 놀랍게도 그분은 회개를 요구하시지도 않는다. 알터는, "그것은 마치 용서가 회개를 선행하는 것 같다; 용서 그 자체가 한 사람 한 사람이 그들이 얼마나 소외되었고, 불쌍하고, 허무한 존재인지를 깨닫게 하는 안전 장치를 만들어 낸다"고 말한다.

　이것은 예수님의 이야기와 일치한다.

　서기관들과 바리새인들이 간음 중에 잡힌 여자를 끌고 와서 가운데 세우고, 예수께 말하되, 선생이여, 이 여자가 간음하다가 현장에서 잡혔나이다. 모세는 율법에 이러한 여자를 돌로 치라 명하였거니와, 선생은 어떻게 말하겠나이까? 저희가 이렇게 말함은 고소할 조건을 얻고자 하여 예수를 시험함이러라. 예수께서 몸을 굽히사 손가락으로 땅에 쓰시니 저희가 묻기를 마지 아니하는지라. 이에 일어나 가라사대, 너희 중에 죄 없는 자가 먼저 돌로 치라 하시고, 다시 몸을 굽히사 손가락으로 땅에 쓰시니, 저희가 이 말씀을 듣고 양심의 가책을 받아, 어른으로 시작하여 젊은이까지 하나씩 하나씩 나가고, 오직 예수와 그 가운데 섰는 여자만 남았더라. 예수께서 일어나사 여자 외에 아무도 없는 것을 보시고 이르시되, 여자여, 너를 고소하던 그들이 어디 있느냐? 너를 정죄한 자가 없느냐? 대답하되, 주여, 없나이다. 예수께서 가라사대, 나도 너를 정죄하지 아니하노니, 가서 다시는 죄를 범치 말라 하시니라.

요한복음 8:3-11

알터는 이 이야기에 대해 언급하기를:

예수님은 인간의 일반적인 용서의 필요를 주장하신다. 그분이 다시 손가락으로 쓰시며 침묵으로 맞설 때, 고소하는 자들은 떠난다. 그분은 그들에게 치유의 가능성을 열어 놓으신다. 그들 역시 자신들의 따돌림과 죄를 인정했으므로, 용서받을 수 있고 연합에 합류할 수 있다.

예수님이 그 여자와만 혼자 남으셨을 때, 우리는 다시 그분의 용서의 특별함을 본다: 개인적이고, 부드럽고, 낮은 목소리로, 무조건적인 긍정적인 존중. 예수님은 그녀의 짐과 수치를 덜어 주실 뿐 아니라, 그녀에게 보호,즉 성적 요구를 거절할 권리를 주시고, 그래서 그 학대를 종식할 기회를 주신다. "가서 다시는 범죄치 말라"고 하시며, 그녀에게 거절할 힘과 한계를 설정할 힘을 부여하신다.

알터, 30쪽

이것이 우리의 삶에서 맺어야 할 성령의 열매로서의 사랑의 표본이다. 그것은 우리가 기대할 수 있는 그 어떤 것보다 더 절실하게 필요한 것이다. 우리는 우리가 수용하고 용서할 만큼 사랑할 때 그리스도와 함께 죄인을 자유케 하고 죄를 사하는 능력에 동참하는 것이다.

묵상하고 기록하기

어제 당신은 당신이 사랑하기 가장 힘든 사람의 이름을 적는 시간이 있었다. 그 사람을 사랑하기 힘든 이유가 용서와 관련이 있는가? 그에게서 용서를 구해야 하는가, 아니면 당신이 그를 용서해야 하는가? 잠시 이것을 생각하라.

그 사람 외에 당신이 용서를 구해야 할 다른 사람이 있으면 그 이름을 적고, 당신이 용서해야 할 사람이 있다면 또 그의 이름을 적어라.

당신이 잘못했거나 상처를 입힌 사람으로부터 용서를 먼저 구할 수도 있다. 당신에게 상처를 입힌 사람과는 경우가 다르다. 그들은 그들이 용서를 받아야 하고 용서해야 함을 인식하지 못할 수도 있다. 잠시 어떻게 각각의 경우를 해결해야 할지 생각하라.

위에서 이름한 두 사람과의 관계를 위해 하나님의 도우심을 구하는 기도문을 써라.

하루 동안

위에서 적은 사람들을 진정으로 용서하는 구체적인 몇 가지를 실천하라.

다섯째 주 그룹 모임

도 입

바울은 빌립보 사람들에게 "오직 너희는 그리스도의 복음에 합당하게 생활하라"(빌 1:27)고 충고했다. 흠정역 성경에서 사용된 엘리자베스 (Elizabeth) 시대의 *生活*을 의미하는 단어는 *대화*이다. 우리들 대부분이 이와 같은 의도적인 모임에서 이루어지는 대화의 활발한 잠재력을 보게 될 것이다. 삶은 하나님과 교통하고 또 다른 사람들과 대화하는 데 있음을 발견한다.

삶을 나눈다는 깊은 의미를 가지고 서로 듣고 말하는 것은 쉽지 않다. 이번 주 우리의 강조는 사랑이었다. 우리 모두 깊은 사랑의 경험이 있다: 사랑 받고, 사랑에 빠지고, 스스로를 사랑하지 못하고, 말하기 쉽지 않은 깊은 경험들. 그래서 듣고 우리가 듣는 것에 반응하는 것은 매우 중요하다. 다른 사람들의 말을 진정으로 듣는 것은 그들이 분명하게 생각하고 바른 견해를 얻도록 도와 주는 것이다. 그것은 치유의 과정에 공헌할 수도 있다. 그래서 듣는 것은 사랑의 행위이다. 우리가 진중하게 경청할 때, 그것은 상대방에게 "내가 당신이 말하는 것을 듣고, 당신의 말을 받아들이듯 당신도 받아들일 것이오"라고 하며 우리를 그에게 내어 주는 것이다. 우리가 영향을 끼치도록 말할 때, 우리는 다른 사람들을 위해서 말하는 것이다; 그래서 우리는 온전함의 과정에 기여하고 있는 것이다.

함께 나누기

1. 6-8분 동안 바울이 구별해 놓은 육체와 성령의 차이를 토론하라.
2. 8-10분 동안 다음 주장에 대해 이야기하라: "십자가는 그리스도인

이 어떻게 사랑해야 하는지를 규정하는 것이다."

3. 두세 사람에게 십자가의 사랑을 실천하는 사람이라고 생각되는 사람의 이름과 그에 대해 묘사하도록 청하라.

4. 〈셋째 날〉의 〈묵상하고 기록하기〉에서 "당신의 전기를 기록할 작가가 당신의 삶에 대해 무엇을 기록하기를 원하는가?"라는 질문을 했다. 두세 사람에게 그 대답을 나누기를 청하라.

5. 당신은 또한 "당신의 전기 작가가 써 주기를 바라지만, 당신이 아직 미치지 못한 부분은 무엇인가?"라는 질문도 받았다. 이 질문의 답도 나누어라.

6. 10-15분 동안 어떻게 우리가 올바르지만 행동은 잘못할 수 있는지에 대해 토의하라. 사람들을 거슬리지 않게 예를 들어라. 자신의 이야기를 하라. 당신의 덕목의 삶이나 선함의 추구로 인해 사랑하지 못한 적은 없었는가? 그리스도인의 믿음에 대한 지식이 경험적 증거(당신과 다른 사람들 사이의 사랑)보다 더 확신을 주는가?

7. 사람들에게 무조건적인 사랑의 경험을 나누게 권하라.

8. 방금 나눈 이러한 경험이 은혜와는 어떤 관련이 있는가에 대해 토의하라. 같은 방식으로 그리스도의 사랑의 경험을 증거할 사람이 있는가?

함께 기도하기

매주 갖는 이 나눔의 시간은 실제로 "기도 모임"이다. 우리가 함께 예수님의 이름으로 모이는 곳에 예수님이 함께 하신다. 우리는 사랑으로 서로를 경청한다. 우리가 나눌 때, 우리는 서로 사랑하고 예수님의 이름과 그분의 영 안에서 만났기 때문에 우리가 솔직할 수 있음을 믿는다. 그래서 나눔의 시간에 걸쳐 당신은 이미 합심하여 기도했다는 의미가 된다. 그러나 이미 언급한 것처럼 다른 동료들 앞에서 하나님께 생각과 감정을 언어로 표현하는 것은 능력이 있다. 이제 그것을 실천하라.

1. 인도자가 각 사람의 이름을 약간의 시간 간격을 두고 차례차례 부르면 각 사람을 위해 그가 나눈 내용에 초점을 두고 기도한다. 이것은 "주님, _____가 용서받았다는 확신을 갖게 하시니 감사합니다" 또는 "사랑의 하나님, _____에게 그의 삶에서 잃었다고 느꼈던 것에 방향 감각을 주시니 감사합니다"라는 식으로 간단해야 한다(인도자는 자신의 이름도 부르는 것을 잊지 말라).

2. 모든 참석자가 다 이름을 부르면서 기도를 마치면, 조용히 앉아 공동체 안에서 우리의 사랑의 힘에 마음을 열어라. 서로 염려해 주는 사람들과의 연합을 즐겨라.

여섯째 주

희락과 화평

첫째 날

말과 어조

마크 트웨인(Mark Twain)의 아내는 그 남편의 생생한 언어의 연발을 주의시키려고 애썼다. 어느 날 아침 그가 면도하다가 얼굴을 베자 그는 큰 소리로 욕을 했다. 그가 욕하기를 멈추자 그의 아내는 그에게 창피함을 느끼라는 의도로 그대로 따라 했다. 트웨인이 아내가 따라 한 것을 듣고는, "당신은 말은 따라 했지만, 그 어조를 터득하려면 멀었어"라고 했다.

그녀에게는 다행이다. 그녀의 상황이 많은 그리스도인의 상태를 시사한다. 우리가 말은 안다. 그러나 그 어조를 터득해야 한다. 그리스도인인 우리는 성령을 받은 자들이다. 새로운 힘, 새로운 행동, 새로운 삶이 가능하다. 그러나 그것은 자동적으로 되는 것이 아니다.

성령과 내주하시는 그리스도가 한 분이심을 발견하는 때는 우리의 삶에서 위대한 날이다. 그것은 성경에 기록되어 있고 예수님의 말씀에서도 명백하다.

> 너희가 나를 사랑하면 나의 계명을 지키라. 내가 아버지께 구하겠으니, 그가 또 다른 보혜사를 너희에게 주사 영원토록 너희와 함께 있게 하시리니, 저는 진리의 영이라. 세상은 능히 저를 받지 못하나니, 이는 저를 보지도 못하고, 알지도 못함이라. 그러나 너희는 저를 아나니, 저는 너희와 함께 거하심이요, 또 너희 속에 계시겠음이라. 내가 너희를 고아와 같이 버려 두지 아니하고, 너희에게로 오리라. 조금 있으면 세상은 다시 나를 보지 못할 터이로되, 너희는 나를 보리니, 이는 내가 살았고, 너희도 살겠음이라. 그 날에는 내가 아버지 안에, 너희가 내 안에, 내가 너희 안에 있는 것을 너희가 알리라.
>
> 요한복음 14:15-20

이 가르침의 배경은 예수님이 말씀하시는 것이 무엇인지를 이해하고 적용할 수 있게 도와 준다. 예수님은 자신의 죽음을 대비해 제자들을 준비시키시는 중이다. 그분은 제자들에게 자신은 사라질 것이고, 그들을 위한 처소를 예비하시며, 다시 와서 "너희를 영접하여 나 있는 곳에 너희도 있게 하리라"(요 14:3)고 말씀하신다. 도마가 그 모든 일이 어떻게 일어날지 묻는다. "주여, 어디로 가시는지 우리가 알지 못하거늘, 그 길을 어찌 알겠삽나이까?"(요 14:5). 예수님은 "내가 곧 길이요, 진리요, 생명이니, 나로 말미암지 않고는 아버지께로 올 자가 없느니라"(6절)고 말씀하시며 자신에 대해 가르치신다.

빌립이 더욱 놀라서 "주여, 아버지를 우리에게 보여 주옵소서. 그리하면 족하겠나이다"(8절)라고 간청한다. 이제 예수님은 그가 아버지와 하나이심을 말씀하신다.

> 예수께서 가라사대, 빌립아, 내가 이렇게 오래 너희와 함께 있으되, 네가 나를 알지 못하느냐? 나를 본 자는 아버지를 보았거늘, 어찌하여 아버지를 보이라 하느냐? 나는 아버지 안에 있고, 아버지는 내 안에 계신 것을 네가 믿지 아니하느냐? 내가 너희에게 이르는 말이 스스로 하는 것이 아니라, 아버지께서 내 안에 계셔 그의 일을 하시는 것이라.
>
> 요한복음 14:9-10

예수님은 이러한 비밀을 말씀하신 뒤에, 자신의 죽음과 부활에 대해 계속 말씀하시며, 그분은 우리를 홀로 두시지 않고, 영원히 우리와 함께 하실 변호사, 보혜사를 보내겠다고 약속하신다. 예수님은 성령의 은혜를 말씀하시고, 바로 자신이 성령과 한 분이심을 말씀하신다. "내가 너희를 고아와 같이 버려 두지 아니하고 너희에게로 오리라"(18절).

말과 어조는 동시에 나온다. 예수님은 하나님의 계시이시고, 성령이 사람의 몸을 입으신 것이다. 우리에게 구원자로 예수님을 영접할 믿음을 주셨던 성령은 우리 안에 내주하시는 영이다. 그분은 지금도 우리와 함께 계셔서 주님이신 예수님께 헌신할 믿음과 의지를 우리에게 공급하신다. 그분은 지금 우리와 함께 계셔서, 우리가 "성령의 열매," 즉 우리 안에 그리스도가 살아 계시다는 증거를 맺게 하신다.

말과 어조는 동시에 나온다. 어조는 기쁨이다. 『정통신앙』(Orthodoxy)에서 체스터턴(G. K. Chesterton)은 "기쁨은...그리스도인의 가장 큰 비밀이다"(298쪽)라고 말했다. 여기 메리 루 카니(Mary lou Carney)가 『영적 수확』(Spritual Harvest)이란 책에서 묘사한 한 사람이 있다.

이나 오그든(Ina Ogdon)은 그녀의 비단 드레스를 가방에 접어 넣었다. 그 아름다운 리본과 섬세한 레이스가 그녀의 손가락에서 어색하게 느껴졌다. 그녀는 어제 받은 전보를 다시 읽었다, "아버지가 편찮으시다. 집으로 돌아오라." 찬사하는 청중의 환호가 다시 그녀의 귀에 가득 밀려올 때, 그녀는 눈물을 흘렸다.

이나 오그든은 재능 있고 개성 있는 여자였다. 그녀의 목소리, 그녀의 무대 출현, 그리고 화려한 출발 등 모든 것이 무대에서의 대단한 미래를 보장했다. 그 때 인생을 바꾸고, 꿈을 부숴뜨리는 전보가 왔다.

그래서 그녀는 병든 아버지를 돌보기 위해 집으로 갔다. 이나의 무대는 이제 부엌과 병실이었다. 그녀의 청중은 가족뿐....그리고 그녀의 노래는? 그것이 그녀의 영혼의 비참함 속으로 시들어 버렸나? 천만에! 그녀는 그녀의 등불을 빛나게 했다. 무대의 화려한 조명이 없을지라도, 그녀는 무조건적인 기쁨의 교훈을 배웠고, 또한 주변 사람들에게 전파하며 가르쳤다.

그러던 1913년, 이나 오그든은 그녀의 신념을 시의 형식에 담아 "당신이 있는 한 모퉁이를 밝히라"는 복음 성가를 지었다. 그 성가의 합창 부분은 교훈을 준다:

당신이 있는 한 모퉁이를 밝혀라.
당신이 있는 한 모퉁이를 밝혀라.
항구에서 멀리 있는 누군가를

당신이 안전한 곳으로 인도할 수도 있으리.
당신이 있는 한 모퉁이를 밝혀라!

　뉴욕의 시라큐스(Syracuse)에서 열린 대 집회에서 처음으로 불려진
후 그 노래는 즉각적으로 널리 호응을 얻었다. 한 개인의 무대에서 공연
하는 대중의 기쁨을 떠났던 소녀가 곧 각처의 사람들의 입술에서 그녀
의 음색을 찾아냈다.

카니, 36-37쪽

기쁨은 그리스도인의 거대한 비밀이다.

묵상하고 기록하기

　잠시 "성령의 열매"는 그리스도가 우리 안에 살아 계신다는 증거라는
사실을 묵상하라.

　아래에 "성령의 열매"를 나열해 놓았다. 당신의 삶에서 가장 두드러진
것에 ∨표를 하라.

사랑　　희락　　화평　　오래 참음

자비　　양선　　충성　　온유　　절제

　잠시 이 열매들이 당신의 삶에서 어떻게 자라났는지 생각하라. 당신은
그것이 자라도록 무엇을 했는가? 그 열매는 당신 안에 그리스도가 살아
계심을 어떻게 드러내는가?

당신 안에 자라난 열매를 인하여 감사의 기도와 자라기 시작할 다른
열매를 위해 기도하라.

하루 동안

오늘 사람들을 볼 때 누가 그리스도인의 거대한 비밀인 기쁨을 갖고
있는지 살펴보라. 또 당신의 태도와 행동에도 주의를 기울여 보라. 당신
이 위에서 V표를 한 것 이외의 "성령의 열매"의 표시가 보이는지 주의해
보라.

둘째 날

충만한 기쁨--우리는 원하지 않는가?

> 너희가 과실을 많이 맺으면 내 아버지께서 영광을 받으실 것이요, 너희가
> 내 제자가 되리라. 아버지께서 나를 사랑하신 것 같이 나도 너희를 사랑하였
> 으니, 나의 사랑 안에 거하라. 내가 아버지의 계명을 지켜 그의 사랑 안에
> 거하는 것 같이, 너희도 내 계명을 지키면 내 사랑 안에 거하리라. 내가 이것
> 을 너희에게 이름은 내 기쁨이 너희 안에 있어 너희 기쁨을 충만하게 하려
> 함이니라.
>
> 요한복음 15:8-11

1997년 초 세상은 스코틀랜드에서 나온 뉴스로 충격을 받았다. 스코틀

랜드의 생물학자, 이완 윌뮤트(Ian Wilmut) 박사와 케이스 켐벨(Keith Campbell)박사가 최초의 복제 양 "돌리"(Dolly)를 만들어 냈다.

과학계 뿐 아니라 일반 대중들도 소용돌이에 빠졌다. 이것은 무엇을 의미하는가? 인간의 복제도 가능한 것인가? 도덕적, 윤리적, 영적으로 시사하는 것은 무엇인가? 우리가 성인 인간을 복제할 능력을 곧 갖게 될 때, 그 암시하는 것은 정신이 번쩍 들고 심장이 멎는 일이다.

엘렌 굿맨(Ellen Goodman)은 "우리는 양의 복제로부터 도덕적 교훈을 얻는다"라는 제목의 신문의 칼럼에서 냉정하고 지각 있는 말로 결론을 맺었다:

> 만일 내게 돌리의 세상에서 어떤 희소식이라도 찾으라고 한다면 복제 논쟁이 자연이냐 양육이냐에 관한 현재의 논쟁의 실마리를 주는 데 도움이 될지도 모른다는 것이다.
>
> 최근에, 우리는 모든 것의 생물학적 기초에 매료되어 유전 인자가 우리의 운명이라는 신념으로 인도해 주는 것 같다. 좀 비뚤어진 방법이기는 하지만, 돌리는 사람들이 단지 잉태되는 것이 아니라 양육되는 것임을 우리에게 기억하게 해 줄지 모른다. 우리는 유전의 지배와 환경의 영향 속에서 만들어지는 존재이다. 핵심은 우리가 생물학적인 것은 복제할 수 있으나 진정한 인간은 복제할 수 없다는 것이다. 7개월이 된 후에 돌리는 죽었다.
>
> 굿맨, 13쪽 상

기쁨을 복제할 가능성은 없다. 그것은 각 사람에게 독특한 경험이다. 그러나 우리가 누구이든지, 어디에 있든지, 기쁨은 우리의 것이 될 수 있다. 그것은 예수님의 약속이다. 그것은 복제의 문제가 아니라 거함... 즉, 그리스도 안에 거하는 문제이다. 오늘 첫 부분에 인용한 요한복음 15장은 예수님의 포도나무와 가지의 비유로 시작된다. 예수님은 하나님이 누구이시고, 자신이 하나님과 어떤 관계인지를 우리에게 말씀하신다:

"내가 참 포도나무요, 내 아버지는 그 농부라"(1절). 그리고 나서 예수님은 자신이 누구이시고 우리가 그분과 어떤 관계인지를 말씀하신다: "나는 포도나무요, 너희는 가지니"(5절). 농부는 포도나무에게 생명을 주고, 포도나무는 가지에게 생명을 준다. 그리고 그들은 모두 연결되어 있다. 그래서 예수님은 가지가 포도나무에 붙어 있는 것처럼 우리가 그분에게 붙어 있어야 한다고 말씀하신다. 그렇게 하면 우리는 예수님의 사랑 안에 거하게 되고, 기쁨은 우리의 것이 될 것이다. "내가 이것을 너희에게 이름은 내 기쁨이 너희 안에 있어 너희 기쁨을 충만하게 하려 함이라"(11절).

우리의 기쁨은 그리스도 안에 거하느냐에 달려 있다. 자기 중심은 우리가 그 안에 거하는 데 장벽이 된다. 우리의 기본적인 문제는 우리의 존재의 중심에 하나님이 계시지 않고, 그 자리에 자기 이익, 자기를 섬김, 자기 숭배가 차지해 있다는 것이다.

다시 복제의 문제로 돌아가자. 생물 윤리학자들은 자기 복제를 상상할 수 있는 가장 도취적인 행위라고 기술한다. 자아 도취적 행위의 극단적인 가능성이 자기를 군주로 지키려는 것이라고 한다면 지나친 비약인가? 우리는 하나님의 피조물이다. 우리의 성품은 하나님의 사랑으로 양육될 때만이 가장 적합하게 발현된다. 우리가 우리의 삶을 우리 방식대로, 즉 자신의 이익에 지배되어 경영하고자 할 때 우리는 오직 하나님으로부터만 나오는 기쁨과 사랑의 흐름에서 분리될 뿐이다.

묵상하고 기록하기

아래에 "성령의 열매"를 나열해 놓았다. 어제 한 것처럼 당신의 삶에서 가장 두드러진 것에 ∨표를 하라.

사랑   희락   화평   오래 참음
자비   양선   충성   온유   절제

다시 위의 항목을 보고 *가장 희미한* "열매" 둘에 동그라미를 하라.

잠시 이 질문을 생각하라: 나의 삶에서 "성령의 열매"가 없다는 것은 그리스도 안에 거하지 못함과 관련이 있는가?

아래 두 질문에 대답하라:
나는 실제로 어느 정도 그리스도 안에 거하는가?

나는 어느 정도까지 정말로 그리스도 안에 거하기를 원하는가?

하루 동안

시편 92편 4절, "여호와여, 주의 행사로 나를 기쁘게 하셨으니, 주의 손의 행사를 인하여 내가 높이 부르리이다"라는 말씀이 이 책 맨 뒤의 확신 카드에 있다. 그것을 잘라 내어 앞으로 며칠 지니고 다니라. 반복하여 읽고 암송하라. 이 말씀을 하나님의 일하심과 그리스도와 우리의 관계가 기쁨의 근원임을 상기하는 데 사용하라.

셋째 날

기쁨의 근원--믿음의 산물, 당신의 영혼의 구원

찬송하리로다. 우리 주 예수 그리스도의 아버지 하나님이 그 많으신 긍휼대로 예수 그리스도의 죽은 자 가운데서 부활하심으로 말미암아, 우리를 거듭나게 하사 산 소망이 있게 하시며, 썩지 않고, 더럽지 않고, 쇠하지 아니하는 기업을 잇게 하시나니, 곧 너희를 위하여 하늘에 간직하신 것이라. 너희가 말세에 나타내기로 예비하신 구원을 얻기 위하여 믿음으로 말미암아 하나님의 능력으로 보호하심을 입었나니, 그러므로 너희가 이제 여러 가지 시험을 인하여 잠깐 근심하게 되지 않을 수 없었으나, 오히려 크게 기뻐하도다. 너희 믿음의 시련이 불로 연단하여도 없어질 금보다 더 귀하여, 예수 그리스도의 나타나실 때에 칭찬과 영광과 존귀를 얻게 하려 함이라. 믿음의 결국, 곧 영혼의 구원을 받음이라.

베드로전서 1:3-9

미국의 특급 호텔의 하나인 콜로라도 주의 콜로라도 스프링(Colorado Spring)에 있는 브로드무어(Broadmoore) 가족으로부터 친필의 편지 한 통이 왔다. 그 편지의 주인공은 인디애나 주에 살았다. 아마 그는 사업차 혹은 휴가 중이었는지 모른다. 어찌되었든지 간에 그는 회상에 잠겨 있었고, 우리가 전에 만난 적은 없었지만 그는 나와 교제를 나누기 원했다. 그는 자신이 누구인지 밝히고는 자신의 이야기를 했다.

더남 박사님께,

나는 한 2년 전 완전히 자포자기의 상태로 나의 인생을 바꾸게 될 영적 순례를 시작했습니다. 당신의 책, 특히 워크북 시리즈『살아 있는 기도』(The Workbook of Living Prayer)와『중보기도』(The Workbook of Intercessory Prayer)가 그 순례 내내 생생한 안내자가 되었습니다.

내 인생은 술로 망가졌고, 가족, 기쁨, 돈, 심지어 목숨까지 잃기 직전에 있었습니다. 몇 번의 자살 시도가 실패로 끝난 후, 하나님은 재활 센타 등 몇몇 기관을 매개로 내게 개입하셨습니다. 그 결과, 나는 하나님을 알게 되었고, 예수님을 알게 되어, 마침내 성령을 알게 되었습니다. 단 하루 밤 사이에 일어난 일이 아니라, 천천히, 그렇지만 확실하게 이루어진 일이었습니다.

나는 엄청나게 〔하나님께〕 감사드립니다. 나의 삶을 회복시켜 주셨고, 나의 가족, 건강, 기쁨을 돌려 주셨습니다. 그리고 내가 결코 상상할 수도 없는 삶의 방식을 보여 주셨습니다.

무엇이 한 사람을 이렇게 변화시켰고, 한 번도 만난 적이 없는 낯선 사람과 시간을 내어 그의 기쁨을 나누게 했는가? 그의 기쁨은 베드로가 말하는 "표현할 수 없는 영광의 기쁨"이었다. 그는 그가 〔그의〕 믿음의 결국, 곧 〔그의〕 영혼의 구원을 받았기"(9절) 때문에 나누어야만 할 충만한 기쁨을 가지고 있었다.

우리의 기쁨의 주된 근원은 우리의 구원에 대한 사실이다. 이 사실을 충분히 묵상하는 사람은 거의 없다. 이것은 아마도 우리의 기쁨이 "충만" 하지 않기 때문일 것이다. 우리가 구원의 기쁨을 모른다면 그것은 우리가 우리의 죄를 깊이 해결하지 않았기 때문일 것이다. 마치 평행선처럼 우리의 슬픔과 죄, 그리고 우리의 기쁨과 성령 사이에는 서로 관련이 있다.

존 베일(John Baille)의『읽는 일기』(A Diary of Readings)에서

블레이즈 파스칼(Blaise Pascal)은 다음의 견해를 말한다. "우리의 비참함을 알지 못한 채 하나님을 아는 것은 자만을 낳는다. 예수 그리스도를 아는 것은 그 해결책이다. 왜냐하면 그 안에서 우리는 하나님과 우리의 비참함을 모두 발견하기 때문이다"(37일).

　누가복음 7장에 부유한 바리새인 시몬이 예수님을 위해 베푼 잔치에 한 "죄인인" 여자가 갑자기 들어온 이야기가 있다. 그것은 충격적인 난입이었다. 그녀는 식탁 주변에 있는 마루 쿠션에 기대어 계신 예수님의 뒤에 서서 울기 시작했다. 그녀의 눈물이 한없이 쏟아져 나와 예수의 발을 적시게 되었고, 그녀는 자신의 머리카락으로 예수님의 발을 닦았다. 이것은 시몬과 다른 사람들 눈에는 분노할 일이었다. 이 거리의 여자는 예수님의 발에 계속 입맞추며 값비싼 향료를 거기에 부었다.

　시몬은 "이 사람이 선지자라면 자신을 만지고 있는 여자가 어떤 부류의 여자인지—그녀는 죄인임—알 것이다"라고 혼자 생각했다(39절). 그러나 그의 생각과는 반대였다. 물론 예수님은 아셨고, 그래서 시몬을 꾸중하셨다.

> 여자를 돌아보시며 시몬에게 이르시되, 이 여자를 보느냐? 내가 네 집에 들어오매 너는 내 발 씻을 물도 주지 아니하였으되, 이 여자는 눈물로 내 발을 적시고, 그 머리털로 씻었으며, 너는 내게 입맞추지 아니하였으되, 저는 내가 들어올 때로부터 내 발에 입맞추기를 그치지 아니하였으며, 너는 내 머리에 감람유도 붓지 아니하였으되, 저는 향유를 내 발에 부었느니라. 이러므로 내가 네게 말하노니, 저의 많은 죄가 사하여졌도다. 이는 저의 사랑함이 많음이라. 사함을 받은 일이 적은 자는 적게 사랑하느니라.
>
> 누가복음 7:44-47

　이 여인은 기쁨이 가득했고 가진 것을 모두 드렸다. 그녀는 그녀가 초대받지도 환영받지도 못할 곳까지 먼저 찾아가서 예수님을 만났다. 그녀

의 죄의 깊이와 예수님의 용서의 폭을 아는 자의 담대함으로 그녀는 사랑
과 감사를 쏟아 부었다.

묵상하고 기록하기

언제 마지막으로 다른 사람과 구원의 기쁨을 나누었는가? 여기에 적
어라.

언제:

누구와:

잠시 다음 질문을 묵상하라:
당신은 당신의 기쁨을 나눌 때 어떤 감정을 경험했는가?

당신과 나눈 사람의 반응은 어떠했는가?

이제 다음 질문들을 묵상하라:
당신이 구원받은 것이 당신에게 기쁨을 줄 만큼 생생한가?
그렇다면 왜 그 기쁨을 다른 사람들과 더 자주 나누지 않았는가?

하루 동안

예수님과의 교제에서 오는 기쁨을 나눌 사람을 찾아 보라. 계속 시편 92편 4절 말씀을 읽고 암송하여 스스로에게 상기시켜라.

넷째 날

기쁨의 근원: 우리의 모든 필요가 채워질 것이다

주 안에서 항상 기뻐하라. 내가 다시 말하노니 기뻐하라. 너희 관용을 모든 사람에게 알게 하라. 주께서 가까우시니라. 아무 것도 염려하지 말고, 오직 모든 일에 기도와 간구로, 너희 구할 것을 감사함으로 하나님께 아뢰라. 그리하면 모든 지각에 뛰어난 하나님의 평강이 그리스도 예수 안에서 너희 마음과 생각을 지키시리라.

빌립보서 4:4-7

바울이 이 편지를 빌립보 사람들에게 쓸 때는 그가 감옥에 있었다. 그러나 이것은 우리 그리스도인에게 영향을 준 그의 가장 두드러진 공헌 중에 하나이다. 감옥에서 자신의 목숨이 위태한 상황에서도 그는 그리스도인의 믿음에 호소력 있고 확신을 주는 논증을 썼다. 이것은 바울의 기쁨이 가장 가득한 편지이다. 그는 빌립보 사람들에게 기뻐할 것을 촉구한다. 단지 찬양과 감사의 행위로 드리는 기쁨이 아니라 늘 기뻐하라고 말한다.

그의 편지 마지막 두 구절은 핵심이며, 기쁨이 가능한 이유 뿐 아니라, 기쁨은 우리가 경험한 것에 합당한 반응이 되어야 하는 이유를 제시한다.

나의 하나님이 그리스도 예수 안에서 영광 가운데 그 풍성한 대로 너희 모든 쓸 것을 채우시리라. 하나님 곧 우리 아버지께 세세 무궁토록 영광을 돌릴지어다. 아멘.

빌립보서 4:19-20

이것은 하나님이 우리의 모든 필요를 "그리스도 예수 안에서 영광 가운데 그 풍성한 대로" 공급하시리란 것을 담대히 믿는 것이다. 행복과 기쁨의 한 가지 차이는 행복은 환경—우리 주변에서 일어나는 일—에 좌우된다. 기쁨은 더 깊이가 있다. 그것은 환경에 좌우되는 것이 아니라, 헌신과 신뢰에 달려 있다.

기쁨의 큰 적은 자기 연민이다. 자기 연민을 해결하는 것은 하나님이 우리의 모든 필요를 채우시리라는 것을 확신하는 것이다. 우리의 그 확신이 부족한 만큼 우리의 기쁨의 정도도 제한된다.

당신은 히브리 역사에서 엘리야의 이야기를 기억하는가? 그는 하나님이 더 이상 그를 보살피지 않으신다고 생각하자, 자기 연민에 휩싸여 버렸다. 그것은 이세벨이 그를 죽이고자 군인들을 보냈다는 소식을 들었을 때 일어난 일이다(왕상 19:1-2). 그는 얼마나 빨리 모든 것을 잊었는지. 하나님은 비를 내리지 마시라는 그의 요청에 응답하심으로, 직접적이고 초자연적인 보살핌으로 개입하셨다(왕상 17:1). 하나님은 그를 1년 동안 까마귀를 통해서 먹이시고(왕상 17:6), 과부를 통해 그를 적으로부터 숨겨 주셨다(왕상 17:9). 또 모든 바알 선지자들은 그들의 신으로부터 아무 응답도 듣지 못했을 때 그의 제단에 불을 내려보내심으로 그분의 신실함을 증명하셨다(왕상 18:38).

그는 얼마나 빨리 잊었는지. 그래서 이세벨이 그를 쫓아왔을 때 그는 자기 연민에 항복하고 말았다. 그의 사역에서 즉각적이고 눈에 보이는 결과가 없을 때 그는 깊은 의기소침 속에 빠져들었다.

"여호와여, 넉넉하오니 지금 내 생명을 취하옵소서. 나는 내 열조보다 낫지 못하나이다"(왕상 19:4). 우리는 얼마나 빨리 망각하는지!

하나님은 항상 우리가 바라는 대로 일하시지 않음을 엘리야는 발견했다. 그것은 하나님이 일하시지 않는다는 뜻이 아니다. 우리의 기쁨은 하나님이 일하시는 방법이나 우리의 욕망과 계획대로 일하시느냐에 달려 있지 않다. 하나님이 일하신다는 *사실*에 있는 것이다. 엘리야에게 하나님은 지진이나 바람이나 불 속에 계시지 않고, 세미한 음성 중에 계셨다.

묵상하고 기록하기

하나님이 당신의 필요를 채우셨던 경우를 회상하여 기록하라. 당신의 삶에서 어떤 일이 있었는지 경험한 것을 적어라. 당신의 필요는 무엇이었는가? 그 필요가 어떻게 채워졌는가? 당신의 느낌과 반응은 어떠했는가?

당신은 지금 왜 하나님은 도우시거나 간섭하시지 않는지 의심하면서 어떤 특별한 문제와 필요들로 갈등하는가? 기도했는데도 응답은 없어 보인다. 위에서 기록한 당신의 경험이 지금 진행 중인 상황에 어떻게 대처해야 하는지에 대한 열쇠를 주고 있는가?

다음 글에 표현된 확신을 확인하거나 추구하는 데 시간을 보내라: *우리의 기쁨은 하나님이 어떻게 일하시는가에 있지 않고 그분이 일하신다는 사실에 있다.*

하루 동안

빌립보서 4장 19절과 20절이 확신 카드에 인쇄되어 있다. 그것을 오려 내어 당신의 시선이 자주 가는 곳에 붙여 놓아라. 그것을 읽고 그 약속을 주장하고; 당신이 이번 주 뿐 아니라 앞으로도 그것을 마음에 간직할 수 있도록 암송하라.

다섯째 날

희락과 화평 : 순종 대 의무

> 지존자여, 십현금과 비파와 수금의 정숙한 소리로 여호와께 감사하며, 주의 이름을 찬양하며, 아침에 주의 인자하심을 나타내며, 밤마다 주의 성실하심을 베풂이 좋으니이다. 여호와여, 주의 행사로 나를 기쁘게 하셨으니, 주의 손의 행사를 인하여 내가 높이 부르리이다. 여호와여, 주의 행사가 어찌 그리 크신지요! 주의 생각이 심히 깊으시니이다. 우준한 자는 알지 못하며, 무지한 자도 이를 깨닫지 못하나이다. 악인은 풀 같이 생장하고, 죄악을 행하는 자는 흥왕할지라도 영원히 멸망하리이다. 여호와여, 주는 영원토록 지존하시니이다.
>
> 시편 92:1-8

성령의 열매는 각각 독립적인 것이 아니다. 이것들은 의미와 표현에서 서로 중복된다. 어떤 것들은 특별한 연관이 있다. 희락(기쁨)과 화평(평강)은 함께 온다. 그 둘 다 환경에 의존하지 않는다. 둘 다 순종의 산물이다.

우리는 순종과 의무는 같은 것이 아님을 늘 염두에 두어야 한다. 우리는 의무에 사로잡히지 않고도 순종할 수 있다. 기쁨이 그리스도의 사랑

안에 거하는 데서 오듯이, 평강은 우리의 마음과 생각을 예수 그리스도 안에 모을 때 생긴다. 빌립보서 4장 7절은 "그리하면 모든 지각에 뛰어난 하나님의 평강이 그리스도 예수 안에서 너희 마음과 생각을 지키시리라"고 말한다.

우리의 기쁨의 근원이 우리가 구원받았다는 것과 우리의 모든 필요가 채워지리라는 확신에 있는 것처럼 우리의 평강도 마찬가지이다.

셀윈 휴즈(Selwyn Hughes)의 책 『그리스도인의 생활 방식』(How to Live the Christian Life)에서 그는 목사인 한 친구가 의사의 사무실의 접수 창구 직원을 만난 이야기를 한다. 그 목사가 의사와 예약하는 동안 그는 그 접수원에게 그의 교회를 방문하라고 초대했다. 그는 그녀의 반응에 너무 놀랐다. 그녀는 매주 월요일 아침 병원에 와서 진정제를 타기 위해 줄을 서서 기다리는 그 많은 교인들을 보며 도대체 교회가 무슨 역할을 했는지 의심이 간다고 했다.

목사가 휴즈에게 그 이야기를 할 때, 그의 눈에는 눈물이 고였다. 그러면서 그는 "셀윈, 그것이 사실이기에 더욱 가슴 아픈 일이라네"라고 말했다. 그 일을 회상하면서 휴즈는 이렇게 썼다:

> 그리스도인으로서 풍성한 삶을 산다면, 어떻게 그렇게 많은 우리들에게 그 삶이 최고라는 증거가 그렇게 적을까? 하나님이 우리의 아버지이시고, 모든 것을 합하여 선을 이루신다고 말하면서도, 우리는 여전히 맨 처음에 고난당할 때처럼 그렇게 공포 속에 빠져버린다. 우리는 그리스도가 우리의 삶의 주인이시라고 하지만, 우리의 권리가 무시당할 때 우리는 우리의 행동으로 진정 명령하는 자가 누구인지 드러낸다. 우리는 평강에 대해 경건하게 말하지만, 비극적인 일을 당할 때 우리의 평화는 산산이 부서진다. 우리는 용서에 대해 설교하지만, 다른 사람이 우리에게 상처를 주면 두고 보자고 한다.
>
> 휴즈, 14-15쪽

우리가 고백하는 것과 살아가는 모습 사이의 간격은 좁혀져야 한다. 우리가 말하듯이 평강은 하나님의 용서를 우리 삶에 받아들인 결과라면, 우리는 그것을 늘 인식하고 있어야 하며, 우리의 모든 관계 속에서도 용서를 실천해야 한다.

한 친구가 우리와 이 이야기를 나누었다. 그것은 가족 간의 다툼이었다. 두 자매가 오해로 너무나 심각하게 틀어져 있었다. 그 이야기를 한 자매는 그녀의 분노가 지난 세월의 삶을 어둡게 했고, 아름다운 것은 내부에서 사그라 들었다고 털어놓았다. 그녀는 언니만 상처를 입은 것이 아니라, 자신도 상처를 입었다고 했다. 그 다음 주일에 예배의 성경 말씀이 그녀의 마음과 생각을 사로잡았다: "너희가 사람의 과실을 용서하면 너희 천부께서도 너희 과실을 용서하시려니와, 너희가 사람의 과실을 용서하지 아니하면 너희 아버지께서도 너희 과실을 용서하지 아니하시리라"(마 6:14-15).

그 날 오후 그녀는 언니에게 편지를 썼다. 그 편지는 사랑과 용서 그리고 화해로 가득했다. 그녀는 "내가 그 편지를 우체통에 넣었을 때, 마치 내 안에서 수천 번의 '할렐루야'를 노래하는 것 같았죠. 세상은 다시 아름다웠고, 나는 몇 년 만에 처음으로 살아 있다는 느낌을 가졌어요"라고 말했다.

평강과 기쁨!

묵상하고 기록하기

당신이 아는 사람 중에 누가 가장 평강한 사람인가? 그 이름을 적어라.

당신이 이 사람을 알고 관찰할 때 무엇이 그의 평강의 근원인가? 그에 대한 것을 써라.

당신과 이 사람을 비교할 때, 당신의 삶에서 부족한 것, 어쩌면 당신에게서 평강을 빼앗은 것은 무엇인가? 그에 대해 써라.

이 말을 묵상하라: 평강은 우리의 마음과 생각이 예수 그리스도 안에 모아질 때만 찾아온다.

하루 동안

시편 92편 4절을 암송했는가? 빌립보서 4장 19절과 20절을 잘 보이는 곳에 두고, 하나님이 예수 그리스도 안에서 우리의 모든 필요를 채우실 것임을 상기하는가? 매일 이 두 말씀의 주장과 약속에 깊이 잠기라.

여섯째 날

화평(평강): 환경과 상관 없는 하나님의 임재

그 날에 유다 땅에서 이 노래를 부르리라. 우리에게 견고한 성읍이 있음이여, 여호와께서 구원으로 성과 곽을 삼으시리로다. 너희는 문들을 열고, 신

을 지키는 의로운 나라로 들어오게 할지어다. 주께서 심지가 견고한 자를
평강에 평강으로 지키시리니, 이는 그가 주를 의뢰함이니이다. 너희는 여호
와를 영원히 의뢰하라. 주 여호와는 영원한 반석이심이로다.

이사야 26:1-4

흠정역 영어 성경은 이 구절의 이해를 쉽게 해 줄 것 같다. "항상 주님
을 의지하며 사는 사람들에게 주께서 언제나 평강을 주실 것이다"(3절).
평강은 어떠한 상황에서도 하나님의 임재의 확실성에 근거한다. 우리는
당신이 경험한 것처럼 그것을 다음과 같이 본다:

- 죽음의 그림자가 드리워진 어두운 골짜기를 걷는 사람, 하지만 한
  줄기 빛을 발하는 평강이 있는 사람;
- 약한 사람을 미치게 만들 끔찍한 환경에 살면서도 고요한 힘으로
  그 소용돌이를 견디어 내는 사람;
- 다른 사람들은 이리 저리 해야 할 일, 병든 아내, 반항적인 십대에
  끌려다니는데, 이 사람은 어떻게 "갈기갈기 휘둘리지" 않는지 당신
  은 의아해 한다. 그리고 나서 그 이유를 발견한다. 당신은 그의 마
  음이 하나님을 의지하고 있기 때문에 평강을 유지한다는 것을 알게
  된다.

내 친구 하나는 감리교 목사의 아내이다. 그녀의 삶은 어떠한 환경에
서도 하나님의 임재의 확신의 결과인 평강, 내가 아는 사람 중에서 가장
강력한 그러한 평강의 증인이다.

1991년 새해 첫날 그녀와 열 살 난 딸이 친구들과 성탄절 휴가를 보내
고 집으로 향했다. 그녀는 돌아야 할 지점을 모르고 지나쳐서, 잘 모르는
길이지만 다음 길로 가기로 결정했다. 그녀가 언덕을 가는 데 멈춤 표지
판이 있었다. 너무 빨리 달리고 있어서 멈출 수 없었고, 교차로를 통과하

여 18개의 바퀴가 있는 화물 트레일러 밑으로 들어갔다. 그녀의 딸 카리
(Kari)는 약간의 찰과상과 충격만 받았지만, 로베르타(Roverta)는 척
추가 손상되어 목 아래부터 마비되었다. 갈비뼈도 부러졌고, 폐도 손상
을 입었다. 첫째 주에 그녀는 세 가지 수술을 받았다. 처음에는 단지 눈
만 움직일 수 있었다.

의사는 그녀의 남편에게 그녀가 오히려 죽는 것이 나을 수도 있다고
했다. 산다면 침대에만 누워 호흡기의 도움으로 사는 식물 인간이 될 것
이라고 했다. 그 이야기를 하면서 "그 의사는 나의 남편이 장애인인 아내
에 매여 살기에는 너무 젊었기에, 어떤 '해결책'을 제시했다고 하더군요.
그러나 남편은 나의 생명을 택했죠"라고 그녀는 말했다.

그것이 7년 전이었다. 그 시간은 고통과 갈등, 입원, 연이은 수술로
채워진 세월이었다. 목에 깁스를 한 체 휠체어를 타고, 오른쪽 팔목에
부목을 대러 왔다. 그 부목의 도움으로 전화도 쓰고, 컴퓨터도 사용하고,
스스로 밥도 먹는다.

교회에서 연설하고 각종 할 수 있는 모든 선교 사역을 하는 그녀에 대
한 신문 기사를 읽고 난 후, 나는 그녀에게 편지를 썼다. 그녀는 답하기
를 "나의 가족은 다른 가족과 같습니다. 우리는 쇼핑하고, 영화관에 가
며, 외식도 하고, 휴가도 가지요. 그러나 하나님의 은혜로 나는 목사의
아내이고, 엄마이며, 간호사(일을 하지는 않음)이고, 우리 교회에서는
평신도 강사이며, 교회 학교 교사이고, 감리교 여성회의 적극적인 회원
입니다. 나는 지속적으로 나의 신체의 치유를 위해 기도하지만, 하나님
께서 내 안에서 나를 통해서 하신 위대한 영적인 치유를 늘 기억합니다.
그분의 손이 이 모든 과정에서 내 삶에 들어오셨습니다. 나는 그 손을
꼭 잡고 매일 하나님과 함께 '걷기' 때문에 압니다"라고 했다.

묵상하고 기록하기

당신이 버림받았고, 외롭고, 자포 자기 했던 상황―병, 사랑하는 사람의 죽음, 실패, 친구나 직업을 잃음 등을 느낀 때를 회상하라. 그 때의 기억이 생생해지도록 충분히 세밀한 부분까지 기록하라.

당신은 그 경험을 다시 돌아볼 때 하나님의 임재하심을 느꼈는가? 하나님의 임재를 어떻게 느꼈을지라도, 돌이켜 보면 하나님이 거기 계셨고, 일하셨다는 표시가 있는가? 잠시 그 경험과 다음의 말을 묵상하라: 평강은 어떤 환경에서도 하나님이 분명히 임재하신다는 확신의 결과이다.

하루 동안

적어도 평강이 가득한 한 사람을 찾아가서 그에게 그 평강의 근원을 물어 보라.

일곱째 날

하나님의 뜻을 아는 것과 행하는 것

너희가 나를 사랑하면 나의 계명을 지키라. 내가 아버지께 구하겠으니, 그가 또 다른 보혜사를 너희에게 주사 영원토록 너희와 함께 있게 하시리니, 저는 진리의 영이라. 세상은 능히 저를 받지 못하나니, 이는 저를 보지도 못하고 알지도 못함이라. 그러나 너희는 저를 아나니, 저는 너희와 함께 거하심이요, 또 너희 속에 계시겠음이라. 내가 너희를 고아와 같이 버려 두지 아니하고 너희에게로 오리라. 조금 있으면 세상은 다시 나를 보지 못할 터이로되, 너희는 나를 보리니, 이는 내가 살았고, 너희도 살겠음이라. 내가 아직 너희와 함께 있어서 이 말을 너희에게 하였거니와, 보혜사, 곧 아버지께서 내 이름으로 보내실 성령, 그가 너희에게 모든 것을 가르치시고, 내가 너희에게 말한 모든 것을 생각나게 하시리라. 평안을 너희에게 끼치노니, 곧 나의 평안을 너희에게 주노라. 내가 너희에게 주는 것은 세상이 주는 것 같지 아니하니라. 너희는 마음에 근심도 말고 두려워하지도 말라.

요한복음 14:15-19, 25-27

우리의 마음을 예수님 안에 고정시키지 않으면 지속적인 평강은 없다. 우리는 성경 공부를 하고 신학 서적을 읽으며, 설교를 쓰고, 예배를 준비하며, 기도하고, 집회를 영적으로 인도하기를 구하며, 어려운 사람들을 돕고, 많은 사랑과 격려를 주고받는 일들에 시간을 쏟는다. 그러나 우리는 때때로 평강이 없음을 느낀다. 미묘한 틈이 생겨나서 우리는 불안하고, 확신이 없으며, 열매 없는 삶이 된다. 우리는 중심 감각을 잃는다. 가끔 절망의 구름이 우리를 맴돈다. 때때로 우리는 짧게 이러한 어두움과 평강이 없음을 경험한다. 어떤 때는 하루 또는 일주일까지 간다.

그 시간은 우리가 우리의 시선을 예수님께 고정시키지 않고 있는 것을 얼마나 빨리 깨닫느냐에 좌우된다. 우리의 마음은 예수님께 있지 않다.

우리가 우리의 삶에서 무엇으로 예수님을 대신해서 우선 순위로 삼았는지를 발견할 때 우리는 기도와 헌신을 통해서 평강을 회복한다.

이것이 하나님의 임재의 확신을 키우는 첫째 방법이고, 그래서 예수님께 계속 마음을 두면서 그 산물로 평강을 얻는다.

월 켐벨(Will D. Campbell)은 그의 책 『잠자리의 형제』(Brother to a Dragonfly)에서 마음을 예수님께 고정시킨 한 사람의 이야기를 한다.

> 애틀란타의 한 조그마한 감리교인인 틸리(Tilly) 여사에 관한 이야기이다. 그녀는 평생 몸무게가 45킬로그램이 안 되었다. 그녀는 하나님보다 한 여덟 살쯤 젊어 보였다. 그녀는 40년대 50년대에 소위 폭력 방지를 위한 남부 여성회에 가입하여 4만 명의 회원과 힘을 모았다. 그녀는 공립 학교의 분리 정책에 반대하는 활동에 적극 참여했는데, 많은 음란한 전화를 받았고, 점잖은 여자라는 호칭을 제외한 모든 호칭으로 불리웠다. 그녀는 기술자에게 부탁하여 그녀의 전화를 녹음기와 연결시켜 놓고, 밤늦게 걸려 오는 전화에는 바리톤으로 불려지는 노래로 "주기도문"이 자동으로 들려지게 했다. 전화 오는 것이 곧 멈추었다.
>
> 켐벨, 137쪽

대단한 생각이지 않은가! 또 주님께 대한 확신은! 틸리 여사는 분명히 평강을 알았다. 그녀는 자신의 마음을 예수님께 고정시켰다.

그리고 두 번째 깨달음이 있다. 그리스도인의 평강은 하나님의 뜻을 알고 실천하는 것과 함께 온다. 만일 우리가 특별한 영역 혹은 우리의 삶의 관계 가운데로 가라는 명령을 받았는데 그것을 따르지 않았다면, 우리는 평강을 알 수 없다. 우리가 "주님, 제가 무엇을 하기 원하십니까? 제가 어디로 가길 원하십니까? 제가 어떻게 행동하기를 원하십니까?"라고 기도하고, 주님은 우리가 의식적으로 거부한 방향으로 응답하신다면, 우리는 평강을 알지 못할 것이다. 신실한 순종은 평강의 열매에 필수적이다.

이것은 너무 지나치게 들리는 것 같다. 그러나 우리는 우리의 삶에서 하나님께 "활동의 여지"를 드려야 한다. 우리가 여지를 만들고, 기꺼이 하나님이 우리의 삶 속에서 그분이 원하시는 대로 일하시게 해야만 한다. 우리가 아무리 하나님을 잘 안다 해도, 우리는 결코 언제 어떻게 하나님이 행하실지 그리고 무엇을 요구하실지 예측할 수는 없다. 순종은 우리의 즉각적인 반응이어야 한다.

나는 이러한 순종의 태도와 모든 이해를 넘는 평강을 내 친구 아벨(Abel)과 프리다(Freida)의 삶에서 보았다. 지금은 은퇴한 아벨은 남아프리카의 감리교 설교자였다. 그는 인종 차별과 싸웠고, 많은 값을 치르고도, 가난하고 억압받는 사람들 편에 섰다. 나는 그가 압제에 용감히 항거하다가 정부에 의해 투옥된 경우를 기억한다. 나는 그가 풀려난 다음 날 그와 전화 통화를 했다. 나는 나중에 알았지만 그가 신경 쇠약 직전까지 갔다는 것을 몰랐다. 그는 육체적으로 감정적으로 너무 많은 고난을 겪었다. 내가 그와 통화할 때 그는 상당히 감정적이었고 가끔씩 울기도 했다. 그러나 그의 말에는 힘이 있었고 확신에 찼다. "우리는 괜찮을 걸세. 그들이 우리를 감옥에 넣을 수 있고, 우리의 학교를 폐쇄할 수도 있네. 또 계속 인간의 권리를 부정하고 우리를 동물처럼 대할 수도 있네. 하지만 그들이 우리에게서 그리스도 안에 있는 기쁨과 평강을 빼앗을 수는 없을 것이네."

아벨과 프리다의 기쁨과 평강의 비밀이 어디에 있는가? 그들의 마음을 그리스도께 고정시키고 하나님의 뜻을 알고 행하는 데 있다.

묵상하고 기록하기

이번 주의 기쁨과 평강에 대한 묵상을 돌아보고, 잠시 당신의 삶을 다음 질문에 비추어 점검하라. 기쁨과 평강의 열매와 관련하여 당신의 현재 모습을 발견할 때까지 다음 질문으로 넘어가지 말라. 당신의 삶은 그리스도인의 거대한 비밀인 기쁨을 반영하는가?

기쁨이 그리스도 안에 거하는 것에서 온다면, 당신은 그리스도와의 관계가 살아 있도록 필요한 노력과 훈련을 하는가?

당신은 기쁨을 유지할 하나님의 은혜의 경험을 지킬 만큼 자주 당신의 구원의 사실을 마음 속에 되새기고 다른 사람들과 나누는가?

당신은 그리스도와의 관계 속에서 넘쳐나는 기쁨보다 환경에 좌우되는 행복에 너무 집중하지는 않는가?

당신을 아는 사람이 당신은 평강으로 가득하다고 말하는가?

당신은 하나님의 뜻을 알면서도 그 뜻에 응하지 못하는가?

하루 동안

하나님께서 "그분에게 마음을 고정시키는" 자들에게 완전한 평강을 약속하심을 주장하고 그 확신 속에서 살라.

여섯째 주 그룹 모임

도 입

당신은 이 책의 거의 막바지 과정에 이르렀다. 단지 두 주간의 모임이 더 예정되어 있다. 그룹이 앞으로 어떻게 해야 할지 토의하기를 바랄 수도 있다. 그룹이 더 오랜 기간 모이기를 원하는가? 그룹이 함께 사용할 자료(책, 테이프, 정기 간행물)가 있는가? 만일 같은 교회 교인이면, 다른 사람들과 나누었었던 경험들을 나눌 만한 길이 있는가? 그룹이 앞으로의 가능성에 대해 토의하기를 원하는지 확인하라.

그룹의 일원이 되는 것은 책임있는 출석이 요구된다. 그룹에서 몇몇은 "안전 위주"로 가고 솔직하고 속을 드러낼 위험을 피하려는 유혹을 느낀다. 이것은 우리가 기쁨과 평강과 같은 긍정적인 주제를 다룰 때에도 마찬가지이다.

에너지도 문제이다. 듣고 말하는 것은 감정적인 에너지 말고도 육체적인 에너지도 요구된다. 그래서 뒤로 물러나 단지 반만 참여하는, 전적인 참여에 필요한 관심과 초점을 두지 않으려는 유혹이 있다. 우리는 당신에게 이러한 유혹을 이기라고 권고한다. 이 나눔의 시간은 매우 중요하다. 각 사람이 하는 기여를 과소 평가하지 말라.

함께 나누기

1. 인도자가 기도하거나 다른 사람에게 (미리 의논이 된) 기도를 부

탁해서 기도로 시작하라. 그리고 모두가 아는 찬양의 후렴 부분이나 1절과 2절만 부른다.

2. 모든 사람들이 편안하고 신뢰할 수 있을 만큼 오래 함께 했다. 〈첫째 날〉의 〈묵상하고 기록하기〉로 돌아가라. 각 사람에게 그들이 가장 현저하게 생각해서 표시한 "성령의 열매"에 대해 나누고, 어떻게 그 열매가 자라났고, 그것을 키우기 위해 무엇을 했는지를 간단하게 나누어라. 이런 식으로 나누는 것을 자만한 것으로 생각하지 말라.

3. 모든 나눔을 잠시 중단하고 특별히 초점을 둔 기도를 하라. 누군가에게 개인의 삶의 열매가 그리스도가 살아 계심을 드러냄이고, 이 그룹에서 또 이 세상에서 그 열매의 역할을 인해 감사하는 기도를 하도록 부탁하라.

4. 〈둘째 날〉의 〈묵상하고 기록하기〉에서 당신에게 가장 희미한 "성령의 열매"를 표시하게 했다. 4-5분 동안 이러한 "성령의 열매"가 없는 것과 그리스도 안에 거하지 못하는 것과 어떻게 연관되는지 토의하라.

5. 〈셋째 날〉의 블레이즈 파스칼의 인용문을 읽도록 누군가에게 부탁하라. 4-5분 동안 이 주장과 어떻게 우리가 그리스도 안에서 우리의 죄인됨을 깨닫는지 토의하라.

6. 한두 사람에게 "구원의 기쁨"을 나누도록 부탁하라.

7. 5-8분 동안 기쁨과 평강의 원천이 우리의 구원의 사실과 우리의 모든 필요가 채워지리라는 확신이라는 것에 대해 이야기하라.

8. 자원하는 사람에게 평강이 부족하고 그들이 빼앗긴 평강이 무엇인지 나누게 하라.

9. 누군가가 나누면, 그 후 1-2분 동안 조용히 그 사람을 위해 기도하라.

10. 시간을 잘 배분하여 〈일곱째 날〉의 질문을 읽고 각각에 대해 토의하라.

함께 기도하기

1. 혹시 누군가가 하나님의 도움과 개입을 의심하며 특별한 문제나 필요로 갈등하는지 물어 보라. 기꺼이 그룹이 함께 기도할 수 있도록 그들의 상황에 대해 이야기한다면, 모두가 1-2분 동안 조용히 기도하고 한 사람이 그들을 대표해서 소리내어 기도할 것을 부탁하라.

2. 자발적인 대화식 기도는 우리가 함께 하는 삶에서 창조적인 길을 제시하는 것이다. 오늘 나눔을 통해 발견한 기도 제목을 가능한 한많은 사람들이 함께 기도함으로 시간을 마무리한다. 이전에 혹시 이미 나온 것 이외에 다른 특별한 기도 제목이 있는지, 기쁨과 평강을 잃은 특별한 영역이 있는지 묻는다.

원하는 모든 사람이 기도하기를 마치면, 모두가 함께 주기도문으로 기도하고 마친다.

일곱째 주

오래 참음

자비

양선

첫째 날

오래 참음

우리 친구 노만 니브스(Norman Neaves)는 목사이고 오클라호마 시(Oklahoma City)에서 산다. 그는 설교 중에 힘든 하루를 보내고 있는 어느 1학년 교사의 이야기를 했다. 그 날은 비가 와서 아이들이 휴식 시간에 밖에 나갈 수 없었다. 하루 일과가 다 끝나갈 무렵 아이들은 점점 더 지쳐갔고 극도로 흥분되어 있었다. 그 교사는 마치는 종이 울리는 3시까지 기다릴 수 없었다.

2시 45분쯤, 그녀는 밖을 내다보고는 여전히 비가 오는 것을 알았다. 그녀는 아이들을 하교시킬 준비를 해야겠다고 생각했다. 아이들의 장화와 우비를 꺼내어 그들이 입는 것을 돕기 시작했다. 마침내 한 아이를 제외하고는 모두 준비가 되었다. 그 아이의 장화는 너무 작은데다가 지퍼도 단추도 없어서 신기는 데 온 힘을 다 들여야 했다.

마침내 그녀가 장화를 모두 신기고 난 후 그녀는 허리를 쭉 펴고 한숨을 쉬었다. 그러나 그 아이가 뭐라고 했는지 아는가? 그는 잠시 자기 발을 내려다 보더니, "선생님, 이 장화는 내 것이 아닙니다!"라고 했다.

그녀는 울어야 할지 웃어야 할지 몰랐지만, 훌륭한 교사가 하듯이 대범하게 웃으며 그것을 벗기기 시작했다. 신기기 보다 벗기기는 훨씬 더 힘들었다! 그녀는 비틀고, 흔들고, 비틀고, 또 흔들었다. 마침내 그 장화가 벗겨졌다. 그러나 당신은 그 아이가 뭐라고 했는지 아마 상상도 못할 것이다. 그는 그 교사를 보고 웃으며, "이 장화는 내 장화는 아니지만 누나 것이기 때문에 나는 이 장화를 신어야 해요!"라고 했다.

이런 일은 매일 있다: 우리의 인내심이 시험당하는 것이다.

헬라어 *마크로디미스*(makrothymise)는 번역하면 "긴 고통"을 의미
할 뿐 아니라, "인내," "참음"의 뜻이 있다.

> 위대한 신부이자 설교자 크리소스톰(Chrysostom)은 복수할 수도 있
> 지만 하지 않는 것이 사람의 은혜라고 했다. 그 단어는 일반적인 사물이
> 나 동물이 아닌 사람과 관계하여 인내로 사용된다. 확실히 인내는 사랑
> 의 또 다른 표현으로…생각하기는 어렵지 않다. 사랑의 송가(고전 13)
> 에서 바울은 그 단어를 사랑의 본질을 암시하는 데 사용했다. "사랑은
> 오래 참고, 온유하며."
>
> 디남, 『커뮤니케이터스 주석』
> (Communicator's Commentary), 117쪽

성령의 열매로써 인내의 의미를 파악하기 위해서는 우리를 향한 하나
님의 인내를 생각함으로 시작하는 것이 가장 좋다. 하나님은 우리의 모
든 죄와 반역과 모든 냉담과 무관심을 오래 참고 견디셨다. 하나님은 우
리가 하나님의 사랑을 모른 체 해도 물러서지 않으셨다.

미가 선지자는 오래 참고 인내하시는 하나님을 잘 그리고 있다:

> 주와 같은 신이 어디 있으리이까? 주께서는 죄악을 사유하시며, 그 기업의
> 남은 자의 허물을 넘기시며, 인애를 기뻐하심으로 노를 항상 품지 아니하시
> 나이다. 다시 우리를 긍휼히 여기셔서 우리의 죄악을 발로 밟으시고, 우리의
> 모든 죄를 깊은 바다에 던지시리이다.
>
> 미가 7:18-19

이분이 하나님이시고, 예수님은 이 오랜 인내와 오래 견디시는 하나님
이 우리에게 나타나신 것이다. 마치 잃어버린 양을 포기하지 않는 목자
처럼, 방탕한 아들이 집에 돌아오기를 끝까지 기다리고 기도하며 또 기
도하고 기다리다가 두 손과 마음을 열어 환영하는 아버지처럼.

묵상하고 기록하기

당신의 인내는 어떤 상황에서 가장 "시험"을 받는가? 두세 가지를 적어
보라.

왜 그 상황들이 당신에게 닥치는가? 그것은 시간 문제인가? 자제력의
문제인가—당신이 완전히 자제하지 못하는 문제인가? 스스로 이 상황들
에서 왜 인내심을 잃는지 자문해 보라.

당신이 정기적으로 만나는 사람들 중에서 당신의 인내심을 가장 자주
시험하는 사람 두세 명의 이름을 적어라.

왜 이 사람들이 당신의 인내심을 시험하는지 잠시 생각하라. 역시 자
제력의 문제인가? 당신은 존중받지 못한다고 느끼는가? 당신은 이용당
하는 느낌이 있는가?

하루 동안

당신이 인내심을 잃을 때, "왜 이것이 나를 참지 못하게 하는가?" 자문
해 보라.

둘째 날

사랑은 오래 참고 온유하다

내가 사람의 방언과 천사의 말을 할지라도 사랑이 없으면 소리나는 구리와 울리는 꽹과리가 되고, 내가 예언하는 능이 있어 모든 비밀과 모든 지식을 알고, 또 산을 옮길 만한 모든 믿음이 있을지라도 사랑이 없으면 내가 아무 것도 아니요, 내가 내게 있는 모든 것으로 구제하고, 또 내 몸을 불사르게 내어 줄지라도 사랑이 없으면 내게 아무 유익이 없느니라. 사랑은 오래 참고, 사랑은 온유하며, 투기하는 자가 되지 아니하며, 사랑은 자랑하지 아니하며, 교만하지 아니하며, 무례히 행치 아니하며, 자기의 유익을 구치 아니하며, 성내지 아니하며, 악한 것을 생각지 아니하며, 불의를 기뻐하지 아니하며, 진리와 함께 기뻐하고, 모든 것을 참으며, 모든 것을 믿으며, 모든 것을 바라며, 모든 것을 견디느니라.

온유서 13:1-7

어떤 성경 학자는 사랑이 유일한 성령의 열매이고, 희락, 화평, 오래 참음, 자비, 양선, 충성, 온유, 절제는 사랑의 표출이라고 한다. 바울이 이것을 엄격하게 이해했든 하지 않았든 사랑 없이 다른 성령의 열매가 우리의 삶에서 자라날지는 의심스럽다.

사랑의 송가인 온유서 13장에서 바울은 이 단어를 사랑의 본질을 암시하는 데 사용했다: "사랑은 오래 참고, 온유하며." 또는 "사랑은 오래 참고, 친절하다." 우리는 종종 이 사랑의 송가를 결혼식에 사용하는데, 결혼을 지탱하는 사랑은 결심의 사랑, 즉 인내를 실천하는 사랑이라는 뜻에서이다. 우리는 오래 참음이 가족, 특히 결혼 관계보다 더 필요한 곳이 있는지 모른다. 한 쌍이 결혼할 때, 우리는 그들이 하고 있는 결혼이 우리가 사는 세상의 충고와 반대되는 것임을 지적하려고 애쓴다. 그 충고는 만일 우리가 행복을 구하거든 오직 자신만을 생각해야 한다는 것이다. 우리는 특히 광고를 통해 자기 중심적인 것에 너무 많이 영향을 받았다. 당신이 자신을 발견하기 원한다면 당신 자신을 생각하라. 그러나 결혼 서약은 다르다. 결혼 서약에서 우리는 전적으로 다른 사람에게 초점을 둔다. 서로에 대한 사랑과 보살핌과 충성은 주고받는 것에 좌우되지 않는다. 당신은 결혼할 때 다른 사람에게 당신을 무조건적으로 주기로 맹세하는 것이다. 그것은 두려운 일이다. 그것은 정말로 당신의 삶을 거는 일이다. 미국 감리교의 결혼 의식에서 두 사람에게 주는 명령은 다음과 같다: "이 엄숙한 맹세가 하나님의 명령처럼 지켜지도록 잘 주의하시오. 그리고 열심히 꾸준히 하늘에 계신 아버지의 뜻을 준행하도록 힘쓰시오. 그러면 하나님은 이 결혼을 축복하시고…이 가정을 평화롭게 세우시리니." 당신은 그것이 의미하는 것이 무엇인지 아는가? 결혼의 축복은 상대 배우자에게 자신을 주는 것에서 내려진다. 우리가 그 축복을 다른 방법으로 얻고자 하면 우리는 오히려 그것을 잃을 것이다. 그러나 우리가 자신을 상대에게 주면 그 축복을 발견하게 될 것이다.

오래 참음이 우리의 결혼 관계를 유지하는 요소이기도 하고, 우리가 부모로서 필요로 하는 것이기도 하다. 우리가 나이든 부모와의 관계에서 우리를 그렇게 오랫동안 돌보아 준 사람을 돌보는 것에서, 또는 우리를 돌보지 않았을지 모르는 사람을 돌보기 위해서 그것을 얼마나 필요로 하는지! 그리고 우리는 이러한 자질을 만들어 낼 수 없다. 그것은 우리를 향한 그리스도의 인내로부터 자라난다.

내가 에드 휘트(Ed Wheat)의 책『사랑하는 삶』(Love Life)이라는 책의 모든 것에 동의하는 것은 아니지만, 나는 단지 그가 이혼의 가능성만이라도 결혼에 미치는 부정적인 역할에 대해 강력하게 지적한 것에 동의한다.

당신이 결혼 관계에서 사랑의 관계를 형성하려거든 당신의 결혼에서 문제를 해결하려고 노력하라. 아무리 사소한 이혼의 기미라 할지라도 당신의 노력을 거스리는 영향을 줄 것이다. 당신의 감정의 어휘 사전에 이혼이라는 개념을 가지고 있으면—최후의 선택으로라도—당신이 결혼에 쏟아 부을 모든 노력을 방해할 것이다. 이혼을 비상구로 생각하면 서로에게 향한 당신의 헌신에 틈이 생긴다.

휘트, 38쪽

이것이 너무 실랄한가? 사랑은 오래 참고, 온유하다는 의미에서 그것을 생각해 보라. 인생의 긴 인내의 과정에서 얻을 수 있는 성령의 수확이라는 측면에서 그것을 생각해 보라.

묵상하고 기록하기

당신의 가족에 초점을 두어라. 당신에게 "가족"이 없다면 매주 만나는 가장 친한 공동체에 초점을 두어라. 누가 가장 자주 당신의 "신경을 거스리는?" 그리고 누가 당신의 인내심을 시험하는가? 어제의 〈묵상하고 기록하기〉에 이미 적었을 수도 있다. 다시 적어라.

이 사람들이 당신을 시험할 때 이기심은 어떻게 작용하는가? 1-2분 정도 생각해 보라.

이기심이 당신을 못 참게 하는 데 어떤 역할을 하는가?

에드 휘트의 이혼에 관한 글을 다시 읽어라. 잠시 그의 말: "이혼을 비상구로 생각하면 서로에게 향한 당신의 헌신에 틈이 생긴다"에 대한 당신의 반응은?

당신의 삶에서 당신이 가장 인내해야 하는 사람은 누구인가? 이름을 써라.

당신이 방금 이름을 적은 사람들을 위해, 그리고 그들과의 관계에서 당신 자신을 위해 기도하면서 이 시간을 마무리하라.

하루 동안

당신이 오늘 인내심을 잃는 것을 발견할 때 그리스도인의 표시는 "오래 참고 온유한" 것임을 스스로에게 상기시켜라.

셋째 날

언제나 바쁘게

프랭클린 루즈벨트(Franklin D. Roosevelt) 대통령과 윈스턴 처칠 (Winston Churchill) 수상은 1945년 얄타 회담(Yalta Conference)

에서 조셉 스탈린(Joseph Stalin)을 만나 세계 제 2차 대전 후 국가들 간의 문제들을 해결하려고 했다. 루즈벨트가 회담이 5-6일 만에 끝났으면 한다고 말하자, 처칠은 "나는 세계적인 조직이 단 5-6일 만에 형성된다는 우리의 희망이 실현되리라 보지 않습니다. 전능하신 하나님도 7일이나 걸렸습니다"라고 대꾸했다.

우리의 가장 큰 문제의 하나는 언제나 서두른다는 것이다. 패스트 푸드, 신속 처리, 즉석의 문화가 우리의 문화이다. 나는 심지어 몇 년 전만 해도 우리가 이 원고를 컴퓨터에 쳐서 넣고, 즉석에서 인쇄하고, 그것을 컴퓨터에서 마음대로 고치고 또 고칠 수 있도록 다시 보관하리라고는 상상도 못했었다. 그러나 나는 오늘 아침에 내가 원하는 일을 시작하기 위해 컴퓨터 프로그램을 찾는 데 걸리는 시간을 조급해 하는 자신을 발견했다. 그것은 나에게 어느 남자의 이야기를 떠올리게 했다. 그는 어느 날 아침 그를 괴롭히는 죄였던 참지 못함을 극복할 은혜를 구하는 기도를 열심히 했다. 잠시 후 그는 30초 차이로 기차를 놓쳤고, 한 시간을 기차역 플랫폼에서 굉장히 짜증스럽게 발을 구르며 기다렸다. 다음 기차가 도착하기 5분 전에 그는 갑자기 그의 기도가 응답된 것을 깨달았다. 그는 인내의 덕목을 실천할 한 시간이 주어졌는데, 그 기회를 놓치고 그 시간을 화를 내며 소모했다.

성령의 열매, 특히 인내는 우리가 항상 서두르고 있다면 결코 자라날 수 없다. 이 성령의 열매, 그리스도인의 오래 참음은 전능하신 하나님을 믿는 우리의 믿음에 의해 좌우된다. 하나님은 통치하시고, 이 세상에서 일하고 계시며, 우리 중 아무도 잊지 않으시는 분임을 믿는 믿음이다. 시편 기자는 이렇게 노래했다:

여호와여, 내가 만민 중에서 주께 감사하고, 열방 중에서 주를 찬양하오리

니, 대저 주의 인자하심이 하늘 위에 광대하시며, 주의 진실은 궁창에 미치
나이다.   시편 108:3-4
주는 나의 반석과 산성이시니, 그러므로 주의 이름을 인하여 나를 인도하시
고 지도하소서. 저희가 나를 위하여 비밀히 친 그물에서 빼어 내소서. 주는
나의 산성이시니이다. 내가 나의 영을 주의 손에 부탁하나이다. 진리의 하나
님 여호와여, 나를 구속하셨나이다.   시편 31:3-5

시편뿐 아니라 그 증거는 성경 전체에 걸쳐 있다: 즉 우리의 주권자이
신 하나님이 통치하신다. 하나님은 세상에서 일하시고 우리 중 아무도
잊지 않으신다. 이사야 선지자는 이것을 이렇게 표현했다. 구약에서 하
나님이 그의 백성을 말씀하실 때 가장 많이 나오는 말 중 하나이다.

여인이 어찌 그 젖 먹는 자식을 잊겠으며, 자기 태에서 난 아들을 긍휼히
여기지 않겠느냐? 그들은 혹시 잊을지라도 나는 너를 잊지 아니할 것이라.
내가 너를 내 손바닥에 새겼고, 너의 성벽이 항상 내 앞에 있나니.
                                                      이사야 49:15-16

우리가 인내심이 없다는 것은 우리를 향한 하나님의 계획을 물을 때
가장 무례하고도 더욱 분명하게 드러난다. 얼마나 자주, 얼마나 여러 가
지 모양으로 그런 일이 있는가? 우리는 하나님이 지금 행동하시기를 기
대한다. 하나님이 일하시는 표시를 보지 못할 때 우리는 우리의 삶에서
하나님의 역사를 찾는 것을 포기한다. 특히 기도의 응답을 알아차리지
못하고 지나칠 때 더욱 그러하다.
우리는 또한 다른 사람들의 약함을 참지 못할 때 우리의 인내의 한계
를 드러낸다. 이것이 우리의 가장 분명한 실패이다. 우리는 다른 사람의
눈에 있는 "티"는 빨리 보지만, 우리에게 있는 "들보"는 무시한다. 이것의
해결책은 지속적으로 우리를 오래 참으신 하나님의 인내를 생각하는 것
이다. 시편 92편은 우리에게 "아침에 주(하나님)의 인자하심을 나타내

며, 밤마다 주의 성실하심을 베풂이"(2절) 좋다는 것을 기억하게 한다. 우리가 하나님이 우리를 늘 마음에 두고 계시고, 하나님의 마음 속에 늘 우리가 잘 되기를 바라시며, 하나님은 한 가지 약속이라도 연기하시거나 수정하지 않으실 것을 계속 기억한다면, 그러면 우리는 다른 사람의 약함에 대해서도 인내를 보일 수 있다. 하나님이 우리를 향해 인내하시고, 지속적으로 사랑하시며, 자비를 베푸신다면, 우리도 그와 똑같은 것을 다른 사람들에게 빚지고 있는 것이다.

또 다른 문제가 있다: 우리가 서두를 때 우리는 기도하지 못한다. 왜냐하면 기도는 시간, 집중, 침묵, 기다림을 요구하기 때문이다. 우리가 서두를 때 우리는 인생의 많은 아름다움과 의미를 놓친다. 시인 테오도르 로드케(Theodore Roethke)는 "나약함"(Infirmity)이라는 시에서 다른 시각으로 보는 것에 대해 이야기한다: "깊은 눈은 돌에서 아른한 빛을 본다." 우리가 서두를 때 우리는…돌의 아른한 빛뿐 아니라 풀 위의 세미한 빛도, 가슴이 노란 참새도, 봄에 첫 망울을 피우는 제비꽃도, 잡초의 아름다움도, 바람에 흔들리는 소나무의 춤추는 그림자도 놓치고 만다.

로드케는 또 다른 함축적인 언급을 한다. "내 뼈에 무엇을 말하랴"(What Can I Tell My Bones)에서 그는 "나는 오래 들여다보면서 나의 민감함을 회복한다"라고 말한다. 성급함은 민감함을 감소시킨다. 왜냐하면 우리가 항상 서두르면 오래 들여다 볼 수 없기 때문이다.

묵상하고 기록하기

지난 몇 개월 동안 당신은 하나님께 조바심을 낸 적이 있는가? 그런 경우를 생각해 보고 당신의 조급함이 어떻게 표출되었는지에 대해 적어 보라.

당신이 가장 인내하기 힘든 약점을 가진 사람의 이름을 적고, 하나님이 그 사람을 어떻게 다루셨고 다루시길 원하시는지 생각하라.

위에서 이름을 적은 사람과의 관계에서 하나님은 당신이 어떻게 변화하기를 원하신다고 생각하는가?

잠시 당신의 기도 생활을 점검하라. 기도에 얼마나 많은 시간을 드리는가? 심지어 기도하는 특정한 시간 중에도 하나님께 온전한 초점을 맞추기 어려운가?

지금 당신을 시험해 보라. 3분 동안 침묵하고 오직 하나님만 생각하도록 하라.

하루 동안

오늘 하루를 지내면서 "깊은 눈"을 지니고 살라. "오래 보는 것"을 연습하라.

넷째 날

자비--다른 사람들에게 살아갈 힘과 능력을 주는 것

수고하고 무거운 짐진 자들아, 다 내게로 오라. 내가 너희를 쉬게 하리라. 나는 마음이 온유하고 겸손하니, 나의 멍에를 메고 내게 배우라. 그러면 너희 마음이 쉼을 얻으리니, 이는 내 멍에는 쉽고 내 짐은 가벼움이라 하시니라.

마태복음 11:28-30

이 구절의 말씀에서 예수님의 멍에는 "쉽고"라고 하실 때 그 단어는 헬라어 *크레스토스*(chrestos)이다. 그것은 성령의 열매인 자비와 같은 어원인데, 때로는 온유로 번역되기도 한다.

이 말들은 단지 미묘한 의미의 차이가 있을 뿐이다. 이것은 서로 다른 성경 번역서 간에 한 곳에서는 온유(gentleness; KJV)로 번역된 말을 다른 번역 판에서는 자비(kindness; RSV, NKJV)라는 단어를 사용한 사실에서 증명된다. 그리고 그 후에는 온순함(meekness; NKJV) 또는 관대함(gentleness; RSV, NKJV)이라는 단어를 사용한다. 헬라어 *크레스토스*는 상당히 공통적으로 선함(goodness) 혹은 때때로는 관대함으로 번역되었다. 다시 이것은 우리가 그리스도의 완전한 형상으로 성장할 때 내적인 성격과 우리의 삶의 외적인 표현의 통합임이 증명된다. 우리는 오래 참고, 친절하며, 선하고, 관대해진다. 자비라는 다이아몬드의 가장 빛나는 면은 오래 익은 포도주가 *크레스토스*(부드러운)라 불린다는 사실로도 추측이 된다. 그리고 예수님의 멍에가 마찬가지로 *크레스토스*(마 11:30)라는 것으로도 알 수 있다. 그리스도의 멍에는 쓰리고 아픈 것이 아니라, 알맞고 쉬운 것이다. 그것은 그리스도가 우리와 함께 하신 것처럼 다른 사람들과 함께 하고, 그들과 멍에를 함께 메므로 더 쉬워지는 그런 관계성을 함축하지 않는가?

더남, 『커뮤니케이터스 주석』, 118쪽

그것이 세상에 주는 의미는 우리 안에 그리스도가 계신다는 표현으로 서의 자비이다. 그러므로 다른 사람들이 살아갈 힘과 용기를 주는 것은 바로 다른 사람들과 함께 하는 것을 통해서이다.

한 설교에서 마크 트로터(Mark Trotter)는 의사인 남편을 2차 대전 중에 인도에서 잃은 어느 젊은 부인의 이야기를 했다. 그는 열대병으로 죽었다. 그 충격으로 그녀는 절망에 빠졌다. 그녀는 삶의 모든 의미를 잃고 살든지 죽든지 상관하지 않았다. 그녀는 미국으로 돌아갈 배표를 샀다. 그녀는 배에서 일곱 살 난 아이를 만났다. 그는 또 하나의 비극에 서 살아남은 아이였다. 그의 부모는 선교사였는데, 미얀마(Myanmar) 에서 전쟁 중에 죽었다고 했다. 그녀는 그 어린 소년에게 끌렸다. 일곱 살의 아이는 특히 그런 환경에서는 엄마가 필요했다. 그러나 그녀는 그 아이와는 아무 상관이 없었다. 사실 그녀는 그를 피하려고 했다. 그녀는 어린 소년을 위로할 수 있을 만큼 그녀 자신의 슬픔에서 벗어나지 못했 다. "나도 해결해야 할 문제가 있어"가 그녀의 대답이었다.

그 배는 어느 날 밤 폭격을 맞아 천천히 가라앉기 시작했다. 그녀는 배와 함께 가라앉을 대비를 하며 갑판으로 올라왔다. 그녀는 살 의지가 전혀 없었고, 탈출구조차 찾지 않았다. 그러나 갑판 위에서 그 어린 소년 을 보았다. 추위와 공포로 떨고 있었다. 그는 그녀를 보고 달려와 매달렸 다. 무엇인가가 그녀에게 밀려왔다. 그녀는 그 아이를 구명 보트로 인도 해서 둘이 다 거기에 탔고, 구조될 때까지 며칠 동안 그녀는 그 아이를 안고 있었다. 그 사건을 돌이켜 보며 그녀의 친구는 여자가 어린애를 구 했는지, 어린애가 그 여자를 구했는지 모른다고 말한다.

자비—서로에게 쉬워지도록 멍에를 함께 메는 것. 왜 자비가 많은 사 람들이 필요로 하는 구원임을 보지 못할 만큼 우리의 눈이 멀어 있는지? · 나는 최근에 한 사람을 만났다. 그는 혹자는 큰 인물, 씩씩한 남자라고 할 그런 사람이었다. 그는 직업적 명성에서나 물질적 부의 측면에서도 성공한 사람이었다. 그러나 그 날 그는 어린아이 같이 자신의 고통을 쏟아 놓으며, 얼마나 절망적으로 사랑을 갈구하는지, 그리고 아내와 함께 온유함으로 멍에를 지기를 얼마나 원하는지에 대해 말했다. 우리는 결혼 생활에서 그러한 것을 필요로 하는 자는 여자라고 잘못 생각한다. 지난 3개월 동안에도 우리는 남편의 절망적인 필요가 채워지지 않아 결혼이 깨질 위험을 받고 있는 세 경우를 상담했다. 이것은 결혼에서 뿐 아니라 모든 관계에서도 사실이다. 사람들은 그리스도가 우리와 함께 하신 대로 누군가가 그들과 함께 하기를 바란다. 함께 짐을 져서 쉬워지게 할 누군가를 원한다.

말의 의미가 무디어지는 것은 참을 수 없는 일이다. 그들은 그 의미를 전달하지 못하고 그 본래의 반응을 불러일으키지 못한다. "자비"가 그런 말이다. 우리는 그것을 행동어로 보지 않지만, 사실 그것은 행동어이다. 이 성령의 열매는 공격적인 자비이다. 나가서 쉬운 멍에를 만들어 내야 하는 것이다.

묵상하고 기록하기

당신이 아는 가장 자비한 사람 세 명의 이름을 적어라.

1.

2.

3.

이제 그 이름 옆에 그들에 대한 간단한 설명을 하라. 왜 그들이 자비하다고 생각하는가?

잠시 자비의 정의를 생각하라: 서로 쉬워지도록 멍에를 함께 지는 것.

당신과 이렇게 함께 멍에를 지는 사람이 있는가? 그 사람 또는 사람들의 이름을 적어라.

당신이 함께 멍에를 져야 하는데, 그렇게 하지 못하는 사람이 있는가? 그의 이름을 적어라.

하루 동안

당신이 위에서 적은 가장 자비한 사람 중에 적어도 한 사람에게 전화, 방문, 편지 등으로 감사를 표하라.
당신이 함께 멍에를 져야 할 사람이 있다면, 그와의 관계에서 자비를 실천하기 시작하라.

다섯째 날

자비--훈련의 문제

여호와의 말씀이 스가랴에게 임하여 이르시되, 만군의 여호와가 이미 말하여 이르기를, 너희는 진실한 재판을 행하며, 피차에 인애와 긍휼을 베풀며,

과부와 고아와 나그네와 궁핍한 자를 압제하지 말며, 남을 해하려 하여 심중
에 도모하지 말라 하였으나, 그들이 청종하기를 싫어하여 등으로 향하며,
듣지 아니하려고 귀를 막으며, 그 마음을 금강석 같게 하여 율법과 만군의
여호와가 신으로 이전 선지자를 빙자하여 전한 말을 듣지 아니하므로, 큰
노가 나 만군의 여호와께로서 나왔도다.

스가랴 7:8-12

구약에서 잘 알려지지 않고 잘 읽혀지지 않는 선지서인 스가랴, 그는
그 이전에 다른 선지자에게 임했던 하나님의 말씀을 듣고 반응했다. 그
는 그 말씀을 명료하게 표현했다: "너희는 진실한 재판을 행하며, 인애와
긍휼을 베풀며...과부와 고아와 나그네와 궁핍한 자를 압제하지 말며."
이 말씀은 우리가 심판받을 기준을 예수님이 말씀하실 때 "너희가 내 형
제 중에 지극히 작은 자 하나에게 한 것이 곧 내게 한 것이니라"(마 25:
40)고 하신 것보다 더 신선하고 더 강력하다.

예수님의 말씀의 핵심은 스가랴가 하나님으로부터 들은 것, 즉 자비와
긍휼을 베풀라는 것이다.

어제 우리는 어떤 단어들이 그 본래의 뜻을 잃은 것인지를 간단히 살
펴보았다. 자비가 그런 단어의 하나였다. 우리는 자비를 행동의 단어로
생각하지 않는다. 그것은 그 진정한 의미를 전달하지 못하고 그 말이 살
아 움직이도록 할 만큼 반응을 불러일으키지 못한다. 그런 이유로, 이
성령의 열매를 자라나게 하는 데는 훈련이 필요하다. 그 훈련이 우리 문
화에서는 늘 부족하다.

러셀 고흐(Russel Gough)는 페퍼다인대학교(Pepperdine Univer-
sity)의 철학과 윤리학 교수이다. 그는 『라파엣 저널 앤 커리어』(Lafa-
yette Journal and Courier)에 시카고 불스(Chcago Bulls)의 농구
선수인 데니스 로드만(Dennis Rodman)에 대한 기사를 썼다.

우리의 삶은 궁극적으로 우리의 인성적 특성 때문에 흥왕하거나 자멸하지는 않는다. 그것은 습관 때문이다. 인성이 아니라 습관이 운명을 만든다.

분명하지 않더라도 그 차이는 중요하다. 그리고 우리의 스포츠 문화와 전체 사회에 점점 만연하는 전염병 같은 무례하고 야만적인 행동을 조명할 수 있다.

예를 들면, 시카고 불스의 농구 선수인 데니스 로드만이 보여 준 무례함과 야만적인 행동을 보라. 그의 가장 최근의 불명예스러운 행동—사진 기자의 가랑이를 걷어찬 행동—은 이 나라의 도덕적 모욕감을 불러일으켰다. 로드만의 무례함은 병리학적인 것이 아니다. 그것은 도덕적인 문제이다. 그의 비윤리적 행동을 마치 그가 자제력을 잃는 어떤 심리적인 병을 앓고 있다는 듯이 정신 질환의 측면에서 설명한다면 잘못이다. 그 반대로 그는 자신이 야만적인 행동을 했을 때 그것을 잘 알고 있었다. 널리 알려진 것과는 반대로, 그는 완벽하게 자신을 통제하고 있었다....그는 그런 식으로 행동하는 것을 스스로의 의지로 선택했다. 그는 심리 분석을 필요로 하는 것이 아니다. 그에게는 훈련, 특히 자기 훈련이 필요하다.

고흐, 1997년 2월 11일

확실히 이것은 극적인 경우이지만, 로드만의 행동은 우리의 하루 하루의 삶에서 자기 훈련의 필요성을 증명한다. 우리는 이기적인 사람이기 때문에 자비는 기본적으로 자연적인 것은 아니다. 그것은 결심, 시간, 에너지, 심사 숙고한 행동이 요구된다. 우리의 어떤 것을 종종 포기해야 하기 때문에 비용이 들기도 한다. 그것은 흐름을 거슬러 가고, 가지 않은 길을 걷는 것이 필요하다. 1997년에 잡지 『스카이』(Sky)에서 펜실바니아 주의 뉴턴(Newton)에서 있었던 이런 형태의 자비가 기사화되었다. "그 곳에는 몇몇 유대인이 그들의 신년 절기인 *하누카*(Hanukkah)를 기념하기 위해 앞 창문에 금촛대를 걸어 놓았다. 그 창문은 박살났고, 반유대인의 상징이 그 집에 그려졌다. 지지의 뜻으로, 이웃에 사는 25명의 그리스도인 가족이 금촛대를 사서 그들의 창문에 걸었다"(46쪽).

묵상하고 기록하기

우리는 종종 자비를 사회적인 것으로 여기지 않는다. 자비를 "사회적인 항거"로 보는 것은 분명히 아니다. 개인이나 그룹, 그리스도인 회중이 다음의 영역에서 자비를 보여 줌으로 어떻게 강력한 사회적인 증인이 되는지 생각해 보라.

인종 관계

에이즈 환자와 동성 연애자들

생각나는 다른 영역들이 있는가?

자비와 긍휼을 드러내는 훈련과 "가장 작은 자들"에 대한 헌신의 표현으로 당신의 열정을 기도문으로 써라.

하루 동안

오늘 당신의 주변에서 야만적인 것--자비와 긍휼이 없는 것--을 주목해 보라. 그 흐름을 따르지 않도록 주의하라. 어떤 것이라도 자비를 실천하라.

여섯째 날

아무 데도 쓸모 없는 것--어딘가에 유익한 것

많은 재물보다 명예를 택할 것이요, 은이나 금보다 은총을 더욱 택할 것이니라. 빈부가 섞여 살거니와 무릇 그들을 지으신 이는 여호와시니라. 슬기로운 자는 재앙을 보면 숨어 피하여도, 어리석은 자들은 나아가다가 해를 받느니라. 겸손과 여호와를 경외함의 보응은 재물과 영광과 생명이니라. 패역한 자의 길에는 가시와 올무가 있거니와, 영혼을 지키는 자는 이를 멀리 하느니라. 마땅히 행할 길을 아이에게 가르치라. 그리하면 늙어도 그것을 떠나지 아니하리라.

잠언 22:1-6

내가 자라난 미시시피 주의 페리 카운티(Perry County)에서, 나는 사람들이 "그는 아무 짝에도 쓸모 없는___"라는 식으로 말하는 것을 자주 들었다. 마지막 단어는 다소 서술적인 보충이겠지만, 그런 식의 호칭이 없다고 하더라도 그 말은 언제나 힘들고 정말로 기죽이는 힘이 있다. 나는 부모들이 자녀에게 "이 아무 데도 쓸모 없는 꼬마 녀석아!"라고 말하는 것을 들어왔다.

그것은 우리가 언어를 이상하게 사용하는 한 예이다. 그러나 그것은 묘사적이다. 우리는 무엇인가에 쓸모 있거나 혹은 아무 데도 쓸모 없을 수 있다.

요즘 사람들이 *유익한*(good)이라는 말을 사용하는 용법에는 더 심각한 문제가 있다. 우리는 그것을 우리들의 어휘에서 별 것 아닌 말로 만들어 버렸다. 우리 문화에서 우리는 유익함에 대해 진지하게 생각하지 않는다. 왜냐하면 우리가 도덕성에 대해 진지하지 않기 때문이다. 누가 유익하기를 바라는가? 이것은 이 단어가 어떻게 그 힘을 상실하는지를 다시 한 번 보여 준다. 그러나 "유익한"은 성경에서는 강력한 단어이다. 잠언 22장 1절은 "많은 재물보다 명예를 택할 것이요"라고 가르친다. 또 전도서는 "아름다운 이름이 보배로운 기름보다 낫고"(전 7:1)라고 말한다. 이 구절에 대해 랍비 윌리암 실버맨은 다음과 같이 말한다:

> 보배로운 기름은 아래로 흘러내리고, 아름다운 이름은 위로 높이 들리운다. 보배로운 기름은 사라지나, 아름다운 이름은 영원하다. 보배로운 기름은 쓰여 없어지나, 아름다운 이름은 닳아 없어지지 않는다. 보배로운 기름은 돈으로 사나, 아름다운 이름은 돈이 들지 않는다. 보배로운 기름은 오직 산 자에게만 필요하지만, 아름다운 이름은 산 자와 죽은 자를 위해 있다. 보배로운 기름은 부자만이 가질 수 있으나, 아름다운 이름은 부자나 가난한자나 모두 가질 수 있다. 보배로운 기름은 이 방에서 저 방으로 그 향기가 퍼지지만, 아름다운 이름은 세상 이 끝에서 저 끝까지 퍼진다.
>
> 실버맨, 75쪽

우리는 "선함"(goodness)이라는 단어의 풍성한 의미를 되찾아야 한다. 헬라어로는 *아가토스네*(agathosune)인데, 엄격히 성경적인 단어로 속세에서는 사용되지 않는다. 바울은 로마서 15장 14절에서, "내 형제들아, 너희가 스스로 *선함*(goodness; 저자의 강조)이 가득하고, 모든 지식이 차서 능히 서로 권하는 자임을 나도 확신하노라"고 하며 그 단어를 사용했다. 그는 에베소서 5장 9절에서, "빛의 열매는 모든 *선함*(저자의 강조)과 의로움과 진실함에 있느니라"에서 그 단어를 사용한 방식이 우리에게 교훈을 준다. 그는 그 단어를 데살로니가 사람들을 위한 기도, "이러므로 우리도 항상 너희를 위하여 기도함은 우리 하나님이 너희를 그 부르심에 합당한 자로 여기시고, 모든 *선*(저자의 강조)을 기뻐함과 믿음의 역사를 능력으로 이루게 하시고"(살후 1:11)에서도 사용한다.

그리스도인이 쓰는 이 독특한 단어의 풍부함이 회복되어야 한다. "어딘가에 유익한 것"과 그리스도인의 삶에서 맺는 성령의 열매는 바로 선함이다. 신약 학자들은 예수님이 보여 주신 선함은 선지자적이고 목회자적인 선함이라는 것을 우리에게 상기시켜 준다. 선함의 뜻인 *아가토스네*는 예수님이 성전을 성결케 하시고 장사하는 이들을 쫓아 내실 때 사용된 단어이다. 그분의 선함은 선지자적으로 표출되고 있는데, 그것은 변화를 요구하시고, 응답을 바라시며, 성령의 열매가 성취되게 하는 것이다.

예수님은 시몬의 집에서 베푼 잔치에 와서 그의 발에 기름을 부은 죄 있는 여자에게 *크레스토테스*(chrestotes), 즉 자비를 보여 주셨다. 이러한 이해에서 선함은 *선지자적*인 것이고, 자비는 목회자적인 것이다. 그것에 대해 생각하는 것은 얼마나 도전적인 일인가.

그러나 우리는 얼마나 자주 선함을 선지자적인 것으로 생각하고, 반응과 변화를 요구하는 것으로 여기는가? 그리스도인의 선함은 그러하다. 우리는 자신의 전문적인 일을 수행하는 데 있어서 선하고 유익한 사람을 주목하게 된다. 우리는 최근에 한 "선한" 가족에게서 깊은 인상을 받았다. 그들은 다른 인종인 어느 십대 아이를 자기들의 집으로 데려 갔다. 우리는 그들이 선함을 보여 준 사실에 도전을 받았다. 그것은 어딘가에 유익한 것이다. 그들은 "가장 작은 자"에게 베푸는 것을 구체적인 실천으로 보여 주었다.

우리는 한 "선한" 부부에게 감동을 받았다. 그들은 최근 매우 검소한 생활을 시작했다. 그들은 의도적으로 이 세상의 "쓸모 있는 것들"을 버렸고, 궁극적인 목적에 쓰임이 되지 않는 모든 것을 버렸다. 그들이 그렇게 한 것은 그들의 자원으로 보다 효과적으로 남들에게 봉사하기 위해서였다.

선함은 선지자적이다. 우리는 선함과 자비 둘 다 필요하다. 혹자는 예수님은 고난당하는 사람을 위로하고, 편하게 사는 사람들에게 고난을 주러 오셨다고 말한다. 우리는 우리 주변의 무관심과 외면 속에서 편하게 사는 사람들이 우리의 행위를 보고 찔리도록, 그리고 우리의 그 행위로 인해 인생의 문제와 고통 가운데 사는 사람들이 위로를 얻도록 그리스도와 연합을 이루는 삶을 살아야 한다.

묵상하고 기록하기

당신이 아는 사람 가운데 선함으로 당신에게 도전을 주는 사람이 있는가? 그 사람에 대해 간단히 기술하라.

무관심과 무감각 속에서 편하게 사는 사람 중에 아무라도 당신 때문에 찔림을 받는가? 이것은 '예,' '아니오'의 문제가 아니다. 잠시 다음 말에 비추어 당신 자신의 삶을 깊이 생각해 보라: 우리는 우리 주변의 무관심과 외면 속에서 편하게 사는 사람들이 우리의 행위를 보고 찔리도록, 그리고 우리의 그 행위로 인해 인생의 문제와 고통 가운데 사는 사람들이 위로를 얻도록 그리스도와 연합을 이루는 삶을 살아야 한다.

하루 동안

자비를 계속 실천하라.

일곱째 날

내가 거룩함 같이 너희도 거룩하라

"모든 위대한 것들은 조심스럽게 모아진 작은 것들의 큰 집합일 뿐이다." 내가 선함을 생각할 때 나는 프랑스와 페넬롱의 이 말이 생각난다. 페넬롱은 다음과 같이 자세하게 말한다:

> 위대한 덕목은 희귀하다: 그런 경우도 매우 희박한 일이다. 그런데 그런 일이 일어날 때 우리는 그 위대한 희생에 흥분한다. 우리는 세상의 눈에 비치는 그 행동의 영광이나 우리가 특별한 일을 했다는 데서 오는 자기 찬사로 우쭐해 한다. 사소한 것들은 지나쳐진다. 그들은 우리의 성향을 영원히 부정한다. 우리는 고통스럽고 힘들어도 하나님을 위해서 큰 희생은 기꺼이 하려고 한다. 우리가 우리의 세세한 일상의 욕망과 습관은 마음대로 할 자유가 있다는 조건 하에서 말이다. 그러나 하나님을 향한 진실하고 지속적인 사랑이 스쳐가는 영의 열정과 구별되게 하는 것은 오직 사소한 작은 일에 충성하는 것이다.
>
> 페넬롱, 100일

선함은 작은 일에 충성하는 것, 우리의 삶의 습관과 욕망에 주의하는 것과 관련이 있다. 성령의 모든 열매는 감리교도의 주장처럼 우리의 성화, 즉 "온전함의 추구"와 관련이 있다. 우리의 성화는 선물이자 우리가 참여해야 하는 것이다. 우리가 믿음을 통해 은혜로 의롭다 하심을 받았듯이, 또한 성령의 열매도 믿음을 통해 자라난다. 우리의 성화는 믿음으로 되는 것이다.

　그러나 그것은 우리가 수동적으로 있어야 하는 과정이 아니다. 우리는 우리의 삶을 그리스도께 지속적으로 드리고, 성령이 우리 안에서 하시는 일에 적극적으로 연루되어야 한다. 우리가 이번 주 〈다섯째 날〉에 살펴본 바와 같이 그리스도와 같이 행하고 그와 같은 태도를 키우려는 우리의 의지를 훈련시키는 것과 관계가 있다. 선함의 열매는 거룩하라는 소명과 연관된다. 하나님은 명령하신다:

> 여호와께서 모세에게 일러 가라사대, 너는 이스라엘 자손의 온 회중에게 고하여 이르라. 너희는 거룩하라. 나 여호와 너희 하나님이 거룩함이니라. 너희 각 사람은 부모를 경외하고, 나의 안식일을 지키라. 나는 너희 하나님 여호와니라. 너희는 헛것을 위하지 말며, 너희를 위하여 신상들을 부어 만들지 말라. 나는 너희 하나님 여호와니라.
>
> 레위기 19:1-4

　위의 성경 구절의 "거룩하라"는 소명 뒤에 거룩함의 구체적인 내용이 있는 것에 주목하라: 부모를 공경하라, 안식일을 지키라, 우상을 만들지 말라. 전체를 계속 읽으면 가난하고 고난받는 사람들을 생각하는 것, 정직, 공평, 정의, 진실, 성적으로 성결한 것, 압제당하는 자들을 도와 주는 것, 복수심을 자제하는 것 등이 있다. 〈다섯째 주〉의 〈넷째 날〉에 보았듯이 거룩함의 요구 항목들은 "이웃 사랑하기를 네 몸과 같이 하라"(18절)는 명령을 핵심으로 하고 있다.

　그 본문 전체에 걸쳐, "나는 여호와니라"는 말이 반복된다. 우리가 거룩하시고 주님이신 주권적인 하나님의 자녀이기 때문에 선함은 필수적이다. 거룩함은 그리스도인의 선택이 아니다. 그리스도인으로서 우리는 일하는 데서, 다른 사람들과의 관계에서, 가난하고 압제당하는 자들을 대하는 태도에서, 결혼 생활을 신실하게 하는 데서, 우리의 돈을 쓰는

데서, 우리의 삶의 우선 순위를 정하는 데서 구별되어야만 한다.

> 토라의 한 학생이 그의 선생에게 와서 그의 생각에는 그가 랍비로 임명될 자격이 되었다고 말했다. "너의 자질이 무엇이냐"고 그 선생이 물었다. 그 학생은, "나는 바닥에서 자고, 들의 풀을 먹도록 나의 신체를 훈련시켰고, 하루에 세 번 매맞을 각오도 되어 있습니다"라고 대답했다. "저 흰 것[당나귀]을 보아라. 그리고 그것은 땅에서 자고, 들의 풀을 먹고, 매일 세 번 이상 매를 맞는다. 지금까지 너는 당나귀가 될 자격을 갖추었지 분명히 랍비는 아니니라"고 말했다.
>
> 실버맨, 74쪽

거룩함—우리의 삶의 전부에 스며든 선함—은 그리스도인을 구별하는 표지이다.

묵상하고 기록하기

잠깐 동안 "하나님을 향한 진실하고 지속적인 사랑이 스쳐가는 영의 열정과 구별되게 하는 것은 오직 사소한 작은 일에 충성하는 것이다"는 말을 묵상하라.

다음은 우리가 "사소한 것"으로 여길지 모르는 것들이다. 그 목록을 천천히 보면서 이러한 것들에 대한 당신의 충성이 얼마나 하나님에 대한 사랑을 보여 주는지 상고하라.

- 배우자에 대한 성실
- 자녀를 사랑하고 보살핌
- 친구들과 이웃에 친절함
- 관계에서 진실함

- 당신의 일을 믿을 만함
- 다른 사람의 평판을 해치거나 뒤에서 욕하지 않음
- 단순하고 제한되더라도 이방인, 가난한 자, 압제당하는 자들에게 사랑과 염려를 지속적으로 표현함
- 인종이나 사회적인 위치에 상관 없이 모든 사람을 가치 있게 평가함

이 모든 것들은 거룩함과 관련된다. 하나님은 우리에게 하나님처럼 거룩하라고 명령하신다. 만일 거룩함이 일차적으로 하나님을 지속적으로 사랑하고 작은 것에서도 충성하는 것이라면 당신의 거룩함의 삶은 어떠한가? 오늘 거룩하라는 이 명령에 대하여 당신의 감정, 실패, 욕망, 헌신 등을 표현하는 기도를 써라.

하루 동안

계속 자비를 베풀라. 그리고 이러한 행동이 거룩함과 어떤 관련이 있는지 생각하라.

일곱째 주 그룹 모임

도 입

지난 주에 앞으로의 그룹 모임에 대해 토의를 시작했을 것이다. 두 가지 가능성이 있을 것인데, 그 하나는 이 책에서 특별히 어렵거나 의미있었던 것 두세 개의 주제를 선택할 수도 있다. 그것들을 다시 한 번 보면서 연장된 모임에서 이용할 수 있다.

또 하나는 다른 교재를 사용하여 모임을 계속하는 것이다. 두세 사람에게 다음 주까지 추천할 만한 교재를 가져오도록 정해도 좋다.

만일 이런 워크북 형태의 교재가 도움이 된다면, 다음의 다른 워크북 시리즈들을 참고하라.

- 『살아 있는 기도』(The Workbook of Living Prayer)
- 『중보기도』(The Workbook of Intercessory Prayer; 도서출판 세복에서 출판)
- 『영적 훈련』(The Workbook on Spiritual Disciplines; 도서출판 세복에서 근간)
- 『그리스도 안에서의 생동감 있는 삶』(The Workbook on Becoming Alive in Christ)
- 『위기를 대처하는 삶』(The Workbook on Coping as Christian; 도서출판 세복에서 근간)
- 『그리스도인의 생활』(The Workbook on the Christian Walk)
- 『그리스도인의 인격 형성과 회복되는 삶』(The Workbook on Christians Under Construction and in Recovery)
- 『예수님처럼 사랑하자』(The Workbook on Loving the Jesus

Way; 도서출판 세복에서 근간)
· 『죽음에 이르는 죄 어떻게 극복할 것인가』(The Workbook on the
Seven Deadly Sins; 도서출판 세복에서 출판)

또 다른 가능성은 한두 사람이 사람을 모아 이 책을 이용해서 소그룹
을 인도할 수도 있다. 많은 사람들이 소그룹을 찾고 있으므로 이렇게 하
는 것은 그들의 필요를 채우는 길이기도 하다.

함께 나누기

1. 3-5분 동안 사람들에게 가장 인내심이 시험을 당하는 상황에 대해
한두 문장 정도로 짧게 이야기하게 하면서 모임을 시작하라.

2. 잠시 헬라어 *마크로디미스*가 인내뿐 아니라 "견디어 냄," "긴 고통"
으로도 번역된다는 사실을 토의하면서 인내에 대해 생각하라.

3. 〈둘째 날〉에 가장 "신경을 거스리는," 또 당신의 인내를 시험하는
사람의 이름을 적게 했다. 그리고 이 사람들이 당신을 시험할 때 이기심은
어떻게 작용하는지, 당신이 참지 못하게 되는 데 이기심이 어떻게 작용하
는지 생각해 보라고 했다. 5-8분 정도 솔직하게 당신의 경험을 나누어라.

4. 에드 휘트의 이혼에 관한 글을 큰 소리로 읽어라. 이에 대한 그룹
의 반응은 어떠한가? 5분을 넘기지 말라.

5. 한두 명에게 하나님께 조바심을 낸 경험을 나누게 한다. 이 나눔을
통해 그룹원은 무엇을 배울 수 있는가?

6. 누가 기꺼이 다른 사람의 약점을 참지 못한 경험을 나눌 것인지
물어 보라. 이 나눔을 통해 그룹원은 무엇을 배울 수 있는가?

7. 위에서 나눈 사람이 원한다면, "당신이 하나님이라면 당신은 그
사람과의 관계를 어떻게 변화시키겠는가?"라는 질문에 대한 생각을 나누

도록 하라.

8. 자비는 "서로에게 쉬워지도록 멍에를 함께 메는 것"임을 잠시 토의하라. 그룹원들이 어떻게 그런 경험을 했는가?

9. 5-6분 동안 사회적 증거인 자비에 대해 토의하라.

10. 두세 사람이 단순한 선행으로 그들에게 도전을 준 사람에 대해 서술하도록 하라.

11. 시간을 잘 조절하라. 〈일곱째 날〉의 〈묵상하고 기록하기〉로 돌아가라. 인도자가 그 항목들을 간격을 두고 읽고, 우리가 어떻게 작은 일에 충성할 수 있는지에 대해 토의하라.

함께 기도하기

함께 한 시간이 당신이 함께 기도하는 것을 "편안하게" 했기를 바란다. 이제 "기도의 시간"으로 들어가서, 〈다섯째 날〉에 쓴 기도문, 즉 "가장 작은 자들"에게 자비를 베풀고, 긍휼을 보여 줄 훈련을 하려는 바램을 적은 기도를 두 사람 정도에게 읽게 한다.

누구든지 어떤 제목이든 간단히 기도하는 것으로 기도를 시작하라. 이것은 "대화식 기도"의 구도로 갈 수 있다. 한 사람이 기도한 것이 다른 사람에게 자신의 기도에 집중하도록 자극이 될 수 있다. 이것은 한 사람이 단번에 모든 기도를 다 할 필요가 없음을 의미한다. 당신은 당신의 마음 속에 있는 어떤 것을 위해 한두 문장으로 기도할 수 있다. 당신은 나중에 누군가의 기도나 성령의 직접적인 인도를 받고 소리내어 기도할 수도 있다.

충분히 필요한 시간을 "기도의 시간"으로 보내라. 다른 사람들이 그들이 원하는 대로 기도하게 한다. 합창을 하거나 잘 아는 찬양을 부르는 것으로 모임을 마쳐도 좋다.

여덟째 주

충 성
온 유
절 제

첫째 날

믿음과 충성

그런즉 우리가 무슨 말하리요? 은혜를 더하게 하려고 죄에 거하겠느뇨? 그럴 수 없느니라. 죄에 대하여 죽은 우리가 어찌 그 가운데 더 살리요? 무릇 그리스도 예수와 합하여 세례를 받은 우리는 그의 죽으심과 합하여 세례받은 줄을 알지 못하느뇨? 그러므로 우리가 그의 죽으심과 합하여 세례를 받음으로 그와 함께 장사되었나니, 이는 아버지의 영광으로 말미암아 그리스도를 죽은 자 가운데서 살리심과 같이, 우리로 또한 새 생명 가운데서 행하게 하려 함이니라. 만일 우리가 그의 죽으심을 본받아 연합한 자가 되었으면, 또한 그의 부활을 본받아 연합한 자가 되리라. 우리가 알거니와, 우리 옛 사람이 예수와 함께 십자가에 못박힌 것은 죄의 몸이 멸하여 다시는 우리가 죄에게 종 노릇 하지 아니하려 함이니, 이는 죽은 자가 죄에서 벗어나 의롭다 하심을 얻었음이니라. 만일 우리가 그리스도와 함께 죽었으면 또한 그와 함께 살 줄을 믿노니, 이는 그리스도께서 죽은 자 가운데서 사셨으매 다시 죽지 아니하시고, 사망이 다시 그를 주장하지 못할 줄을 앎이로라. 그의 죽으심은 죄에 대하여 단번에 죽으심이요, 그의 살으심은 하나님께 대하여 살으심이니, 이와 같이 너희도 너희 자신을 죄에 대하여는 죽은 자요, 그리스도 예수 안에서 하나님을 대하여는 산 자로 여길지어다.

로마서 6:1-11

〈넷째 주〉에 우리는 소위 "신학적 덕목"의 하나인 믿음을 관심 있게 살펴보았다. 오늘은 믿음과 충성에 대해 생각해 보자. 충성은 성령의 열매이다.

윌리엄 스트링펠로우(William Stringfellow)가 1985년 56세의 나이로 사망했을 때, 그는 가난하고 소외된 사람들의 보호자, 변호사, 신학자, 또 작가로 잘 알려져 있었다. 스트링펠로우는 모든 형태의 압제에 반대했다. 그는 이 시대의 가장 탁월한 평신도 신학자였다. 1974년 그는 이례적으로 성공회 목사로 임명된 열한 명의 여성들을 변호하는 변호사로 봉사했다. 이를 계기로 성공회 교회에 여자들도 임명되는 길이 열렸다.

그가 사망한 지 3일 후인 3월 5일에 그의 친구들과 가족들이 그의 일생을 기념하기 위해 그의 집에 모였다. 천주교 신부이며 시인이자 평화 수호자인 다니엘 베리건(Daniel Berrigan)은 그 날 추모식에서 그에게 찬시를 바쳤다. 다음은 1985년 5월판 『서저너』(Sojourner)에 실린 것의 일부이다:

> 수천 명의 우리를 위해 그는 하나님의 말씀을 지키는 자요 명예로운 수호자가 되었다. 다시 말해서, 그는 약속을 지키고 수호하게 되었다; 즉 그는 하나님의 말씀을 자신의 것으로 만들어서 그것을 확실히 지키리라는 것을 믿을 수 있는 그리스도인이었다. 그 말씀에 가까이 행하고, 그것을 새롭게 말하고, 그것을 새롭게 만들기 위해....
> 그는 오랫동안 그렇게 살았기 때문에 명예롭게 때로는 용감하게 행동할 수 있었다. 대중 앞에서나, 혼자 있을 때나, 좋을 때나, 그렇지 못할 때나, 건강하거나, 병들었을 때에라도, 그는 그의 말을 지켰다.
> 그리고 그가 지키고, 수호하고, 소중히 한 바로 그 말이 그를 지켜 주었다. 이것이 우리가 그리스도라고 부르는 그 말씀으로 행하는 것이다. 언약은 언약을 지키는 우리들을 지켜 준다.
>
> 베리건, 33쪽

이것이 충성의 모습이다. "언약은 언약을 지키는 우리들을 지켜 준다." 우리는 하나님의 신실하심을 믿기 때문에, 우리도 신실할 수 있다.

우리의 시대는 믿음과 충성을 요구한다. 믿음은 은혜로 우리를 위해 죽으신 분을 믿는 것이고, 또 죄와 악을 없애기 위해서 죽으신 그분을 믿는 것이다. 충성은 우리의 구원의 경험과 예수님의 능력으로 "다시는 우리가 죄에게 종 노릇 하지 아니하려 함이니"(롬 6:6)의 약속에 대한 충성이다.

우리의 삶은 충성을 요구한다. 악에 젖어 있고 사회적인 이기주의에 의해 돌아가는 정치적 문제들은 복잡해서, 혹자는 말하기를 그것들은 해결이 불가능하다고 한다. 빈곤과 기아와 같은 인간의 문제는 너무 엄청나서 우리는 포기하고 싶은 유혹에 빠진다. 악의 강한 힘은 매일 뉴스에 보도되고 있다: 범죄, 포르노, 폭력, 인종주의, 빈민가에서 유린되는 사람들과 그들의 존엄성 등. 악의 이야기는 매일 넘쳐난다. "죄가 더한 곳에 은혜가 더욱 넘쳤나니"를 이해하기 힘들다. 정말 힘들다. 그것이 충성의 열매가 더욱 요구되는 이유이다.

그러한 충성의 한 예는 1997년 초 알바니아(Albania)에 내전이 일어났을 때에 있었다. 분쟁과 폭력이 전 지역에 만연했다. 그것은 미친 짓이었고, 누가 적인지 아무도 몰랐다. 그 곳의 고아원 원장인 젊은이 마크 나이버그(Mark Nyberg)는 그 곳을 떠나지 않았다. 매일 텔레비전에서 그의 이야기가 보도되었다. 그는 그 나라를 떠나서 피난하기보다는 고아원으로 이사해서 그 아이들과 함께 있었다.

묵상하고 기록하기

우리가 생각하는 것처럼 우리는 우연히 어떤 일을 하지 않는다. 인생의 가장 의미 있는 일—하나님과의 관계, 우정, 기회들—은 우리가 결정하고 한 단계씩 실천한 결과로 얻어진다.

당신의 삶을 살펴보라. 당신이 어느 단계까지 와 있는지 점검하고, 간단히 적어 보라. 믿음과 충성은 어떤 역할을 했는가?

잠시 다음의 말을 깊이 생각하라: *언약은 그 언약을 지키는 우리들을 지켜 준다.*

당신의 삶에서 하나님의 신실하심을 믿기 때문에 당신이 충성할 수 있었던 경험을 설명해 보라.

하루 동안

오늘 하루 당신이 속한 사회에서 뉴스와 주변을 관찰하고 관심을 가져보라. 하나님의 사람들의 충성이 요구되는 인간사와 사회적인 문제는 무엇이 있는가?

둘째 날

우리가 최악의 상황을 안다 해도
우리는 최상을 믿는다

그런즉 우리가 이 일에 대하여 무슨 말 하리요? 만일 하나님이 우리를 위하시면, 누가 우리를 대적하리요? 자기 아들을 아끼지 아니하시고 우리 모든 사람들을 위하여 내어 주신 이가 어찌 그 아들과 함께 모든 것을 우리에게 은사로 주지 아니하시겠느뇨? 누가 능히 하나님의 택하신 자들을 송사하리요? 의롭다 하신 이는 하나님이시니, 누가 정죄하리요? 죽으실 뿐 아니라 다시 살아나신 이는 그리스도 예수시니, 그는 하나님 우편에 계신 자요, 우리를 위하여 간구하시는 자시니라. 누가 우리를 그리스도의 사랑에서 끊으리요? 환난이나, 곤고나, 핍박이나, 기근이나, 적신이나, 위험이나, 칼이랴? 기록된 바, 우리가 종일 주를 위하여 죽임을 당케 되며, 도살할 양 같이 여김을 받았나이다 함과 같으니라. 그러나 이 모든 일에 우리를 사랑하시는 이로 말미암아 우리가 넉넉히 이기느니라. 내가 확신하노니, 사망이나, 생명이나, 천사들이나, 권세자들이나, 현재 일이나, 장래 일이나, 능력이나, 높음이나, 깊음이나, 다른 아무 피조물이라도 우리를 우리 주 그리스도 예수 안에 있는 하나님의 사랑에서 끊을 수 없으리라.

로마서 8:31-39

　　내가 목사가 되기로 결단한 직후에 있었던 경험을 나는 잊지 못할 것이다. 나는 노스 캐롤라이나 주의 주날루스카(Junaluska) 호수에 있는 "청소년 선교 대회"에 갔었다. 강사는 통가(Tonga)에서 온 존 하베아(John Havea)였다. 그는 그 당시 비교적 젊은 사람이었다. 현재 그는 퍼시픽 아일랜즈(Pacific Islands)에 있는 감리교의 장로이다. 나는 그에게서 존 헌트(John Hunt)라는 감리교 선교사에 관한 놀라운 이야기를 들었다. 존 헌트는 영국인 선교사로 식인종이었던 통가 섬사람들을 회심시키려고 했다. 그는 그의 일기에 전사들이 공격을 마치고 돌아와서 그들을 위한 잔치를 준비할 때, 사람의 고기를 태우는 고약한 냄새에 대해 기록했다.

　　존 헌트는 사람이 사람을 잡아 먹는 열악한 환경에서도 인내하며 용감히 그의 선교를 계속했다. 그러나 그는 1848년 아무런 회개나 회심의 표시를 보지 못한 채 죽었다. 그런데 그가 죽은 지 몇 년 후, 그 추장 타콤바우(Thakombau)는 그리스도인이 되었고, 교회에 나가자는 운동을 주도했다.

내가 기억하는 것은 존 하베아가 섬의 한 작은 교회에 대해 이야기한 것인데, 거기에는 위가 움푹 패인 거친 돌을 침례에 사용하고 있다고 했다. 그 돌은 타콤바우가 포로를 그 위에 놓고 죽이던 곳이었다고 그는 말했다. 그것은 사람의 피로 물들어 있었고, 붉은 얼룩이 여전히 남아 있다.

그러나 그 살인에 사용되었던 돌이 침례탕으로 바뀐 것이다!

선교사 존 헌트의 충성스러운 선교가 이제 결과로 나타난 것이다. 오늘날 많은 통가족(적어도 85%)과 피지족(53%)이 그리스도인이다.

"죄가 더한 곳에 은혜가 더욱 넘쳤나니." 그것은 참 어려운 일이다. 그러나 하나님이 우리와 함께 계시면 누가 우리를 대적하리요? 우리는 최악의 상황을 알지라도 최상을 믿는다. 우리가 죽음의 돌이 침례통이 되었음을 증거하는 한 우리는 궁극적인 승리가 누구에게 있는지 안다. 그래서 우리는 충성할 수 있다. 우리가 충성할수록 우리의 삶에서 성령님은 더 많은 것들을 거두실 것이다.

묵상하고 기록하기

당신이 충성을 생각할 때 가장 생생하게 떠오르는 사람은 누구인가? 그 사람에 대해 기술하라.

여기 충성의 영역을 제시한다. 각 영역에서 당신의 충성됨을 생각해 보라.

사역

그리스도인의 가치들

배우자와 결혼 서약

교회

부모들

자녀들

　이제 충성의 영역을 보라. 각 영역에서 당신에게 가장 생생하게 떠오
르는 사람들의 이름을 적어 보라.

하루 동안

　위의 각 영역에서 충성을 훈련하라. 어느 영역에서 가장 충성하고 있
는가? 어느 영역이 가장 부족한가?

셋째 날

온 유

산상수훈에서 말씀하신 예수님의 복과 바울의 성령의 열매 사이에는
비슷한 점이 있다. 잠시 그 열매가 예수님이 가르치신 복이 있다는 특성
과는 어떻게 연결되는지 생각하라.

바울의 성령의 열매 (갈 5:22-23): 1) 사랑   2) 희락   3) 화평
4) 오래 참음   5) 자비   6) 양선   7) 충성   8) 온유   9)절제

예수님의 복 (마 5:3-12)

____ 심령이 가난한 자는 복이 있나니, 천국이 저희 것임이요,

____ 애통하는 자는 복이 있나니, 저희가 위로를 받을 것임이요,

____ 온유한 자는 복이 있나니, 저희가 땅을 기업으로 받을 것임이요,

____ 의에 주리고 목마른 자는 복이 있나니, 저희가 배부를 것임이요,

____ 긍휼히 여기는 자는 복이 있나니, 저희가 긍휼히 여김을 받을 것
임이요,

____ 마음이 청결한 자는 복이 있나니, 저희가 하나님을 볼 것임이요,

____ 화평케 하는 자는 복이 있나니, 저희가 하나님의 아들이라 일컫
음을 받을 것임이요,

____ 의를 위하여 핍박을 받는 자는 복이 있나니, 천국이 저희 것임이라.

____ 나를 인하여 너희를 욕하고, 핍박하고, 거짓으로 너희를 거스려
모든 악한 말을 할 때에는 복이 있나니, 기뻐하고 즐거워하라.
하늘에서 너희의 상이 큼이라. 너희 전에 있던 선지자들을 이 같

이 핍박하였느니라.

세 번째 복, "온유한 자는 복이 있나니"는 예수님이 삶 속에서 온유의
열매를 맺은 사람에 대해 확언해 주시는 것이다. 여기에 해당하는 헬라어
프라우테스(prautes)는 바울의 목록 중에서 가장 번역하기 힘든 말이
다. 윌리엄 바클레이(William Barclay)는 형용사형 *프라우스*(praus)
가 그 의미를 가장 잘 이해할 수 있게 해 준다고 한다. 이 말은 잘 길들여
지고 통제가 잘되는 동물을 묘사할 때 쓰인다. 그리스도인에게서 그것은
하나님의 뜻에 복종하는 것을 의미한다. "온유한 자는 복이 있나니"는 시
험이 닥쳐와도 하나님께 순종하고 충성하는 사람을 이야기하는 것이다.
예수님의 축복을 받은 온유함과 유순함은 약함이 아니다. 그것은 강함이
다. 온유한 사람은 자신의 강함을 알지만 그 힘을 하나님의 사역과 다른
사람들을 섬기는 데 드리는 사람이다. 마틴 루터는 이런 사람을 "가장 자
유로운 피조물"이라고 했다.

디모데후서에서 바울은 "하나님이 승인한 일꾼," 부끄러울 것이 없는
일꾼에 대해 말한다.

> 마땅히 주의 종은 다투지 아니하고, 모든 사람을 대하여 온유하며, 가르치기
> 를 잘하며, 참으며, 거역하는 자를 온유함으로 징계할지니, 혹 하나님이 저
> 희에게 회개함을 주사 진리를 알게 하실까 하며.
>
> 디모데후서 2:24-25

이 주의 종을 기술한 것에서는 온유함의 구체적인 측면을 보여 준다.
하나는 *다른 사람을 존중함*이다: "다투지 아니하고...온유하며." 온유한

사람들은 스스로를 증명할 필요가 없다. 그들은 다른 사람을 낮춤으로
자신을 높이지 않는다.

둘째는 목적 지향이지만 *사람 중심*이다: "참으며." 온유한 자들은 목적
과 인생의 분명한 표어가 있다. 그러나 과정이나 업적보다 사람에게 더
가치를 둔다. 그들은 필요하다면 사람들에게 존중을 표하기 위해 더 천
천히 행한다.

셋째는 *분명하고 확신이 있지만* 오만하고 교만하지 않다: "거역하는
자를 온유함으로 징계할지니." 온유한 자는 자신이 누구인지 알고, 강한
확신을 가지고 있다. 그러나 다른 사람을 위협하는 데 그 힘을 이용하지
않는다.

묵상하고 기록하기

성령의 열매와 예수님이 말씀하신 복을 돌아보라. 각각의 열매를 그
복과 관련하여 살펴보라. 어떤 복이 가장 밀접하게 관련되는가? 각 열매
의 번호를 비슷한 복 옆에 적어라.

하루 동안

당신이 오늘 만나는 온유한 사람에게 주목하라. 온유함의 특성, 즉 다
른 사람을 존중함, 목적 지향이지만 사람 중심, 분명하고 확신이 있지만
오만하고 교만하지 않음을 기억하라. 이 특성들로 당신 자신의 태도와
행동을 평가하라.

넷째 날

온유한 자는 약하지 않다

여호와여, 주는 겸손한 자의 소원을 들으셨으니, 저희 마음을 예비하시며,
귀를 기울여 들으시고, 고아와 압박당하는 자를 위하여 심판하사, 세상에
속한 자로 다시는 위협지 못하게 하시리이다.   시편 10:17-18

잠시 후에 악인이 없어지리니, 네가 그 곳을 자세히 살필지라도 없으리로다.
오직 온유한 자는 땅을 차지하며 풍부한 화평으로 즐기리로다.
시편 37:10-11

어제 헬라어의 온유한, 유순한의 *프라우테스*는 잘 길들여지고 통제가
되는 동물을 묘사하는 단어임을 알았다. 그것은 이해에 도움을 주는 이
미지이다.

에버린 언더힐(Evelyn Underhill)은 그리스도인의 모델로 양치기
개를 든다. 잘 훈련된 개는 그 주인의 발 옆에 앉아 그 주인의 눈을 바라
보면서 명령이 떨어지기까지 절대 움직이지 않는다. 그리고 명령이 확실
히 내려지면 그는 즉각 행동을 개시한다. 가서 주인의 명령을 수행하고
내내 꼬리를 흔든다.

그리스도인에게 온유한 것의 의미는 하나님의 뜻에 순종하고 그 안에
서 행복을 찾는 것이다. 우리가 때때로 생각하듯이 온유한 것은 나약한
것이 아니다. 온유한 자는 그들이 누구인지 안다. 그것이 그들의 강함의
근원이다. 그들은 아무 것도 증명하려고 나설 필요가 없다. 그들은 가식
도 없다.

피터 유스티노프(Peter Ustinov)는 이 시대의 위대한 배우 중 한 사
람이다. 나는 그에 대해 잘 알지는 못하지만, 언젠가 그가 텔레비전에서

영화 *나일강의 죽음*(Death on the Nile)을 촬영하는 동안 면담하는 것을 보고 깊은 인상을 받았다. 그는 배우가 지니고 살아야 하는 이미지에 대해 이야기하고 있었다. 이미지란 끔찍한 것이라고 그가 말했다. 배우가 "나는 이것 저것을 할거야"라고 하면, 누군가는 "당신 이미지는 어쩌구?"라고 말할 것이다. 유스티노프는 "나는 내 이미지가 어떤 것인지 몰라요. 그리고 알고 싶지도 않아요"라고 말하고, 이어서 "거울을 들여다보고 있는 사람보다 거울 속의 그 사람을 보는 사람이 더 중요한 것은 슬픈 일이지요"라고 했다.

온유한 사람은 그런 속박에 매이지 않는다. 그들은 가식이 없고 아무 것도 입증할 필요가 없기 때문에 그들은 그들의 이미지를 걱정할 필요가 없다.

온유한 자는 또한 하나님의 필요를 알고, 그들은 결코 그들의 이야기를 잊지 않는다. 1997년 11월 뉴저지 주에서 복권에 당첨된 엘리노 보이어(Eleanor Boyer)의 이야기가 생각난다. 그녀는 그 돈을 비밀리에 나누어 주었기 때문에, 『유에스에이 투데이』(USA TODAY)의 전면 기사에 그 이야기가 실렸다. 그녀의 행동에 대해 말하면서, 그녀는 단순하게, "나에게는 연금과 사회 보장이 있어요. 나는 필요한 모든 것을 가지고 있어요. 왜 그 돈을 죽을 때까지 은행에 묻어 두어야 하죠?"라고 말했다. 그녀가 큰 복권에 당첨된 후 3주 만에 590만 불이 넘는 돈을 뉴저지 주의 써머빌(Somerville)에 있는 자신의 교구의 교회에 헌납했다. 그녀는 자신의 자선을 그 지역에만 한정하지 않고, 또한 여러 자선 단체에 기부했고, 가난한 이웃들과 유일한 친척인 조카들에게도 기부했다. 그녀가 교회에 어마어마한 기부를 했는데도 불구하고, 그녀의 당첨금의 이자가 매달 만 불이나 되어서, 그녀는 매달 그것을 기부하기에 바빴다. 그녀에게는 여러 도움을 요청하는 편지가 홍수처럼 밀려들었는데도, 매 편지마다 개별적으로 관심을 보이며 즉시 응답하여 도와 주었다.

엘리노는 조용히 있고 싶었지만 그녀 자신의 자선으로 많이 알려지게 되었다. 복권 관계자나 전문가들은 그렇게 많은 돈을 모두 그렇게 빨리 결정하여 기부한 사람은 이제까지 보지 못했다고 한다. 그 모든 유명세에도 그녀의 삶은 전혀 변하지 않았다. 그녀는 여전히 써머빌에 있는 자기가 태어난 작은 집에서 살고 있다. 그리고 늘 그러했듯이 교회가 그녀의 우선 순위이다. 성가대에서 찬양하고, 성경 공부를 인도하고, 교회의 헌금을 정리하는 회계로 일한다. 그녀는 1969년식 자동차를 타고 매일 예배에 참석한다. 그녀는 계속 아침 일찍 일어나 기도하고, 헌금함에 주정 헌금을 넣는다. 릭 햄프턴(Rick Hampton)은 『유에스에이 투데이』의 "굿 프라이데이"(Good Friday) 기사에 엘리노에 대해 썼는데, "그녀는 낡은 신발을 신고 거리를 내려왔다. 그녀는 자기를 헌신하고 비우는 그리스도인의 절기[사순절]에 이 도시에서 가장 부유한 여인처럼 보인다."

엘리노는 하나님의 존재를 안다. 그녀는 자신이 어디서 왔는지 안다. 그리고 결코 그것을 잊지 않을 것이다. 온유하기 위해서는 우리가 어디에서 왔는지 기억해야 한다. 우리에게 어떠한 일이 있어도, 우리가 아무리 성공해도, 어떠한 높은 자리에 오른다 해도, 우리는 흙에서 나왔고, 우리를 만드신 삼위일체의 하나님을 기억해야 한다. 우리는 오직 하나님의 은혜가 없었다면 중독에 종 노릇 하고, 풀리지 않는 병든 관계에 속박되어 있었음을 알아야 한다.

묵상하고 기록하기

어제 우리는 예수님의 복과 성령의 열매에는 비슷한 것이 있음을 살펴보았다. 이전에 몇몇 성경 학자들이 사랑은 성령의 열매이고, 다른 것들은 그 사랑의 표현이라고 한다는 것을 언급했다. 자, 이제 성령의 열매가

온유서 13장의 사랑의 특성과 어떻게 유사한지 살펴보자. 각각의 옆에
비슷한 성령의 열매의 번호를 써 넣어 보자. 1) 사랑　2) 희락 3) 화평
4) 오래 참음 5) 자비 6) 양선 7) 충성 8) 온유 9)절제.

_____ 사랑은 오래 참고

_____ 사랑은 온유하며

_____ 사랑은 투기하는 자가 되지 아니하며, 자랑하지 아니하며,
　　　교만하지 아니하며

_____ 사랑은 무례해 행치 아니하며

_____ 사랑은 자기의 유익을 구치 아니하며

_____ 사랑은 성내지 아니하며, 악한 것을 생각지 아니하며

_____ 사랑은 불의를 기뻐하지 아니하며

_____ 사랑은 진리와 함께 기뻐하고

_____ 사랑은 모든 것을 참으며

_____ 사랑은 모든 것을 믿으며

_____ 사랑은 모든 것을 바라며

_____ 사랑은 모든 것을 견딘다.

　다음은 온유한 자의 특성을 1-5까지 점수로 낼 수 있게 했다. 이들 특
성에서 당신 자신의 점수를 알아 보라. 얼마나 자신을 알고 있고, 얼마나
그 속에서 안전을 찾는가? 어느 정도로 하나님을 구하는가? 당신은 당신
의 이야기를 기억하는가? 당신은 당신이 살아온 곳과 지속적인 관계에
있는가? 1은 "매우 희박하거나 전혀 아니다"를 표시하고, 5는 "매우 그렇
다"의 표시이다. 당신의 상태를 알맞은 점수에 각각 표시하라.

　나는 내가 누구인지 안다　　　　　　　1__ 2__ 3__ 4__ 5__

| 나는 하나님의 필요를 안다 | 1__ 2__ 3__ 4__ 5__ |
| 나는 나의 이야기를 결코 잊지 않는다 | 1__ 2__ 3__ 4__ 5__ |

하루 동안

이 세 가지를 암기하라: *나는 내가 누구인지 안다; 나는 내가 하나님을 필요로 하는 것을 안다; 나는 나의 이야기를 결코 잊지 않는다.* 오늘 하루를 지내면서 이 내용을 반복하라. 특히 당신이 온유하기보다 교만하고 자기 주장을 하고 싶은 유혹이 들 때 이것들을 다시 생각하라.

다섯째 날

절제--그것이 없이는 자유와 기쁨의 지속이 없다

모든 것이 가하나 모든 것이 유익한 것이 아니요, 모든 것이 가하나 모든 것이 덕을 세우는 것이 아니니, 누구든지 자기의 유익을 구치 말고 남의 유익을 구하라. 무릇 시장에서 파는 것은 양심을 위하여 묻지 말고 먹으라. 이는 땅과 거기 충만한 것이 주의 것임이니라. 불신자 중 누가 너희를 청하매 너희가 가고자 하거든, 너희 앞에 무엇이든지 차려 놓은 것은 양심을 위하여 묻지 말고 먹으라. 누가 너희에게 이것이 제물이라 말하거든, 알게 한 자와 및 양심을 위하여 먹지 말라. 내가 말한 양심은 너희의 것이 아니요 남의 것이니, 어찌하여 내 자유가 남의 양심으로 말미암아 판단을 받으리요? 만일 내가 감사함으로 참예하면 어찌하여 내가 감사하다 하는 것에 대하여 비방을 받으리요? 그런즉 너희가 먹든지 마시든지 무엇을 하든지 다 하나님의 영광을 위하여 하라.

온유서 10:23-31

맨 마지막에 열거된 성령의 열매는 절제다.

　성경(KJV)은 *에그크라테이아*(egkrateia)를 자제로 번역한다. 그
렇지만 그 이상의 뜻도 있다. 그것은 자신을 다스리는 것과 연관된다.
이것은 바울이 말한 대로 그리스도인이 "육체의 소욕"을 극복하는 것이
다. 그것은 신체적인 훈련을 의미하고, 또 충동과 욕망에 빠져드는 것을
거부하는 것을 의미한다.

　[위의 성경 구절에서] 바울은 모든 것이 가하나 모든 것이 유익한 것
이 아니라고 할 때, 그것들은 세 가지 점검을 받아야 한다고 말했다.
그것은 유익한 것인가? 그것은 덕을 세우는 것인가? 그것은 하나님의
영광을 위한 것인가?(고전 10:23,31) 어떤 것이 가하고 해롭지 않은
진실이라면 이들 욕망과 충동, 욕구들이 우리의 육체적, 정신적, 영적
건강과 다른 사람들과의 관계를 해칠지에 대한 질문을 얼마나 더 해야
하는가?

　절제의 목적은 우리가 하나님께, 우리 자신에게, 다른 이를 섬기는
종으로서 적합하게 되려는 데 있다. 바울이 성령의 열매로 절제를 말한
것은 당연한 것이다. 다른 모든 표현과 마찬가지로 절제는 사랑에서 흘
러나온다. 그것은 엄격한 종교적 행위—훈련 그 자체를 위한 훈련이 아
니다. 그것은 웃음도 기쁨도 없는 지루하고 고된 일이 아니다. 그것은
진정한 기쁨으로, 이기심과 두려움의 노예 생활에서 진정한 해방으로
연결되는 문이다. 그런 의미에서 절제는 기쁨과 연결된다. 왜냐하면 기
쁨은 절제를 목표로 한 모든 훈련의 기본이기 때문이다.

　　　　　　　　　　　　　　　　　　　　　더남, 119-120쪽

　『크리스챠니티 투데이』(Christianity Today)에 실린 조지 맥도날
드(George MacDonald)의 인용문은 확실한 선을 그어 준다:

　예수님은 우리를 구하시고 죽으셨다. 고통으로부터가 아니라 우리 자신
으로부터, 정의가 없는 불의로부터가 아니라 우리가 정의롭지 못함으로
부터, 그분은 우리를 살리려고 죽으셨다: 그분처럼 살게 하시려고, 그
분이 죽으신 것처럼 자신에게는 죽고 하나님에 대해서는 살게 하려고.
우리가 자신에 대해 죽지 않는다면 하나님께 대하여 살 수 없다. 그리고

하나님께 대하여 살아 있지 않은 자는 죽은 것이다.

맥도날드, 45쪽

은혜는 이것을 가능하게 한다. 거룩한 삶의 명령은 하나님의 능력 주심의 약속과 함께 주어진다. 나는 한 평신도가 이렇게 말하는 것을 들었다, "맨 처음에는 그리스도인의 삶이 쉽다고 생각했다. 몇 달 후에 나는 그것이 어렵다는 것을 알았다. 마침내 나는 내가 해 보려다가 갈등과 좌절 끝에 그리스도께로 돌아갔다. 나는 그리스도인의 삶을 사는 것은 나의 책임이 아니라, 그리스도의 능력에 내가 응하는 것이라는 것을 발견했다."

묵상하고 기록하기

잠시 다음을 생각해 보라: 그리스도인의 삶을 사는 것은 나의 책임이 아니라, 그리스도의 능력에 내가 응하는 것이다.

당신의 삶에서 더 절제가 필요한 영역은 무엇인지 적어라.

절제하지 않는 영역에서 얻는 특별한 만족은 무엇인가? 그것에 대해 기술하라.

위의 영역에서 당신의 절제의 부족함이 당신과 다른 사람에게 피해를 주는가?

절제하지 않음으로 얻는 만족에 대가를 치르는가? 당신은 이 영역에서 완전히 그리스도를 의지한 적이 있는가?

당신의 절제의 부족과 태도, 열정, 욕망, 행위 등을 당신의 힘으로 절제할 수 없음을 고백하는 기도문을 써라. 다시 그리스도께 당신을 드려라. 당신의 삶에서 이 특별한 영역을 그리스도의 "능력"과 통치에 맡겨라.

하루 동안

당신이 오늘 하루를 보내면서 위의 세 가지 질문에 유의하라. 그것은 유익한 것인가? 그것은 덕을 세우는 것인가? 그것은 하나님의 영광을 위한 것인가?

여섯째 날

절제의 조화

내가 받은 것을 먼저 너희에게 전하였노니, 이는 성경대로 그리스도께서 우

리 죄를 위하여 죽으시고, 장사 지낸 바 되었다가, 성경대로 사흘 만에 다시 살아나사, 게바에게 보이시고, 후에 열두 제자에게와, 그 후에 오백여 형제에게 일시에 보이셨나니, 그 중에 지금까지 태반이나 살아 있고, 어떤 이는 잠들었으며, 그 후에 야고보에게 보이셨으며, 그 후에 모든 사도에게와 맨 나중에 만삭되지 못하여 난 자 같은 내게도 보이셨느니라. 나는 사도 중에 지극히 작은 자라. 내가 하나님의 교회를 핍박하였으므로 사도라 칭함을 받기에 감당치 못할 자로라. 그러나 나의 나된 것은 하나님의 은혜로 된 것이니, 내게 주신 그의 은혜가 헛되지 아니하여, 내가 모든 사도보다 더 많이 수고하였으나 내가 아니요 오직 나와 함께 하신 하나님의 은혜로라. 그러므로 내나 저희나 이 같이 전파하매 너희도 이 같이 믿었느니라. 그리스도께서 죽은 자 가운데서 다시 살아나셨다 전파되었거늘, 너희 중에서 어떤 이들은 어찌하여 죽은 자 가운데서 부활이 없다 하느냐?

고린도전서 15:3-12

어제 우리가 살펴본 것 중의 하나는 절제의 목적은 하나님께 적합하고, 자신에게 적합하고, 다른 사람을 섬기는 일에 적합하게 되려는 것이라고 했다. 그것은 다소 포괄적으로 그리스도인의 삶을 기술하고 있다. 이 과정에서 도움을 주기 위해 세 가지 질문으로 우리의 욕망과 충동과 열정을 점검할 것을 제안했다. 즉 그것은 유익한 것인가? 그것은 덕을 세우는 것인가? 그것은 하나님의 영광을 위한 것인가?

약간 다른 방향이기는 하지만, 절제는 다음 세 가지에 관한 것이다.

1) 나의 인생이 갈 방향을 정하는 것;
2) 우리가 어떤 존재인지 알고, 그 "정체성"에 어울리게 사는 것;
3) 우리의 열정이 우리를 지배하게 두는 것이 아니라 그것을 통제하는 것.

표면적으로는, 이 모든 것은 단지 자신을 다스리는 것으로, 그리스도인의 믿음과는 거의 또는 전혀 관련이 없는 것처럼 보인다. 많은 인생

철학이 훈련과 절제를 주장한다. 우리는 분명히 어디에서 나왔든지 절제의 필요를 인정한다. 그러나 바울은 "절제"를 성령의 열매로 제시한다. 그의 삶에서 그가 자신을 다스리는 것은 내주하시는 그리스도의 능력과 상관 없는 헛수고임을 발견했다. 우리는 그의 탄식의 고백 "내가 원하는 바 선은 행하지 않고 도리어 원치 아니하는 바 악은 행하는도다....오호라, 나는 곤고한 사람이로다!"(롬 7:19, 24)를 자주 인용한다.

우리가 그리스도의 능력을 의지하지 않고 어느 정도 자기를 다스린다 해도, 그것은 우리가 금욕주의적인 사람이 되게 할 뿐 "그리스도 안에 사는" 사람의 활기나 기쁨이나 자원함은 없다. 이러한 견지에서 절제가 무엇인지 살펴보자.

첫째, *나의 인생이 갈 방향을 정하는 것은 절제를 기르는 첫 시도이다.* 성령이 우리 안에서 절제의 영을 자라게 할 때 비로소 우리는 우리의 삶을 사는 것이다. 우리는 많은 사람에게서 그 반대의 경우를 본다. 그들은 다른 사람에게 의존하고, 자신의 욕망을 다스리지 못해 결국 이리저리 바람 부는 대로 날아다닌다.

둘째, *우리가 어떤 존재인지 알고, 그 "정체성"에 어울리게 사는 것으로,* 이것은 첫 번째와 밀접한 관련이 있다. 나의 친구 에머슨 콜로(Emerson Colaw)는 감리교의 은퇴 목사이다. 그는 메리 타프트(Mary Taft)라는 오하이오 주의 유명한 정치가 집안의 여섯 살 난 딸의 이야기를 한다. 그 집안 사람들은 신시내티(Cincinnati)에 있는 교회 교인들이었다. 학교 첫날 선생은 메리에게 자기 소개를 시켰다. 그녀의 차례가 되자 메리는 일어나서, "나는 메리 타프트입니다. 증조 할아버지는 미국의 대통령이었고, 할아버지는 상원 의원이셨으며, 또 아버지는 국회 의원이십니다. 나는 작은 요정입니다!"라고 했다.

우리 모두가 정체성에 대해 그러한 자신감을 가진다면! 절제의 표시는 우리가 아무리 삶의 과정에서 변화를 겪는다 해도 우리의 기본적인 정체성과 조화를 유지하는 것이다. 다른 사람들의 기대와 환경이 우리에게 영향을 준다. 그러나 그것이 우리가 어떤 사람인지를 결정하지는 않는다. 바울은 위대한 말을 한다. "나의 나 된 것은 하나님의 은혜로 된 것이니"(고전 15:10). 이것을 우리의 것으로 삼자.

이것은 우리가 현재의 우리 모습 대로 다양한 사람이 아니라는 뜻이 아니다. 우리는 분명히 변한다. 우리는 온갖 변화를 경험하고 새로운 모습을 갖는다. 그러나 정체성의 핵심은 있다. 바울이 말한 대로 우리는 절제하며 조화 속에 살게 된다.

> 우리가 육체에 있어 행하나 육체대로 싸우지 아니하노니, 우리의 싸우는 병기는 육체에 속한 것이 아니요, 오직 하나님 앞에서 견고한 진을 파하는 강력이라. 모든 이론을 파하며, 하나님 아는 것을 대적하여 높아진 것을 다 파하고, 모든 생각을 사로잡아 그리스도에게 복종케 하니.
>
> 고린도후서 10:3-5

그것은 궁극적인 절제이다. 모든 생각을 그리스도께 복종하게 하는 것. 오케스트라는 좋은 비유가 된다. 오케스트라는 단순히 음악가들의 집합이 아니다. 그것은 화음을 이루기 위해 모인 음악가들의 모임이다. 우리는 때로 다른 사람들처럼 복잡한 욕구와 충동을 가지고 있다. 절제는 우리가 몇 가지의 특성의 사람이 되게 하는 것이 아니라, 우리의 "독특한 자아"와 조화를 이루는 다양한 모습을 가진 사람이 되게 한다.

절제가 성령의 열매로 우리 안에서 자랄 때 우리는 우리의 열정에 끌려 다니지 않고 그것을 통제할 수 있다. 분노, 성욕, 두려움, 탐욕, 안전의 욕구 등 다른 많은 욕구들은 우리의 삶에서 강하게 솟는다. 이 욕구들 중 어느 것도 다스려지기만 하면 우리를 끌고 다닐 만큼 그렇게 힘이 있지는 않다. 우리는 방탕으로 결혼이 파괴되는 것을 본다. 두려움으로 힘이 있던 사람이 무기력해진다. 행복과 평화는 탐욕으로 무너지고 만다. 우리는 완전히 성욕에 빠져 사는 삶을 보아왔다. 또한 안전의 욕구가 완전히 왜곡되어버린 삶도 보아왔다.

우리의 삶을 인도할 중심이 없으면, 환경을 극복할 길이 없다. 그래서 우리의 열정으로 이리저리 떠다닐 수밖에 없다. 그리스도인에게 중심은 예수님과 그분이 주시는 새로운 삶이다. 그래서 생명을 얻고 성장하여 성령의 열매, 사랑, 희락, 화평, 오래 참음, 자비, 양선, 충성, 온유, 절제를 맺는 것이다.

묵상하고 기록하기

우리가 살펴본 기준으로 당신의 절제 지수를 점검하라. 어느 정도로 당신의 절제가 당신의 삶의 방향을 결정하게 하는가?

현재 당신의 절제의 삶이 당신의 "정체성," 즉 진정한 자아를 지키게 하는가?

당신의 욕망을 다스릴 정도로 당신의 절제의 열매는 풍성한가?

절제와 관련하여 당신의 고백, 회개 그리고 헌신을 위한 기도문을 써라.

하루 동안

당신이 더 절제를 필요로 하는 경우에 주목하라.

일곱째 날

터무니없는 모순

서머나 교회의 사자에게 편지하기를, 처음이요 나중이요 죽었다가 살아나신
이가 가라사대, 내가 네 환난과 궁핍을 아노니, 실상은 네가 부요한 자니라.
자칭 유대인이라 하는 자들의 훼방도 아노니, 실상은 유대인이 아니요 사단
의 회라. 네가 장차 받을 고난을 두려워 말라. 볼지어다. 마귀가 장차 너희
가운데서 몇 사람을 옥에 던져 시험을 받게 하리니, 너희가 십 일 동안 환난
을 받으리라. 네가 죽도록 충성하라. 그리하면 내가 생명의 면류관을 네게
주리라. 귀 있는 자는 성령이 교회들에게 하시는 말씀을 들을지어다. 이기는
자는 둘째 사망의 해를 받지 아니하리라.

요한계시록 2:8-11

우리가 이 글을 쓸 때 아버지이자 할아버지가 병원에 입원했다. 그는
심장에 충격을 받아 오른쪽이 마비되었다. 그의 이름은 머독(Murdock)
인데, 우리는 애칭으로 머트(Mutt)라고 부른다. 그는 90세이다.

나는 그를 4주 전에 찾아보았다. 그는 왼쪽 다리에 피가 굳어 있는 채
로 퇴원했다. 의사는 다리를 절단해야 한다고 했다. 혈관이 너무나 단단
해서 그 굳은 부분을 제거할 수 없고 왼쪽 다리에 혈액이 부족하여 그
다리가 "죽을" 것을 걱정했다. 우리는 멋진 만남을 가졌다. 아버지는 2년
전 돌아가신 어머니를 더 그리워했다. 그는 눈물을 흘렸다. 그들은 부부

로 거의 70년 동안 함께 살았다.

우리는 아버지의 인생과 믿음에 관해 이야기를 나누었다. 그는 죽음의 고비를 맞았고, 아직 그 "숲을 다 헤쳐 나오지" 못했다. 나는 그에게 죽음을 어떻게 생각하며, 준비가 되어 있는지 물어보았다. 그는 눈을 반짝이고 미소지으며, "나는 늘 100살까지 살고 싶다고 기도했지만, 내일 부르신다 해도 괜찮다. 주님은 언제나 좋으신 분이었단다"라고 했다. 내가 함께 있는 동안 그에게 노래를 불러 달라고 했다. 그것은 가족이 모일 때 늘 그래왔던 것인데, 특히 어머니가 살아 있을 때, 그들의 믿음을 키워온 복음 성가를 불렀다. 이번에 머트는 두 가지 노래를 불렀다. 하나는 "당신은 한 번도 내게 증거하지 않았어"인데, 그리스도를 증거하지 못한 것에 대한 노래이다: "당신은 나를 매일 마주쳤지. 내가 방황하는 것도 알았지만, 내게 그분을 증거하지 않았어"라는 가사이다. 또 하나는, "요단 강변에 내가 서 있네"이다. 다음은 그 노래의 일부이다:

> 요단의 폭풍이 몰아치는 강변에 서서
> 멀리 정의와 행복의 땅 가나안,
> 내 모든 것이 있는 그 곳을 바라 보네.

아버지는 평생 그리스도인의 삶을 살았는데, 다른 사람들과 나눔의 삶을 얼마나 충실하게 살았는지를 회상하는 것이 분명했다. 그는 또한 "정의와 행복이 있는 가나안"에서 어머니를 다시 만나기를 바라는 소망을 표현하고 있었다. 나는 집에서 150야드 떨어진 교회의 묘지의 비석을 생각했다. 아버지에게 남긴 어머니의 마지막 말이 그 돌에 새겨져 있다: "당신을 기다리겠습니다." 이미 그 자리에 아버지의 대답이 적힌 비석이 있다. "곧 그리로 가겠소."

우리가 부모님이자 조부모님을 생각할 때, 특히 이번 방문에서, 우리는 요한계시록 2장 10절을 생각한다. "네가 죽도록 충성하라. 그리하면 내가 생명의 면류관을 네게 주리라." *죽도록 충성—생명의 면류관*은 터무니없는 모순이다. 이것이 이 책의 내용이다. 한 사람의 삶을 "그리스도 안에" 있는 사람의 삶에 맞추는 것, 이제는 왕국의 백성, 그리고 영원한 왕국에 맞는 사람을 만드는 것이다.

우리 모두가 100살까지 살게 해 달라고 기도하고, 또 90살까지 살 수는 없다. 그러나 우리는 반짝이는 눈으로 내일 간다 해도 모든 것이 좋다는 확신을 가질 수 있다.

디트리히 본훼퍼(Dietrich Bonhoeffer)는 히틀러(Hitler) 시대의 목사이자 신학자였다. 초기부터 그는 나치의 권력이 악함을 알고 그에 대항하여 싸우느라 모든 위험을 감수했다. 1943년에 그는 체포되어 베를린(Berlin) 감옥에 들어갔고, 나중에는 부츤발드(Buchenwald) 감옥에 수감되었다. 감옥에서 그는 여전히 용기와 소망을 갖게 하는 편지를 썼다. 그의 한 편지에서 그는 이런 기도를 했다: "내게 두려움과 약한 마음에서 구원될 소망을 주소서." 그는 그 소망을 받았고, 그것은 그를 두려움과 약한 마음에서 벗어나게 해 주었다. 그리고 용감하게 처형을 직면할 힘도 받았다.

어떤 일이 있더라도, 충성과 소망은 우리에게 하나님이 살아계시고 다스리신다는 확신을 준다.

예수님의 부활은 그러한 소망과 확신을 준다. 나는 머트가 쓰러진 후에 그를 방문하지 않았다. 그는 거의 제대로 말할 수도 없었다. 나는 병실에서 매일 그와 함께 있는 여동생을 통해 그와 대화한다. 나는 그에게 내가 얼마나 그를 사랑하는지, 그가 얼마나 훌륭한 아버지였는지를 말했다. 아마 그는 다시 노래할 수 없을 것이다. 만일 그가 노래한다면 확신하건대 그는 믿음과 소망에 관한 노래를 할 것이다. 우리는 이 책이 당신

의 삶의 노래를 분명히 해 주고 당신에게 그것을 부를 확신을 주었기를
기도한다.

묵상하고 기록하기

이 책의 맨 처음으로 돌아가 각 쪽들을 훑어 보라. 당신이 이 책을 지
금까지 공부하면서 제일 의미 있었던 시간을 되새겨 보면서 충분한 시간
을 가져라.

하루 동안 그리고 다가올 모든 날 동안

예수님의 약속, "네가 죽도록 충성하라. 그리하면 내가 생명의 면류관
을 네게 주리라"는 말씀을 기억하라.

여덟째 주 그룹 모임

도 입

이것이 이 그룹의 마지막 모임이다. 당신은 이미 모임을 계속할지의
여부에 대해 이야기를 나누었다. 어떤 계획으로 갈 것인지 결론을 내야
한다.

당신이 어떻게 하기로 결정하든지 사람들이 확실하게 참여할 수 있게
실제적인 시간을 정해야 한다.

이 시간 중 나눔은 8주간의 모든 경험을 반영해야 한다(인도자는 1번부터 9번까지의 제안에 반응할 수 있는 충분한 시간을 확보하라). 지난한 주 동안에 이 책에서 공부한 것으로 시작하라.

함께 나누기

1. 8-10분 동안 각자의 삶이 그들이 결정한 것과 살아온 방식의 결과로 지금 어떤 상태에 있는지 나누어라. 그 가운데서 믿음과 충성은 어떤 역할을 했는가?

2. 한두 사람이 하나님에 대한 믿음 때문에 자신들도 신실할 수 있었던 경험을 나누라.

3. 두 사람 정도가 충성을 생각할 때 그들의 마음 속에 떠오르는 사람에 대해 묘사하라.

4. 〈셋째 날〉에 바울이 말한 성령의 열매와 예수님이 산상수훈에서 말씀하신 복의 유사점을 제시했다. 5-8분 동안 어떻게 그것들이 관련되는지 토의하라.

5. 다음 질문을 하고, 그룹이 답하게 하라: 당신이 이번 주에 온유함과 관련한 이해에서 통찰력이나 도전을 받은 것은 무엇인가?

6. 한두 사람에게 "온유한 자는 그들이 누구인지 안다. 그것이 그들의 강함의 근원이다. 그들은 아무 것도 증명하려고 나설 필요가 없다. 그들은 가식도 없다"에 어울리는 사람의 이름을 대고 그에 대해 묘사할 것을 요청한다.

7. 한두 사람에게 하나님의 필요를 알기 때문에 또는 그들의 이야기를 결코 잊지 않기 때문에 그들이 온유한 사람이라면, 그들의 이름과 특성을 묘사하게 한다.

8. 6-8분 동안 절제의 세 가지 측면, 즉 나의 인생이 갈 방향을 정하는

것, 우리가 어떤 존재인지 알고 그 "정체성"에 어울리게 사는 것, 우리의 열정이 우리를 지배하게 두는 것이 아니라 그것을 통제하는 것을 토의하라. 토의가 개인적이고 고백적이게 하라. 이러한 것이 당신의 삶에 어떻게 작용하는가?

9. 12-18분 동안 이 8주간의 여정이 각자에게 무엇을 주었는지 나누라. 새로운 통찰력, 도전, 각자가 삶에서 계속 노력해야 할 것 등에 관한 이야기를 나누라.

함께 기도하기

1. 누군가에게 8주간 동안 가진 특별한 경험과 중요한 변화에 대해 하나님께 감사하는 기도를 요청함으로 기도 시간을 시작하라.

2. 각 사람에게 그들이 한 결단이나 헌신에 대해 무엇이든지 나눌 기회를 주어라. 또 그들이 성령의 열매를 육성하는 일과 그리스도와 관련해서 내린 어떤 결단이라도 나눌 기회를 주어라. 이것들은 구체적이어야 한다. 각자 이러한 결단과 헌신을 담아 기도하고, 이어서 그룹의 다른 사람이 그에게 격려가 되는 기도와 감사의 기도를 간단히 드린다.

3. 덕담은 서로 나누는 축복이자 만나고 헤어질 때의 인사이다. "평화 전달하기"는 그 중 하나이다. 서로 손을 잡고 눈을 보면서, "주님의 평화가 당신과 함께 하시길 빕니다"라고 말하라. 그리고 "당신에게도요"라는 응답도 받아라. 원으로 서서 인도자가 "평화를 전하세요"라고 하면, 위의 인사로 한 바퀴를 다 돌게 하라.

4. 평화의 인사가 다 끝나면 서로 자발적인 덕담을 더 한다. 다른 사람에게로 가서 무엇이든지 헤어질 때 당신의 느낌으로 각 사람을 축복하라. 또는 아무 말 없이 그저 껴안을 수도 있다. 당신만의 독특한 방식으로 당신과 함께 이 순례를 함께 한 각 사람을 "축복"하라.

참고 도서

Alter, Margaret Gramatky. "The Unnatural Act of Forgiveness." *Christianity Today* (June 16, 1997).

Campbell, Will D. *Brother to a Dragonfly*. New York: The Continium Publishers Corporation, 1995.

Carney, Mary Lou. *Spiritual Harvest*. Nashville: Abingdon Press, 1987.

Coles, Robert. *The Story of Ruby Bridges*. New York: Scholastic Inc., 1995.

Dunnam, Maxie D. *The Communicator's Commentary Series, Volume 8: Galatians, Ephesians, Philippians, Colossians, Philemon*. Waco, Texas: Word Books Publisher, 1982.

Eiseley, Loren. *The Immense Journey*. Quoted in Robert A. Raines, *Creative Brooding*. New York: The Macmillan Company, 1966.

Fenelon, Francois. Quoted in John Baillie, *A Diary of Readings*. New York: Charles Scribner's Sons, 1955.

Goodman, Ellen. *The Hattiesburg American*, March 1, 1997, sec. 13A.

Gough, Russell. "Rodman's bad habit is morality question." *Lafayette Journal & Courier* (February 11, 1997).

Hampton, Rick. "Eleanor Boyer's generosity provides inspiration for many." *USA TODAY* (April 4, 1998).

Harper, Timothy. "Sistah Preaz." *Sky*, Delta Air Lines (June 1997).

Hobbs, Thomas. Quoted in Peter Thomas Grach, *The Virtues: The Stanton Lectures 1973-4*. Cambridge University Press, 1977.

Hughes, Selwyn. *How to Live the Christian Life*. New York: Seabury Press, 1982.

Jones, W. Paul. "Courage as the Heart of Faith." *Weavings: A Journal of the Christian Spiritual Life* 12, no. 3 (May/June 1997).

Lucado, Max. *In the Grip of Grace*. Dallas: Word Publishing, 1996.

MacDonald, George. *Unspoken Sermons* in *Christianity Today* (June 16, 1997).

Morris, Colin. *The Hammer of the Lord*. London: Epworth Press, 1973.

Niebuhr, Reinhold. *The Irony of American History*. Quoted in John Bartlett, *Familiar Quotations*. Boston: Little Brown Company, 1992.

Ortberg, John. *Christianity Today* (May 19, 1997).

Pascal, Blaise. Quoted in John Baillie, *A Diary of Readings*. New York: Charles Scribner's Sons, 1955.

Sanderson, John W. *The Fruit of the Spirit*. Grand Rapids, MI: Zondervan, 1972.

Shoemaker, H. Stephen. *The Jekyll and Hyde Syndrome: A New Encounter with the Seven Deadly Sins and Seven Lively Virtues*. Nashville, TN: Broadman Press, 1987.

Silverman, William B. *Rabbinic Stories for Christian Ministers and Teachers*. New York: Abingdon Press, 1958.

Smedes, Lewis B. *A Pretty Good Person*. San Francisco: Harper & Row, 1990.

Stewart, James S. *A Faith to Proclaim*. New York: Scribner's Sons, 1953.

The Louisville Times, July 13, 1984, sec. A16, as cited in H. Stephen Shoemaker, *The Jekyll & Hyde Syndrome*.

Wheat, Ed. *Love Life*. Grand Rapids, MI: Zondervan Publishing House, 1980.

확신 카드

오, 나를 붙든 사랑,
나의 지친 영혼은 당신에게서 쉼을 얻네;
당신에게 빚진 내 생명을 드려요.
당신의 바다 깊은 곳에서 내 삶은 넘쳐흐르고,
더 풍성하고, 더 충만하리.

조지 매더슨

여호와여, 주의 행사로 나를 기쁘게 하셨으니,
주의 손의 행사를 인하여 내가 높이 부르리이다.

시편 92:4

나의 하나님이 그리스도 안에서 영광 가운데 그 풍성한
대로 너희 모든 쓸 것을 채우시리라. 하나님 곧 우리
아버지께 세세 무궁토록 영광을 돌릴지어다.

빌립보서 4:19-20

도서출판 세 복의 발간 도서

경건 서적

나는 어떻게 예수님을 만났는가?
홍성철 편집 / 신국판 / 초판 1쇄, 개정판 8쇄 / 328쪽 / 7,000원
각계 각층에서 그리스도의 향기를 진하게 풍기고 있는 21명의 신앙 고백 간증집. 전도용 선물로
최적인 책.

How I Met Jesus (수출용)
John Sung-Chul Hong Ed. / 신국판 / 초판 1쇄 / 296쪽 / $9.99
『나는 어떻게 예수님을 만났는가?』의 영어판. 한국 평신도 남녀 각 5인씩, 한국 목사 5인 및 외국
인 5인의 신앙 고백서.

사망의 골짜기를 지날지라도
볼레터 스틸 크럼리 지음 / 유정순 옮김 / 신국판 / 초판1쇄 / 158쪽 / 4,500원
말로 다 표현할 수 없는 인간의 비극 가운데서 하나님의 평강을 발견한 저자의 믿음과 용기에
관한 능력 있는 체험적인 이야기.

하나님의 회초리 능력을 위한 사랑의 매
스탠리 탬 지음 / 성미영 옮김 / 신국판 / 초판 1쇄 / 234쪽 / 6,500원
어떻게 하나님의 능력을 갖게 되고, 기도의 응답을 받으며, 매일 당면하는 문제를 초월하여 승리
하고, 열매 맺는 삶을 누릴 수 있는지를 체험적으로 쓴 책.

그리스도의 마음
데니스 킨로 지음 / 홍성철 옮김 / 신국판 / 초판 1쇄 / 188쪽 / 6,000원
성령이 믿는 자에게 주시는 "그리스도의 마음"이 의미하는 바가 무엇인지를 잘 설명해 주는 책.

날마다 솟는 샘
존 T. 시민즈 지음 / 이영기 옮김 / 크라운판(양장본) / 초판 1쇄 / 378쪽 / 12,000원
사복음서에 나타난 예수님의 삶과 가르침을 통하여 일 년 동안 큐티를 위한 매일의 영적 양식으
로, 독자의 영적 삶을 풍성하게 해 주는 책.

기적을 만드는 사람들
워렌 위어스비 지음 / 구교환 옮김 / 신국판 / 초판 1쇄 / 182쪽 / 6,000원
사도로 변화된 베드로의 이야기를 통해 현대의 그리스도인들이 하나님의 기적을 만들며 살아가도
록 도전하는 책.

첫 걸음부터 주님과 함께

션 던 지음 / 전현주 옮김 / 신국판 / 초판 1쇄 / 112쪽 / 3,500원

반복되는 일시적인 결단의 공허함을 극복할 수 있는 원리를 제시하며, 그 원리를 삶에 적용할 때 믿음의 진보와 주님과 하나 되는 매일의 삶으로 인도하는 책.

너희는 나를 누구라 하느냐?

존 T. 시먼즈 지음 / 홍성철 옮김 / 신국판 / 초판 1쇄 / 198쪽 / 6,500원

예수님의 인격과 비유와 기적을 통해 "너희는 나를 누구라 하느냐?"에 대한 질문을 신학적으로나 신앙적으로 명쾌하게 제시한 책.

상담 서적

상처난 아버지와의 관계 회복

제임스 L. 쉘러 지음 / 이기승 옮김 / 신국판 / 초판 1쇄 / 272쪽 / 7,000원

인생의 풀리지 않는 아버지와의 문제들이 무엇이며 그것을 어떻게 다루어야할지, 더 나아가 하나님 아버지께로 인도하는 책.

목회자의 자기 관리

로이 오스왈드 지음 / 김종환 옮김 / 신국판 / 초판 1쇄 / 276쪽 / 7,000원

자기 관리에 게으르거나 무관심한 그리스도인이 어떻게 자기 관리를 해야 하는지 구체적으로 제시하는 책.

영혼을 돌보는 목자

캐롤 와이즈, 존 힝클 지음 / 이기승 옮김 / 신국판 / 초판 1쇄 / 248쪽 / 6,500원

잠재력이 있는 영혼들을 돌보는 사역을 감당하고자 하는 목사, 전도사, 평신도 지도자, 구역장 등에게 안내자 역할을 하는 책.

잃어버린 퍼스날리티를 찾아서

최병전 지음 / 신국판 / 초판 1쇄, 개정판 1쇄 / 206쪽 / 5,000원

구원은 받았지만 인격의 상처는 개인과 가정과 교회와 사회에 문제를 일으키는 것을 진단하고 해결의 실마리를 제시하는 책.

설교집

눈물로 빚어 낸 기쁨 (룻기 강해)

홍성철 지음 / 신국판 / 초판 1쇄 / 182쪽 / 6,000원

룻기에 감겨진 아름다운 이야기를 새로운 각도로 접근하여 전개한 강해집.

고난 중에도 기뻐하라 (빌립보서 강해 설교)
홍성철 지음 / 신국판 / 초판 2쇄 / 506쪽 / 10,000원
고난 중에도 기뻐할 수 있는 사도 바울의 비결을 성경적으로 파헤치고, 목회적으로 제시한 41편의 강해 설교집.

우리에게 일용할 양식을 주소서 (주기도문 강해 설교)
홍성철 지음 / 신국판 / 초판 2쇄 / 228쪽 / 6,000원
주기도문에 나타난 하나님의 영광과 우리의 필요를 깊이 조명시켜 주는 17편의 강해 설교집.

심령의 호소를 들으시는 하나님 (시편 강해 1-23편)
이태웅 지음 / 신국판 / 초판 1쇄 / 304쪽 / 7,500원
시편을 기록한 지 수천 년이 지났으나, 시편 기자들이 경험한 변함없는 하나님의 실재와 냉험한 세상의 현실 사이에서 의에 주리고 목말라하는 사람에게 한 모금의 냉수와 같은 책.

요한복음 강해 (I-IV)
강선영 지음 / 신국판(양장본) / 초판 1쇄 / 590쪽 / 권당 12,000원
저자가 6년여 동안 요한복음을 연구하며 설교한 것을 정리하여 펴낸 강해 설교집.

성령 서적

성령의 충만을 받으라
존 T. 시먼즈 지음 / 홍성철 옮김 / 신국판 / 재판 4쇄 / 152쪽 / 4,000원
성령의 충만과 능력을 갈구하는 모든 그리스도인의 필독서로, 그 방법을 단계적으로 제시해 주는 명저.

성령과 동행하라
스티븐 하퍼 지음 / 홍성철 옮김 / 신국판 / 초판 3쇄 / 224쪽 / 5,500원
기독교 영성이 무엇이며, 또 어떻게 그 영성을 체험하고 유지할 수 있는지에 대한 좋은 안내자가 되는 책.

성령 안에서 설교하라
데니스 F. 킨로 지음 / 홍성철 옮김 / 신국판 / 초판 3쇄 / 176쪽 / 4,500원
방법과 기교를 강조하는 현대 설교에서 성령의 임새를 다시 회복할 수 있는 설교의 원리와 방법을 분명하게 제시하는 책.

성령님, 나를 변화시켜 주세요 그리고 사용하여 주세요
커리 매비스 지음 / 홍성철 옮김 / 신국판 / 초판 1쇄 / 180쪽 / 5,500원
분노와 죄의식 등 감정의 문제들이 어떻게 성령의 역사로 변화되어 성장할 수 있고, 주님께 쓰임 받을 수 있는가를 제시하는 책.

성결의 아름다움

베인즈 에트킨슨 지음 / 홍성국 옮김 / 신국판 / 초판 1쇄 / 184쪽 / 5,500원

성결이라는 성경적 진리의 핵심에 직면하여 마음의 감동과 함께 성결하게 되는 것을 체험하도록 인도해 주는 책.

위대한 그리스도인들은 어떻게 성령의 충만을 받았는가

제임스 로슨 지음 / 홍성철 옮김 / 신국판 / 초판 2쇄 / 298쪽 / 7,000원

하나님의 장중에 사로잡혀 위대하게 살았던 역사상 위대한 20인의 감동적인 성령 충만의 체험담을 기록해 놓은 책.

존 웨슬리 서적

불타는 전도자 존 웨슬리

홍성철 지음 / 신국판(양장본) / 초판 2쇄 / 344쪽 / 10,000원

존 웨슬리가 어떻게 불타는 전도자가 될 수 있었는지를 제시하여, 현대 그리스도인들도 불타는 전도자가 되도록 인도해 주는 책.

존 웨슬리 그의 생애와 신학

로버트 G. 터틀 2세 지음 / 김석천 옮김 / 신국판 / 초판 1쇄 / 480쪽 / 13,000원

본서는 하나님께 전적으로 헌신하며 살았던 존 웨슬리의 이야기를 통해 독자를 예수 그리스도의 충만한 믿음으로 인도해 주는 책.

현대인을 위한 존 웨슬리의 메시지

스티븐 하퍼 지음 / 김석천 옮김 / 신국판 / 초판 2쇄 / 168쪽 / 5,000원

존 웨슬리의 메시지를 현대인을 위해 재해석한 책으로, 현대의 그리스도인들에게 빛과 방향을 제시해 주는 귀중한 저서.

수잔나 존 웨슬리의 어머니

아놀드 댈리모어 지음 / 김석천 옮김 / 신국판 / 초판 2쇄 / 230쪽 / 6,000원

존과 찰스 웨슬리의 어머니 수잔나의 경건의 모범, 자녀 교육과 양육, 고난과 어려움을 이겨 풍성한 영적 유산을 남겨 준 이야기.

신학 서적

회심 거듭남의 의미와 적용

홍성철 편집 / 신국판 / 초판 2쇄, 개정판 1쇄 / 224쪽 / 6,000원

기독교에서 가장 핵심적 교리인 "회심"의 문제점을 신학적, 경험적, 적용적으로 이 분야의 권위자들이 다룬 9편의 글.

타문화권 복음 전달의 원리와 적용

존 T. 시먼즈 지음 / 홍성철 옮김 / 신국판 / 초판 3쇄, 2판 1쇄 / 342쪽 / 8,000원

복음과 타종교와의 관계를 다루면서도 복음 전달의 원리와 방법을 깊게 다루어 복음 전달의 이론적 인도자가 되는 명저.

복음주의 실천신학개론

복음주의 실천신학회 편 / 신국판(양장본) / 초판 2쇄 / 430쪽 / 13,000원

한국 교회의 목회자와 그리스도인들에게 신학의 복음주의적인 안목을 갖게 함으로 목회 현장을 더욱 풍요롭게 하는 지침서.

워크북 시리즈

죽음에 이르는 죄 어떻게 극복할 것인가

맥시 더남, 킴벌리 더남 레이스먼 지음 / 서대인 옮김 / 신국판 / 초판 1쇄 / 288쪽 / 7,000원

피할 수 없는 일곱 가지 죄가 우리의 삶에 어떻게 나타나며, 이러한 죄를 다루는 방법을 제시하여 죄를 극복하게 하는 책.

중보기도

맥시 더남 지음 / 구교환 옮김 / 신국판 / 초판 1쇄 / 266쪽 / 7,000원

본서는 중보기도의 이해를 도울 뿐만 아니라, 개인이나 그룹이 중보기도를 실제로 하게 하기 위한 구체적이고 실제적인 지침서.

성령의 열매와 생활

맥시 더남, 킴벌리 더남 레이스먼 지음 / 박재승 옮김 / 신국판 / 초판 1쇄 / 270쪽 / 7,000원

그리스도인의 믿음을 강화시켜 줄 재료로, 일곱 가지 기본 덕목을 제시하며, 하나님이 창조하신 대로 선한 자가 되어, 독자를 성령의 열매를 맺는 생활로 안내하는 책.

기독교 고전 시리즈 (1-16권 / 초판 2쇄 / 권당 1,500원)

1. 왜 하나님은 무디를 사용하셨는가   R. A. 토레이 지음 / 홍성철 옮김
2. 보다 깊은 삶   로버트 머레이 맥체인 지음 / 구교환 옮김
3. 하나님의 임재를 연습하라   로렌스 형제 지음 / 이소연 옮김
4. 성결   J. C. 라일 지음 / 서대인 옮김
5. 예수님을 위하여 선하게 증거하자   존 왓슨 지음 / 이대규 옮김
6. 공격적인 기독교   캐더린 부스 지음 / 염동팔 옮김
7. 구령자를 위한 권면   호레시우스 보너 지음 / 최석원 옮김
8. 불타는 사랑   블레즈 빠스칼 지음 / 곽춘희 옮김